항일독립전쟁 유적에서 외치는

광복 70주년의 함성

두만강 아리랑

최범산 글·사진

주류성

두만강 아리랑

지은이 | **최범산**

펴낸이 | **최병식**

펴낸날 | **2015년 12월 28일**

펴낸곳 | **주류성출판사**

서울특별시 서초구 강남대로 435 (서초동 1305-5)

TEL | 02-3481-1024 (대표전화) • FAX | 02-3482-0656

www.juluesung.co.kr | juluesung@daum.net

값 22,000원

잘못된 책은 교환해 드립니다.

ISBN 978-89-6246-264-7 03910

항일독립전쟁 유적에서 외치는

광복 70주년의 함성

두만강 아리랑

최범산 글 · 사진

서문

두만강아리랑은 일본제국주의 침략자들에게 대항하여 총칼을 들고 싸웠던 항일독립전쟁(抗日獨立戰爭)의 기록이며, 십여 년 동안 만주지역의 항일유적들을 답사하며 보고, 듣고, 느꼈던 사실들을 진솔하게 써내려간 독립전쟁 성지순례기(聖地巡禮記)이다.

항일독립전쟁의 역사는 겨레의 혼불이다

역사는 오로지 과거의 사실(史實)로만 존재하는 것이 아니라, 시대 상황에 따라 현재의 사실(事實)로 되살아나 오늘을 살아가는 우리들에게 끊임없이 작용한다. 그러므로 항일독립전쟁의 역사는 우리들의 시공(時空)에서 끊임없이 진보하며 순환해야 하는 진실들이며, 강건하고 담대한 민족으로서 불굴의 미래상을 길어 올리는 지혜의 보고(寶庫)이다.

광복 70주년을 맞이하며 우리는 스스로를 돌아보며 묻지 않을 수 없다. 일제로부터 자주독립을 쟁취하기 위하여 애국선열들이 흘렸던 피와 땀과 눈물의 대가로 독립한 나라에서 온갖 풍요와 혜택을 누리며 사는 우리들은 항일독립전쟁의 역사와 정신을 얼마나 기리고 있으며, 얼마나 기억하고 있는가.

일본제국주의자들의 침탈과 억압에 맞섰던 독립정신은 한민족의 빛이요 혼불이다. 빛은 어둠을 밝히고, 혼불은 생명을 이끈다. 암울하고 어두운 시대를 민족정신과 항쟁의 횃불로 밝혔던 독립전쟁의 역사, 순국선열들의 숭고한 발자취, 뜨거운 조국애는 우리들이 영원히 기억해야 할 역사의 진실들이다.

항일독립전쟁사를 왜 축소·은폐하려 하는가

요즈음 역사교과서 논쟁이 뜨겁다. 연일 역사교과서 채택문제가 매스컴을 달구더니 정부여당 인사를 비롯한 일부 보수세력들이 느닷없이 국사교과서를 국정화해야 한다고 주장하고 나섰다. 이 나라 청소년들에게 올바른 역사와 가치관, 역사정신을 심어줘야 할 중등국사교육이 중대 기로에 서게 된 것이다.

왜 그들은 국민들의 뜻을 거스르고, 시대를 역행하면서까지 국정역사교과서로의 전환을 밀고 나가려는 것일까. 그들은 무엇이 두려워서 자유롭고 다양한 시각의 검인정 국사교과서의 편찬을 막으려는 것일까.

우리 근대사에서 을사오적을 비롯한 친일매국노들, 조선총독부 관리, 일본군 장교, 경찰, 법관 등 고위직을 지낸 친일반역자들과 그 후손들은 자신의 가문에서 저질렀던 반역행위와 악행들이 세상에 알려지는 것을 몹시 두려워했었다.

왜 그들은 역사를 두려워하게 되었는가.

일제치하 친일반역자들은 조국과 민족을 배반하고, 일본침략자들에게 적극적으로 동조하여 민족탄압과 경제수탈에 앞장섰다. 어찌 그뿐이랴. 왜왕에게 충성을 맹서하고 대동아 공영, 내선일체를 외치며 신사참배를 일삼았다. 하물며 피를 나눈 동족을 징병징용으로 내몰았고, 나이 어린 소녀들을 일본군위안부로 보내는 악행도 서슴지 않았다. 그리고 태평양 전쟁 때는 일본군에게 비행기, 기관총 등 전쟁물자를 헌납하는 운동에 앞장섰으며, 항일애국지사와 독립군 체포에 앞장서 날뛰던 자들이 대부분이었다. 그들은 친일반역의 대가로 받은 부와 권력을 누리며 일제치하가 오랫동안 이어지길 간절하게 빌었을 것이다.

1945년 꿈에도 그리던 광복을 맞이했다. 그러나 친일파들은 친미반공의 탈을 쓰고 재빨리 변신하여 온갖 기득권을 누리고 살았다. 하지만 그들이 끝내 떨쳐버릴 수 없었던 굴레가 있었다. 그것은 언젠가 국민들로부터 내려질 준엄한 역사의 심판이었다.

기회주의적 변신과 변검술(變臉術)의 대가였던 친일반역자들과 후예들은 친일행위의 대가(代價)로 받은 부(富)와 권력을 대물림하는 단맛에 취하여 식민사관의 노예들과 그 추종자들을 끌어들여 국정역사교과서 추진을 획책하며 또 다시 역사지우기에 나서고 있다.

그러나 손바닥으로 하늘을 가릴 수는 없는 법, 역사의 진실은 언젠가 밝혀지며, 정의는 반드시 승리한다. 만약에 그들이 부와 권력의 중심에서 계속 군림하게 내버려둔다면, 민족정의는 땅에 떨어지고, 불의한 자들에 의해 오염되는 역사를 되풀이하게 될 것이다.

나는 왜 두만강아리랑을 집필했는가

나는 항일독립전쟁 역사와 유적을 통해 알게 되었다. 친일식민사학자들에 의해 왜곡되고 은폐되었던 역사의 진실을 찾아낼 수 있었고, 우리민족이 왜 남북분단의 비극을 맞이하게 되었으며, 광복 70주년이 되도록 분단과 대립을 극복하지 못하고 있는가를 깨달았다.

내가 항일독립전쟁 유적답사를 일시적인 답사로만 끝내지 않고, 두만강아리랑을 집필하여 책으로 펴내게 된 동기와 목적은 세 가지로 요약할 수 있다.

첫째는 우리사회의 주류로 기득권을 누려왔던 친일반역도(親日叛逆徒)와 그 추종자들이 축소, 왜곡하고 은폐하여 왔던 항일독립전쟁의 역사를 바로 잡고, 올곧은 역사정신을 세상에 알리는데 기여해야겠다는 신념이다.

우리나라 청소년들이 올바른 가치관과 역사정신을 가지고 살아가게 하기 위해서는 식민사관의 노예적 근성에서 벗어나지 못하고 있는 친일반역자와 추종자들, 그 후예들에게 이 나라의 역사를 담당하게 해서는 안 된다. 민족혼을 팔아 개인의 영달을 추구했던, 추호의 반성과 사죄조차 하지 않았던 자들에게 이 나라의 미래를 맡길 수는 없기 때문이다.

둘째는 친일반민족 부일배(扶日輩)들이 역사논쟁을 일으키면서 조직적으로 벌이고 있는 신친일본(新親日本) 행각에 쐐기를 박고, 보다 많은 사람들에게 항일독립전쟁의 역사와 유적을 알려야 한다는 사명감의 발로였다.

아베 신조를 비롯한 일본군국주의 극우세력(일제강점기 침략의 역사를 부정하고 황국사관에 경도된 모리배들)의 주장에 동조하는 친일정치인과 사학자들이 아직도 식민사관의 미몽(迷夢)에서 깨어나지 못한 채 일제강점기를 옹호하거나 조상들의 친일행위마저 정당화하려는 파렴치한 행각을 벌이고 있다. 우리는 단호히 맞서야 한다. 그리고 항일독립전쟁의 역사와 유적을 발굴하고 보존하는 활동을 통해 그들의 음흉한 시도를 무력화시키는 일에 적극적으로 나서야 할 것이다.

셋째는 을사오적을 비롯한 매국노, 일제치하에서 적극적으로 친일반민족 행위를 저지른 반역자들을 역사의 심판대에 세워야 하는 이유와 당위성을 알리기 위함이다.

광복 70주년을 맞이하는 오늘날까지 당연히 처벌되었어야 할 민족반역자들을 역사의 단죄의 광장에 세우지를 못했다. 민족정의를 바로 세우기 위해 더 이상 늦출 수 없다. 항일독립전쟁 순국선열의 이름으로, 민족정의의 이름으로 반드시 역사의 심판대에 세워야 한다.

위대한 역사는 민족을 빛나게 하고, 정의로운 투쟁은 민족을 영광으로 이끈다.

일제치하 억압과 수탈의 역사를 부정하고, 식민지 시대가 굴종과 퇴보의 역사만은 아니었다고 주장하고, 일제가 사회문화와 경제발전을 이루게 하였다는 등 친일반민족행위를 정당화하려는 친일잔존세력과 그 후예들이 더 이상 민족분열과 대립을 조장하도록 방치해서는 안 된다. 이제는 뿌리를 뽑아야 할 때가 왔다.

우리는 이제 역사란 무엇인가를 뛰어넘어 누구를 위한 역사인가를 통찰하는 패러다임의 전환을 통해 민족화합과 통일의 길로 가야한다고 생각한다. 그러기 위해서 반드시 해야 할 역사적 사명이 친일잔재 청산과 역사 바로 세우기이다.

때로는 좌절하고 때로는 후회했다

중국 동북지방의 항일유적을 답사하며 많은 어려움에 직면했고, 때로는 신변상의 위험에 노출되기도 했다. 중국정부가 주도하고 있는 동북공정(東北工程)에서 자유로울 수가 없는 동북지방 주민들은 나의 유적답사를 극도로 경계했고, 때로는 노골적으로 방해하기도 했다.

또한 광대한 만주지역에서 유적들을 찾아다닐 때마다 겪을 수밖에 없었던 경제적 어려움은 혼자 극복하기 힘들 때가 많았고, 험준한 산골짜기 유적지를 찾지 못해 산중을 헤매다가 체력의 한계로 인하여 낯선 타국에서 몸져누웠던 적도 여러 번이었다.

그러나 멈출 수는 없었다. 중국정부의 동북공정이나 도시개발 등으로 항일유적들이 언제 훼손되고 사라질지 모른다는 불안감에 나로 하여금 발길을 재촉하게 하였던 것이다. 그러한 까닭에 무리한 일정을 강행하며 영하 30도를 오르내리는 겨울에 눈보라치는 유적을 찾아갔다가 눈길에 갇혀 곤욕을 치르기도 하였다. 그러나 무엇보다 나를 힘들게 만들었던 것은 지인들의 무관심과 주변인들의 냉소, 비웃음거리가 되었을 때는 몇 번이나 주저앉고 싶은 심정이었음을 솔직히 고백하지 않을 수 없다.

때로는 좌절하고 때로는 후회했다. 그러나 결코 포기할 수는 없었다.

항일독립전쟁의 유적에는 조국과 민족을 사랑한 사람들의 숭고한 발자취가 있었고, 암울한 시대 간고한 투쟁 속에서도 결코 절망하지 않았던 독립투사들의 기상이 서려 있었다. 대한국인의 기개와 용맹이 빚어낸 불굴의 정신, 극한적 시대상황 속에서도 찬연하게 빛나는 민족혼불이 있었다. 어찌 하찮고 사사로운 어려움을 핑계로 항일독립전쟁 유적답사를 멈출 수 있었겠는가.

역사가 바로 서야 민족이 바로 선다.

역사가 바로 서야 나라와 민족이 바로 선다. 왜곡된 역사, 거짓의 역사를 가진 민족에게 미래는 없다.

두만강아리랑은 친일반역자들과 식민사학자들에 의해 훼손되고 사라지고 조작되어진 항일독립전쟁의 역사와 남북분단 이데올로기만을 맹종했던 반공제일주의자들에 의해 은폐되었던 항일투쟁사를 찾아내어 올곧게 기록한 답사기라고 자부할 수 있다.

그리고 두만강아리랑은 지난 70년 동안 역사지우기에 의해 사라졌던 역사, 우리들에게 잊혀져갔던 역사를 다시 길어 올리는 두레박이며, 역사 바로 세우기의 지렛대로서 순국선열이 나에게 부여한 역할을 다하기 위해 쓴 책이라고 말할 수 있다.

일반적인 답사기에서 찾아볼 수 없는 새로운 시각과 분석, 각종 자료와 증언을 바탕으로 작가적 통찰을 담으려고 노력했으며, 누구라도 항일유적답사를 쉽게 할 수 있도록 자세한 지도와 여러 장의 유적지 사진을 실었다. 또한 우리민족의 역사에 관심을 가진 독자들이 항일독립전쟁의 역사와 유적에 더 많은 관심을 갖게 하고, 만주지역 유적답사를 통해 민족적 자긍심을 높이는 계기를 마련하고자 최선을 다하였다.

이 한권의 책이 항일독립전쟁 순국선열의 업적과 정신을 기리며, 조국과 민족에 대한 사랑을 드높이는 징검다리가 되었으면 하는 바람을 가져본다.

만주지역 항일유적답사를 물심양면으로 도와주시고, 두만강아리랑이 책으로 엮어질 수 있도록 후원해주신 단동항일유적연구소와 연길, 용정, 하얼빈 등지의 지인들에게 감사를 드리며, 항일독립전쟁사와 유적, 순국선열의 업적을 세상에 알릴 수 있게 도와주신 주류성출판사에도 진심으로 감사를 드린다.

광복 70주년을 기념하며

최 범 산

제1장

하얼빈에서 일본의 심장을 쏘다

동양제국을 위협하고 평화를 짓밟는 일본제국주의 침략의 원흉元兇, 교활하고 사악한 일본제국주의 심장을 향해 동양평화와 정의의 이름으로 세 발의 총탄이 날아갔다. 대한의군大韓義軍 참모중장이며 특파대장인 안중근安重根의 저격으로 이토 히로부미는 사살되었다.

안중근 의사가 여순旅順 일본군관동법정에서 재판을 받으면서 주장한 대로 이등박문을 사살한 것은 한민족의 독립과 동양평화를 위한 것이었으며, 대한의군 자격으로 독립전쟁을 수행한 것이었다.

안중근 의거(하얼빈역, 1909년 10월 26일)

[하얼빈 일대의 항일 유적지]

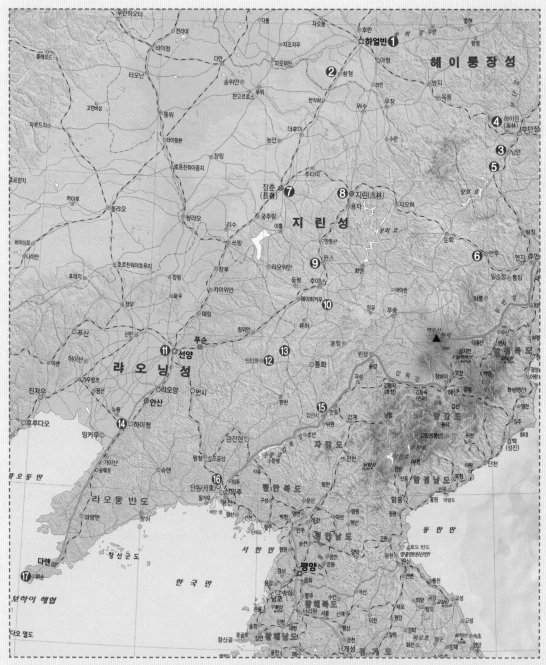

① 안중근 의거·남자현 열사 활동지 ② 한국독립군 쌍성보 전투 유적 ③ 신민부본부 ④ 김좌진 장군 순국지(해림시 산시진) ⑤ 동경성 전투 발해농장터
⑥ 간도특설대(길림성 안도현 명월구) ⑦ 일본관동군사령부·신경군관학교 ⑧ 의열단 창설유적 ⑨ 반석유격대창설·전민족 유일당회의
⑩ 화전 정의부본부 ⑪ 봉천군관학교·일본총영사관 ⑫ 조선혁명군본부 ⑬ 삼원포·서로군정서·신흥무관학교유적 ⑭ 고구려 안시성 ⑮ 고구려 국내성
⑯ 대한독립청년단 안동교통국 아룡양행유적 ⑰ 여순감옥·안중근 신채호·이회영 순국유적지

안중근, 일본의 심장을 쏘다

1909년 10월 26일 오전 9시, 하얼빈역에서 여섯 발의 총성이 울렸다. 을사늑약의 원흉(元兇)으로 조선통감부 초대통감을 지냈던 이등박문(伊藤博文)이 안중근 의사의 저격을 받고 그 자리에서 사살되었다.

대한의군(大韓義軍) 참모중장 안중근(安重根)은 10월 26일 새벽에 하얼빈역에 도착했다. 러시아 병사들의

하얼빈역에서 안중근 중장이 이토 히로부미를 사살한 장소

철통같은 경비망을 뚫고 역안으로 들어갔다. 안중근은 플래트홈이 바라보이는 찻집에서 이등박문이 도착하기를 기다렸다.

오전 9시 드디어 이등박문이 탄 특별열차가 하얼빈역에 도착하였다.

일본 추밀원장 이등박문은 하얼빈 방문을 환영하기 위하여 미리 나와서 기다리고 있던 러시아 재무대신 코코프초프와 열차 안에서 약 30분간 회담을 가졌다. 그리고 9시 30분경 코코프초프의 안내로 역 구내에 도열한 러시아 의장대를 사열하였다.

이등박문이 사열을 마치고 다시 귀빈 열차를 향해 걸어가기 시작할 무렵, 의장대 뒤쪽에서 기회를 노리고 있던 안중근이 브라우닝 권총을 빼들고 앞으로 뛰어나가며 이등박문에게 3발의 총탄을 발사하여 명중시켰다. 그리고 함께 온 일본인들을 향하여 3발의 총탄을 더 발사하였다. 이등박문을 수행하던 비서관과 하얼빈 총영사, 만주철도 이사 등 일본인 관리들이 총탄을 맞아 중경상을 입었다. 순식간에 벌어진 총격에 혼비백산한 일본인들을 향해 러시아말로 "코레아 우라(대한 만세)"를 외치던 안중근은 러시아군에게 체포되었다.

대한의군大韓義軍 특파대장 안중근安重根

안중근은 1879년 9월 2일 황해도 해주에서 태어났다. 아명은 응칠(應七)이며, 천주교 세례명은 도마이다. 부친 안태훈과 모친 조마리아의 사이에서 태어난 3남 1녀 가운데 장남이었다.

안중근의 집안은 대대로 황해도 해주에서 살아온 유학자 집안으로 부친 안태훈은 소과에 합격한 진사로 수천 석지기 대지주였다.

1904년 2월에 시작된 러일전쟁이 일본의 승리로 끝나자, 한민족의 위기를 직감한 안중근은 당시 시대흐름에 관심을 갖고 신문과 잡지 등을 탐독하면서 국제정세에 대한 안목을 넓혀 갔다.

1905년 11월 일본의 강압에 의해 을사늑약이 체결되어 외교권이 박탈되고, 일본제국주의 세력이 침략의 마각을 드러내기 시작하자, 국난의 위기를 타개할 방책을 모색하고자 중국 상해(上海)로 건너갔다.

상해에서 한인들을 모아 구국운동을 전개하는 한편, 천주교인 단체를 통해 일본의 침략실상을 세상에 널리 알리며 국권회복을 도모하고자 하였다. 그러나 상해 지역 일본인들의 방해공작, 외국인 신부들의 비협조로 어려움을 겪던 중에 부친의 별세 소식을 듣고 1906년 1월 귀국하였다. 그 해 3월 청계동을 떠나 평안남도 진남포로 이사한 뒤에 서우학회에 가입하여 삼흥학교와 돈의학교를 설립하고 계몽운동을 전개하는 한편, 평양에서 삼합의라는 광산회사를 설립하여 산업진흥운동에도 매진하였다. 1907년 2월 국채보상운동이 전국적으로 일어나자

이토 히로부미 암살에 함께 참여한 안중근(좌), 우덕순 (중), 유동하(우)

안중근은 국채보상기성회 관서지부를 조직하였고, 가족들의 귀금속, 장신구 등을 모두 헌납하면서 적극적으로 운동을 전개하였다.

하얼빈역에서 새로 만들어진 안중근 기념관(2015년 촬영)

그럼에도 불구하고 조국의 운명은 바람 앞에 등불처럼 더욱 위태로운 지경에 이르렀다. 일제는 헤이그 밀사 사건을 빌미로 고종황제를 강제로 퇴위시키고, 정미7조약을 강제로 조인하여 대한제국 군대를 해산시키며, 한반도 식민지화 음모를 진행시켜가고 있었던 것이다.

국가존망의 위기상황이 도래하였다고 판단한 안중근은 서울로 올라와 이동휘, 이회영, 김동삼 등 신민회 인사들과 국난 타개 방안을 논의하였다. 이때부터 안중근은 교육계몽이나 산업진흥운동으로 국난을 극복할 수 없다고 판단하고 항일독립전쟁을 준비하기로 결심하게 된다.

하얼빈哈爾濱을 꿈꾸다

나는 어렸을 때부터 하얼빈을 꿈꿨다.

하얼빈은 언제나 가보고 싶었던 도시였으며, 나로 하여금 해외여행의 꿈을 꾸게 만든 도시였다.

하얼빈에 가서 안중근 의사가 이등박문을 사살한 역사의 현장을 보고 싶다는 생각은 나 혼자만 가졌던 꿈은 결코 아니었을 것이다. 안중근 의사의 전기(傳記)를 읽었거나 하얼빈 의거를 배웠던 대한의 청소년이라면 누구나 하얼빈에 가보고 싶은 열망을 간직하고 있었을 것이다.

꿈은 반드시 이뤄진다고 했던가.

2002년 월드컵 4강 신화를 이룩한 뒤 3년이 지났을 때였다. 오랜 세월 가슴속에 간직하고 있던 꿈을 이룰 기회가 나에게 찾아왔다.

연길시 기차역

북한 인권 문제를 다룬 소설『반역의 강』의 집필을 위해 두만강 일대를 답사하고 있을 때였다. 연길에서 알게된 조선족 상인이 하얼빈에 간다는 말을 듣게 되었다. 하얼빈을 꿈꾸던 날들이 영화 필름처럼 머리를 스쳐갔다. 나는 두만강 답사를 뒤로 미루고 그를 따라나섰다.

연길에서 출발한 후부터 어떻게 하얼빈에 갔는지 기억할 수 없을 정도로 나는 몹시 들떠 있었다. 오로지 하얼빈에 간다는 기쁨 하나로 기차안에서 하얼빈의 모습을 그려보고 있었다. 책이나 영화에서 보았던 하얼빈의 모습과 안중근 의사의 대한 지식을 총동원하면서 하얼빈에 도착할 순간만을 기다렸다.

연길을 출발하여 하얼빈에 도착하기 전까지 나는 동행한 전사장에게 몇 번이나 같은 말을 강조하곤 했다. 안중근 의사의 의거 장소를 보기 위해 간다는 사실을 각인시키기 위해서였다. 혹시라도 그가 사업상의 일로 하얼빈역을 그냥 빠져나가지나 않을까 걱정이 앞섰기 때문이다. 그는 몹시 들떠 있는 나를 안심시키며, 하얼빈역에 도착하면 곧바로 함께 찾아보자고 말했다.

하얼빈역에 도착한 시간은 오전 9시를 넘긴 뒤였다. 기차에서 내린 사람들이 썰물처럼 빠져나간 역안에서 역무원들에게 물어가며 몇 번이나 계단을 오르내린 뒤에야 거사장소를 찾을 수 있었다.

그런데 이게 도대체 어찌된 일인가. 그곳에는 삼각형 표지판 하나만 덜렁 누워 있었다. 그동안 내가 상상했던 것과는 전혀 다른 모습이었다.

하얼빈 소피아 광장

안중근 의사의 의거(義擧)를 기념하는 기념비커녕 표지석도 없었고, 심지어 안내팻말조차 없었다.

안중근의 의거가 있었던 장소에 왔다는 기쁨도 잠시였다. 그동안 안중근의 위대한 업적을 찬양하는 교육만 받아왔던 나로서는 어이없는 현실에 실망할 수밖에 없었다. 중국 현지에서 목격한 서글픈 현실 앞에 실망을 넘어 뜨거운 분노가 치밀어 올랐다. 갑자기 눈물이 핑 돌았다. 눈물을 들키지 않으려 손수건을 빨리 꺼내 헛코를 풀면서 눈물을 닦아냈다.

다음날 하얼빈 시내를 돌아다니며 즐비하게 늘어선 러시아풍의 건물들을 보고, 송화강변으로 나가 거닐기도 했지만, 고풍스런 도시 모습이 눈에 들어왔을 뿐 특별한 감동을 느낄 수는 없었다.

나의 첫 번째 하얼빈 여행은 이렇게 실망과 분노를 간직한 채 무거운 발걸음을 돌리는 것으로 끝났다. 그 후 항일유적답사단과 함께 하얼빈역에 가곤 했지만, 하얼빈에 대한 열망은 이미 식어버린 후였다. 그렇지만 어린 시절부터 나에게 불멸의 영웅이었던 안중근 의사에 대한 존경과 숭모심(崇慕心)이 사라진 것은 아니

었다.

　다시 안중근의 생애를 돌아보기로 하자. 그의 생애를 자세히 알지 못하고 어찌 하얼빈 의거의 역사적 의미를 올바로 헤아릴 수 있겠는가.

　1907년 연해주로 망명한 안중근은 연해주 일대 한인촌을 돌아다니며 항일의군(抗日義軍)을 모집하였다. 안중근의 애국충정을 목격한 연해주 재력가 최재형의 재정적 지원을 받아 1908년 봄에 대한의군을 창설하였다.

북간도관리사를 역임한 이범윤을 총대장으로 추대하고 안중근은 참모중장을 맡았다. 대한의군은 규모는 3백 명 정도로 두만강 부근의 연해주를 근거지로 군사훈련을 실시하면서 국내 진공작전을 준비하였다.

훈춘시 안중근 의사 유적지를 가리키는 안내판

1908년 6월, 안중근은 의병부대를 이끌고 제1차 국내진공작전을 펼쳤다. 함경북도 경흥군 노면 상리에 주둔하고 있던 일본군 수비대를 급습하여 치열한 교전 끝에 일본군 수십 명을 사살하고, 수비대 진지를 완전히 소탕하는 전과를 올렸다. 그리고 같은 해 7월 함경도 일대에서 항일무장투쟁을 전개하고 있던 홍범도 부대와 긴밀한 연락을 취하면서 제2차 국내 진공작전을 전개하였다.

함경북도 경흥에 주둔하고 있던 일본군 수비대를 공격하여 일본군을 여러 차례 격파하였고 10여 명의 일본군을 생포하는 전과를 올렸다.

안중근은 전투 중에 사로잡힌 적병이라도 죽이는 법이 없으며, 뒷날 반드시 돌려보내게 되어 있다고 하여 일본군 포로들을 석방하는 조치를 취했다. 그러나 이 조치로 인해 대한의군들의 불만과 원성을 사게 되었고, 의군부대의 위치가 일본군에게 알려지면서 대대적인 공격을 받아 커다란 손실을 입게 되었다.

안중근은 자신이 내린 조치로 수많은 장병들이 희생당한 것에 대해 심한 자책에 빠지게 되었고, 비열하고 야비한 일본군의 전술에 심한 분노를 느꼈다.

훈춘시 안중근 유적

1908년 6월 특파대장 겸 아령지구 군사령관이 되어 함경북도 홍의동, 경흥 등지의 일본군 정찰대를 공격하여 승리하였으나, 세 번째 작전인 회령전투에서 5,000여 명의 적을 만나 혈전을 벌인 끝에 중과부적으로 처참한 패배를 당하고 말았다.

갖은 고초와 역경을 뚫고 일본군의 포위망을 돌파하고 부대원들과 함께 본부로 귀환한 안중근은 의군부대의 조직을 재건하기 위해 동분서주하였지만, 일본군 포로를 석방한 의병장에게 군자금을 대는 사람이 없었고, 의군을 지원하는 젊은이들도 없었다. 안중근은 한동안 심한 자책과 좌절감에 빠져 힘들고 피로운 날을 보내야 했다.

안중근은 연해주 일대를 돌아다니며 무장투쟁을 위한 조직을 재건하려고 노력하였고, 흑룡강의 상류지역 흑하시부터 밀산지방까지 수천 리를 다니면서 항일무장투쟁의 필요성을 역설하였다. 헤이그 밀사로 파견되었던 이상설(李相卨)을 만나 투쟁방안을 의논하여 일심회(一心會) 등을 조직했고, 블라디보스토크에서는 동의회(同義會)를 조직해 애국사상 고취와 군사훈련을 계속해 나갔다.

안중근은 연해주 신한촌(新韓村)에 머물면서 한인신문 대동공보의 기자, 대동학교의 학감, 대한국민회의 고문 등을 맡아 활동하면서도 항일독립전쟁 준비를 포기한 것은 결코 아니었다.

1909년 3월 2일, 노브키에프스크 가리(可里)에서 김기룡, 김태훈(金泰勳), 황병길(黃丙吉) 등 12명의 동지가 모여 단지회(斷指會, 일명 단지동맹)라는 비밀결사를 조직하였다. 안중근은 침략의 원흉 이토 히로부미(伊藤博文)를, 김태훈은 이완용(李完用)의 암살을 단지(斷指)의 피로써 맹세하였고, 3년 이내에 성사하지 못하면 자결로 국민들에게 속죄하기로 결의하였다.

남산에 세워진
안중근 의사 동상

안중근이 대한의군으로 활동했던 연해주(沿海州)로 달려가 신한촌을 비롯하여 단지동맹 결의 장소, 대한의군 본부 유적 등을 답사하고 싶은 마음은 간절하였으나, 만주 일대 항일독립전쟁 유적을 답사하는 것만으로도 벅찬 필자로서는 다음을 기약할 수밖에 없었다.

러시아와 북한, 그리고 중국 국경이 맞닿아 있는 길림성 훈춘시 권하촌(圈河村)을 찾아가 현재까지 보존되고 있는 안중근 거주지를 보며 스스로 마음을 달랬고, 두만강 너머 연해주로 이어지는 길을 한참 동안 바라보다가 돌아오곤 하였다.

1909년 9월 안중근은 대동공보 신문사에 들렀다가 이등박문이 만주를 시찰하러 온다는 소식을 듣게 되었다. 한반도 침략의 원흉이며 동양 평화의 파괴자인 이등박문이 이제 만주 침략의 발톱을 드러내기 위해 하얼빈에 오는 것이라고 생각하였다. 대한제국의 국권회복과 동양평화를 위해서도 그냥 내버려둘 수는 없었다.

남산 안중근 기념관에 세워진 박정희 전 대통령의 휘호석

대한의군 참모중장이며 특파대장으로서 만주침략의 야욕을 분쇄하고 응징하기 위해 그를 제거할 결심을 하였다.

"여러 해 소원한 목적을 이룰 수 있게 되었다. 이토가 이제 내 손에서 끝나는구나."

안중근은 이등박문을 사살하기 위한 구체적인 준비작업을 진행시켜 나갔다. 대동공보사의 사장인 유진율은 자금과 권총 3정을 내주었고, 대동공보사 집금회계원인 우덕순은 안중근과 함께 거사에 참여하기로 자원하였다.

안중근은 10월 21일 우덕순과 함께 블라디보스토크를 출발하여 하얼빈(哈爾濱)으로 향하였다. 유동하, 조도선을 동지로 규합하고 하얼빈과 채가구(蔡家溝)에서 거사를 추진하기로 하였다. 열차가 정차하는 전략적 요지인 채가구에서는 우덕순과 조도선이, 하얼빈에서는 자신이 거사를 결행하기로 하고 준비에 들어갔다. 두 거사지점의 연락과 통역은 유동하가 담당하게 하였다. 그러던 중 유동하로부터 10월 26일 아침에 이토가 하얼빈에 도착할 것이라는 연락이 왔다. 10월 24일 우덕순과 조도선을 채가구에 배치한 뒤 안중근은 하얼빈으로 돌아와 이토가 도착하기를 기다렸다.

장부가 세상에 처하여
그 뜻이 자못 크도다
때가 영웅을 지음이여
영웅이 때를 지으리로다
천하를 부릅떠 응시함이여
어느 날에 업을 이룰고

동풍이 점점 참이여
장사의 의기가 뜨겁도다
분개히 한번 갑이여
반드시 목적을 이루리로다

- 안중근의 '장부가' 중에서

여성 항일투사 남자현 열사를 아십니까

　북만주 일대에서 항일유적 답사를 다니고 있을 때였다. 청산리 전투 유적을 찾아다니며 여러 기록을 살피던 중에 서로군정서(西路軍政署) 대원으로 청산리 전투에 참가한 여성 독립투사가 있다는 사실을 알게 되었다. 그동안 북로군정서와 대한독립군 기록을 중심으로 유적을 답사하다보니 남자현(南慈賢) 열사의 활동을 제대로 찾아보지 못했던 것이다.

　남자현은 1895년 을미의병에 남편 김영주(金永周)와 함께 참가하여 경북일대에서 활동하였다. 3·1항쟁에 참여한 후 불혹의 나이를 넘긴 여인의 몸으로 만주로 망명, 서로군정서에 가담하여 항일무장투쟁을 전개하였고, 하얼빈에서 일본 경찰에 피체되어 17일 동안 단식을 하다가 1933년 8월에 순국한 위대한 영웅이란 사실만 기억하고 있었다.

　안중근의 하얼빈 의거 유적답사를 계획하게 되었을 때 가장 먼저 떠올리게 된 분이 남자현 열사였고, 열사의 활동을 빼놓고 하얼빈을 이야기 할 수는 없었다.

나는 남자현 열사의 생애와 업적에 대한 기록을 더 자세하게 알아보기 위해 독립기념관 공훈록뿐 아니라 남자현과 관련된 자료들을 찾아서 읽어나갔다.

남만주 일대 항일독립전쟁 유적 답사기 『압록강 아리랑』을 집필하면서 남자현의 활동을 어느 정도는 알고 있었지만, 그것만 가지고 답사를 할 수는 없었다. 남자현의 유적을 찾아 나서기 위해서는 정확하고 확실한 자료들이 필요했다.

남자현 열사는 1872년 12월 7일, 경북 영양군 석보면에서 통정대부를 지낸 남정한의 1남 2녀 중 막내로 태어났다. 문하에 70여 명을 거느린 아버지로부터 한글과 한문을 배웠고, 12살에 사서삼경을 거의 다 마칠 정도로 두뇌가 명석했다.

19살이 되던 해 아버지의 제자였던 김영주(金永周)와 결혼했으나, 김영주가 1895년 을미의병에 참여하여 일본군과 교전을 치르다가 1896년 7월 11일, 경북 진보군 홍구동 전투에서 장렬한 전사를 하고 말았다.

유복자 아들을 키우던 남자현은 1905년 을사늑약에 반대하는 의병이 일어나자 아버지와 함께 의병에 참가하여 활동을 벌였다.

"나라가 무너지면 집안도 온전할 수가 없을 것입니다. 나라가 불구덩이에 있어 저는 죽음으로써 나라의 원수를 갚기로 결심하였습니다. 우리 저 세상에서 다시 만납시다."

남자현은 남편의 유지(遺志)를 가슴에 새기고, 경북지방을 돌아다니며 의병을

좌 ● 남자현 열사 생가
우 ● 남자현 열사 항일
순국비

모집하는 한편 일본군 동태를 파악하고 정보를 수집하면서 항일투쟁에 참가하였다.

1919년 3월 1일 독립만세 항쟁이 전국에서 일어나자 남자현은 독립선언문을 돌리고 만세시위에 앞장을 서서 이끌었다. 조선총독부 경찰들의 가혹한 탄압으로 만세시위에 참가했던 사람들이 감옥에 갇히고 추적을 당하게 되자 남자현은 곧장 만주로 망명하여 서로군정서에 참가하였다.

나는 남만주 일대 항일독립전쟁 유적을 답사하는 동안 서로군정서 본부가 있었던 길림성 유하현 삼원포(三源浦)를 여러 차례 방문하였다. 삼원포는 남만주 항일투쟁의 중심도시로 대한독립단, 신흥강습소를 창설한 곳이며, 경학사, 부민단, 한족회 본부가 있었고, 그 일대로 수많은 항일유적들이 있는 곳이었다. 삼원포를 찾아갔을 때 신흥무관학교와 그와 관련된 인물들의 역사만 돌아보느라 남자현의 업적과 활동 지역들을 살펴보지 못했던 것이 너무나 안타깝게 다가왔다.

남자현은 1919년 4월 중국 상해에서 임시정부가 수립되자, 만주 일대에서 활

동하던 항일무장단체들이 통합을 추진하게 되었다. 남자현은 이상룡, 김동삼, 여준 등과 함께 통합을 위한 활동을 전개하였다. 그 결과 남자현이 활동했던 서로군정서는 대한독립단, 벽창의용대, 광복군총영, 광한단 등과 통합을 시도하여 1922년 2월 환인현 마권자(馬圈子)에서 대한통군부(大韓統軍府)로 확대개편 되었다.

경학사, 서로군정서
본부 유적지

남자현은 1925년 4월, 길림시의 한 중국인 집에서 동지인 박청산 등과 함께 조선총독부 총독 재등실(齋藤實)을 암살할 계획을 세웠다. 곧바로 서울로 잠입하여 혜화동에 근거지를 마련하고 재등실 암살을 준비하던 중에 거사계획이 누설되어 미수에 그치고 말았다. 남자현은 일본 경찰의 추적을 따돌리고 유하현 삼원포로 무사히 복귀하였다.

1928년 5월 전민족유일당이 창설되자 김동삼, 양기탁 등과 함께 참여하였고, 길림에서 회의를 열던 김동삼, 안창호 등 47명이 중국 경찰에 잡혀갈 때 극력 항거하였다. 이어 감옥까지 따라가서 간호를 하며 이들의 석방에 노력하여 성공하였다.

1931년 10월 김동삼이 하얼빈에게 체포되었을 때도 김동삼의 친척으로 가장하고, 일본 영사관을 찾아가서 여러 동지에게 중요한 연락을 취하고 김동삼이 국내로 호송될 때 구출작전을 준비하였다. 그러나 일제의 감시가 엄중하여 성공을 거두지 못했다.

좌 • 길림 위만경찰청
(1931년)
우 • 길림감옥
(1920년대)

1932년 9월 국제 연맹 조사단이 중일관계를 조사하기 위해 하얼빈에 왔을 때 그녀는 일제의 폭정과 우리의 독립을 호소할 절호의 기회라 생각하고 왼손 무명지 두 마디를 잘라 흐르는 피로 흰 손수건에 '조선독립원(朝鮮獨立願)'이란 혈서를 쓰고 자른 손가락과 함께 조사단에게 보내기도 했다.

남자현의 항일 독립운동은 군사 활동과 더불어 일반인들을 위한 계몽운동이라는 양면에서 행하여졌다. 남자현은 만주 각지의 한인들을 찾아다니면서 그들에게 독립정신을 고취시키고, 독립운동에는 굳건한 믿음이 있어야 한다는 생각에 기독교 신앙을 전도하기에 힘썼다. 특히 부녀자에게는 빼앗긴 조국을 찾기 위해 여자의 힘이 그 어느 때보다도 절실히 필요함을 역설하였다. 그리고는 북만주 일대에 12개의 교회를 세웠고 액목, 화전, 반석 등지에 여자교육회 20여 곳을 세워 여성들의 의식 계몽에 앞장섰다. 또한 여학교를 설립, 교장이 되어 여성 독립투사를 양성하는 데도 심혈을 기울였다. 1933년 3월 1일 일제가 만주를 침

략한 후 세운 만주 괴뢰국 건립 1주년 기념식을 거행할 때 만주국 일본전권대사
부토를 암살한 계획을 세웠다. 2월 27일에 길림시에서 거지노파 차림으로 변장
을 하고 폭탄과 권총을 품은 뒤에 죽은 남편의 옷을 몸에 감았다. 이때 남자현의
나이는 이미 육십을 넘었으므로 이것이 어쩌면 마지막 항일투쟁이 될 것이라고
생각한 것이다.

　권총과 폭탄을 몸에 지닌 남자현은
하얼빈 교외 정양가를 지나가다가 일경
에게 체포되어 일본 영사관에 구금되
었다. 이미 육십이 넘은 몸으로 여섯
달 동안 갖은 고문을 당했다. 게다가
일본놈이 주는 음식을 먹을 수 없다
고 단식을 계속하였기에 거의 죽음에
이르게 되자 가석방 하였다.

　하얼빈 적십자병원을 거쳐 하얼빈

지단가(地段街)의 여관에서 아들과 여러 동지의 간호를 받았으나 회복할 수 없음을 느낀 남자현 열사는 아들에게 유언을 남겼다.

"사람이 죽고 사는 것이 먹는데 있는 것이 아니고 정신에 있다. 독립은 정신으로 이루어지느니라"

마지막 말을 남기고 1933년 8월 22일, 62세를 일기로 파란만장한 삶을 마감하였다. 대한민국정부에서는 남자현 열사의 뜻을 기리기 위해 건국훈장 대통령장을 추서하였다.

남자현 열사의 발자취를 찾아가다

2013년 9월 북간도 일대 답사를 마치고 하얼빈으로 갔다. 하얼빈에 있는 남자현 열사의 유적들을 찾아보기 위해서였다.

남자현의 발자취를 찾아다니는 동안 가장 안타까웠던 사실은 남자현 열사의 묘지를 찾을 수 없었다는 것이다. 남자현 열사의 묘는 하얼빈의 도시개발로 인해 다른 곳으로 옮겨졌으나, 그곳마저도 다시 개발이 되었던 것이다.

1992년 자전거를 타고 만주지역 항일유적을 찾아다녔던 조선족 답사가 강영권 선생의 『죽은자의 숨결, 산 자의 발길』이란 책에는 남자현의 무덤이 남강 외

하얼빈 러시아 성당 옛모습(1925년)

국인 묘역에서 옮겨졌고, 옮겨졌던 공동묘지도 1958년 하얼빈 개발로 인해 사라지게 되었다고 적고 있다.

우리는 조국과 민족을 위해 싸우다 돌아가신 선열들의 유해조차 봉환하지 못하고, 너무나 오랫동안 무심하게 살아왔던 것이다. 강영권 선생이 하얼빈에 다녀간 지 이십 년이 지나서 나는 남자현의 묘를 찾아 하얼빈

을 찾아왔던 것이다. 늦어도 너무 늦었다는 자책감이 들었으나, 용기를 내 하얼
빈 문화공원을 찾아갔다.

 남자현 역사의 무덤이 있었던 그곳에 가서 늦게 찾아온 것을 고개 숙여 사죄
드리고, 남자현 열사의 명복을 기원하며, 조국과 민족에 대한 사랑에 감사를 드
리는 묵념을 올려야 했다. 수천 리 길을 찾아와 이대로 돌아갈 수는 없었다.

 하얼빈 남강 문화공원은 어린이 놀이터와 노인들의 휴식공간으로 변해버려
많은 사람들로 붐비고 있었다. 나는 외국인 묘지가 있었던 자리를 찾아가 고요
히 머리를 숙였다.

 아직 완전한 자주독립을 이루지 못하고, 남북분단과 이념대립의 분열과 갈등
속에 있는 조국의 현실을 말씀드렸다. 아직도 일제의 억압과 수탈의 시대를 찬
양하며, 자신들의 조상이 저지른 친일행위를 정당화하는 무리들이 활개치는 서
글프고 안타까운 현실도 고백했다.

 남자현 열사의 영혼이 서려 있는 묘역에서 나는 송구스럽고 부끄러운 마음에
고개를 숙인 채 한참 동안 자리를 떠날 수 없었다. 남자현 열사 순국 80년이 되

었지만, 아직도 역사의 정의를 바로 세우지 못했고, 친일매국노들을 응징하지도 못한 사회에서 무능하게 살아온 작가의 처절하고 송구스런 마음을 어찌 다 표현할 수 있겠는가.

수많은 사람들이 오가는 공원에 서서 한참 동안 고개를 숙이고 있었더니 마치 구경이라도 난 듯 모여든 중국 사람들 사이를 빠져나왔다. 나는 몇 번이나 뒤를 돌아보며 공원 문을 나섰다.

천주교는 안중근을 버렸다

얼마 전에 안중근 의사의 자필 유묵(遺墨) 중에 하나인 '경천(敬天)'이란 글씨를 천주교 성당에서 사들였다는 뉴스를 보았다. 참으로 세월은 흐르고 볼 일이구나. 안중근 의사가 하얼빈에서 이토 히로부미를 처단했을 때 그들이 무슨 짓을 했는지 우리는 분명히 기억하고 있다.

한국천주교 주교 뮈텔은 안중근 의사가 이등박문을 사살했다는 소식을 듣고, 조선통감부를 스스로 찾아가서 이등박문의 죽음에 대해 정중하게 조의(弔意)를 표했다. 1909년 10월 28일 모든 신문에서 일제히 안중근이 천주교 신도라고 보도하자, 뮈텔은 강력하게 항의하면서 몇 번이나 부인하였다.

뮈텔은 프랑스인으로 1890년부터 일제치하까지 43년간 천주교 한국교구장

좌 ● 하얼빈 소피아 성당
우 ● 하얼빈 안중근 의사 기념관

을 역임한 주교였다. 그의 일기는 2009년 한국어로 완역되어 지금도 많은 사람들에게 읽히고 있다.

뮈텔주교는 11월 4일 이토의 국장일에 수녀들이 만들어준 조화를 들고 장례식에 참석했고. 1910년 2월 16일 여순관동재판소 일본인검사로부터 안중근과의 면회를 허락받은 빌렘 신부의 여순행을 불허했다.

그러나 빌렘 신부가 지시를 무시하고 여순감옥에 가서 안중근을 면회하고 왔을 때 뮈텔은 2개월 동안 빌렘신부의 미사집전권을 박탈하였다. 그는 안중근의 의거를 살인행위로 규정하고 출교조치를 내렸던 인물이었다.

안중근 순국 100주기인 2010년, 서울 명동성당에서 안중근의 신자자격을 복권하는 미사가 열렸다. 당연히 환영받을 일이다. 그러나 무엇보다 먼저 선행되었어야 할 일이 있었다. 그것은 뮈텔을 비롯한 천주교 신부들이 저질렀던 친일행위와 안중근의 출교조치에 대한 진심어린 사죄가 있어야 했다. 어떤 종교를 믿든지 조국과 민족 앞에 동등한 의무를 지닌 한국인이기 때문이다.

일본은 사법살인을 저질렀다

하얼빈역에서 러시아 경찰에 연행되었던 안중근은 러시아 경찰의 조사를 받다가 갑자기 하얼빈 일본영사관으로 신병이 인도되었다. 러시아 경찰이 일본의 강압에 굴복하여 관할권을 포기한 것이다.

하얼빈 일본영사관터 (1909년 안중근 의사 심문장소)

안중근은 며칠 동안 하얼빈 일본영사관 지하실에서 가혹한 고문을 당하며 취조를 받았다. 안중근이 일본 경찰의 고문과 협박에도 굴복하지 않자, 일본경찰의 삼엄한 감시 아래 여순(旅順)으로 이송하여 일본 관동도독부 지방법원에 송치되었다.

안중근의 재판은 검사, 판사, 변호사, 통역관이 전부 일본인이었고, 심

지어 방청인들조차도 일본인들뿐이었다. 일본경찰의 삼엄한 경계가 펼쳐지는 가운데 일본인들끼리 진행한 재판이었기에 그 결과는 불 보듯 자명한 것이었다.

안중근은 여순 일본관동법원에서 1910년 2월 7일부터 14일에 이르기까지 6회에 걸쳐 재판을 받았다.

안중근은 일본 법정에서도 당당하게 이등박문을 사살한 이유를 말했다. 그리고 일본인들으로 이뤄진 재판의 부당성을 지적하고, 대한의 독립의 정당성과 동양평화의 중요성을 당당하게 펼쳐나갔다.

"내가 이등박문을 죽인 것은 대한독립전쟁을 수행한 것이며, 내가 일본 법정에 서게 된 것은 전쟁에 패배하여 포로가 된 때문이다. 나는 개인 자격으로서 이 일을 행한 것이 아니라 대한의군 참모중장 자격으로 조국의 독립과 동양평화를 위해 행한 일이니 만국 형법에 의해 처리하도록 하라."

일본법정은 안중근의 요구를 묵살하고, 1910년 2월 14일 재판을 시작한 지 일주일 만에 일제의 각본대로 안중근에게 사형을 선고했다.

안중근은 왜 이등박문伊藤博文을 사살했나

이등박문의 본명은 하야시 도시스케(林利助)로 야마구치에서 출생하였다. 그의 아버지가 하기번의 무사 집안인 미즈이(水井, 후에 이등(伊藤)) 가문의 양자가 되면서 하급무사의 신분을 얻었다.

명치유신(明治維新) 이후에 이토 히로부미(伊藤博文)로 이름을 바꾸고 신정부에 참여하여 외국사무국 판사(判事), 효고현 지사(知事) 등을 역임하였다. 1878년 오쿠보 도이구치가 암살되자 오쿠보를 계승해 내무성의 내무경(內務卿)이 되었으며, 자신과 대립하던 오쿠마 시게노부를 추방하고 메이지 정권의 최고 실력자가 되었다. 그 뒤에 내각(內閣) 제도가 창설되자, 초대 내각총리대신이 되었고, 1888년에는 추밀원(樞密院) 의장이 되었다.

이때부터 이등박문의 마각이 서서히 드러나기 시작하였다.

1890년에 귀족원 의장, 내각총리대신을 역임하던 1895년에 침략주의 근성을 드러내었고, 그 해 10월 8일 새벽에 경복궁을 난입해 명성황후를 시해한 일본 공사 미우라 고로(三浦梧樓)를 배후에서 조종하였다. 1905년 11월 특명전권대사로 대한제국에 부임한 뒤 고종을 협박하여 을사늑약을 체결함으로써 대한제국의 외교권을 박탈하고 내정을 장악하였다.

서울의 옛모습
(1910년)

이때부터 이등박문은 대한제국을 멸망시키고 일본의 식민지로 만들려는 야욕을 품었다. 그리고 중국을 침략하여 청나라를 무너뜨리고 대일본 제국을 건설하겠다는 제국주의 침략 근성을 드러내기 시작했다. 머지않아 자신에게 닥쳐올 처참한 종말을 전혀

예견치 못한 어리석고 무모한 꿈이었다.

　을사늑약에 따라 대한제국에 통감부(統監部)가 설치되자, 초대 통감으로 부임하여 대한제국을 무너뜨리고 국권을 침탈할 음모를 본격적으로 진행해 나갔다. 1907년 이완용, 이근택, 이지용, 박제순, 권중현 등 을사오적(乙巳伍賊)을 중심으로 한 친일 내각을 구성하도록 압력을 행사하였고, 을사늑약의 부당함을 세계에 알리고 이를 파기하고자 헤이그특사를 파견했던 고종을 강제로 퇴위시켰다.

　이등박문의 죄악은 여기서 그치지 않았다. 규장각에 보관되고 있던 역사관련 서적을 강제로 반출하여 일본으로 가져갔고, 국보급 문화재를 약탈하여 일본으로 보냈다. 어찌 이뿐이랴. 이완용, 송병준 등을 앞세워 군대를 해산시키고, 전국에서 일어난 의병을 무자비하게 진압시키면서 대한제국을 식민지로 만들려는 작업을 진행해 나갔다.

　명치유신의 노예가 되어 대일본제국의 헛된 망상에 사로잡힌 이등박문은 제

국주의 군사대국을 이루겠다는 야욕과 공명심으로 대한제국 이천만 동포들에게 온갖 악행을 저질렀던 것이다.

고종 장례식

사불범정(邪不犯正)이란 말이 있다. 바르지 못하고 사악한 것이 바른 것을 범할 수 없다는 뜻이다. 이등박문의 추악한 욕망은 이제 그 종말을 향해 달려가고 있었다.

1909년 조선통감을 사임하고 추밀원 의장이 되어 러시아 재무상 코코프체프와 회담하기 위해 만주 하얼빈(哈爾濱)을 방문하였다.

동양제국을 위협하고 평화를 짓밟는 일본제국주의 침략의 원흉(元兇), 교활하고 사악한 일본제국주의 심장을 향해 동양평화와 정의의 이름으로 세 발의 총탄이 날아갔다. 대한의군(大韓義軍) 참모중장이며 특파대장인 안중근(安重根)의 저격으로 이토 히로부미는 사살되었다.

고종황제

안중근 의사가 여순(旅順) 일본군관동법정에서 재판을 받으면서 주장한 대로 이등박문을 사살한 것은 한민족의 독립과 동양평화를 위한 것이었으며, 대한의군 자격으로 독립전쟁을 수행한 것이었다.

그러므로 개인의 이익을 위해 살인을 저지른 형사범이 아니라, 당연히 전범으로서 재판을 받았어야 했다. 그러나 일본은 한국인 변호사의 접견이나 방청을 금지하고, 일본인들끼리 진행한 불법재판에서 안중근에게 살인죄를 적용하여 사형을 언도했던 것이다.

그 당시에 타국인이 일본인을 외국땅에서 살인할 경우에 일본법으로는 외국인을 재판할 법적 근거가 없고 그러한 법률 자체도 없었다.

그럼에도 불구하고 안중근을 일본법정에 세우고,

조선통감
이토 히로부미(뒷줄
가운데)

전쟁포로에 관한 법률이 아닌 일반 형법을 적용하고, 일본제국주의자들의 은밀한 음모로 꾸며진 재판을 진행한 것이었다. 그리고 일본제국주의자들이 법복을 입고 앉아 가당치도 않은 법률을 적용하여 사형을 언도하고 집행한 것은 명백한 사법살인이었다.

극단적 우경화로 치닫고 있는 일본 아베(安倍)내각이 들어선 후 한국 사회 일각에서도 일제강점 시대가 억압과 수탈만 있었던 것이 아니라 사회, 문화, 경제발전에 기여했다는 황당하고 해괴한 논리를 펴는 무리들이 나타났다.

아베가 동경에서 북을 치니 서울에서 맞장구를 치는 격이었다. 이번에는 아베가 안중근은 사형언도를 받았던 인물이라고 말하자, 그의 휘하에 있는 스가 관방장관이 안중근은 테러리스트라는 망언을 쏟아냈다. 그러자 서울에서 맞장구를 치는 역사학자들이 생겨나고, 민족정의를 부정하는 무리들이 나타났다. 그런데도 그들은 그 누구도 처벌받지 않았다. 오히려 정부요직이나 교육과 역사관련 단체 수장으로 임명되기도 했다.

조국과 민족의 독립과 동양 평화를 위하여 침략의 원흉 이등박문을 사살한 안

좌 • 여순의 옛모습
우 • 대련시 여순역의
옛모습(1909년)

중근의 의거를 폄하하고, 심지어 백범 김구를 테러리스트로 몰아가는 파렴치한 행위도 서슴지 않고 있다.

스스로 지식인을 자처하는 학자들이 모여 만든 역사단체가 친일반민족 성향을 노골적으로 드러내며 안중근 하얼빈 의거, 윤봉길 상해 의거 등을 테러로 규정하고, 만주지역 항일독립 전쟁의 역사를 근본적으로 부정하고

안중근 의사 기념관
하얼빈에서 필자

있는 데도 경찰이나 검찰, 대다수의 국민들은 강 건너 불 보듯 하고 있다.

광복 이후 친일반민족매국노들을 처단하지 못하고, 친일반민족행위자들을 대거 등용하여 오늘에 이르게 된 잘못이 이렇게 엄청난 후과(後果)를 대한민국에게 안겨주고 있는 것이다.

대한민국의 헌법을 부정하고, 북한정권에 동조하거나 찬양하는 무리를 처벌하는 것이 당연한 것처럼 조국과 민족을 짓밟은 침략자들과 싸웠던 항일독립투쟁을 부정하는 무리들, 민족정신을 말살하려는 반민족행위자들도 당연히 처벌되어야 한다.

광복 후에 반민족행위자 처벌에 관한 법률이 폐기되어 적용할 법률이 없어 그들을 처벌하지 못하고 있다면, 국보법보다 더 엄한 입법을 해서라도 반민족행위

좌• 경복궁의
친일파들
우• 대한민국임시
정부 요인들

경술국치 이후 폐허가
된 경복궁 근정전 앞

자들을 엄벌해야 한다. 그렇지 않으면 조국과 민족을 배반하고, 반국가반민족 행위를 저질렀던 자들을 처벌하지 않았던 이승만 정권의 나쁜 선례를 답습하는 결과를 초래할 것이다. 뿐만 아니라 법률의 약점을 교활하게 이용하는 반민족행위자들의 사악한 준동을 막을 수 없게 될 것이기 때문이다.

항일독립전쟁의 숭고한 정신을 훼손하고, 민족자존의 역사를 부정하여 자라나는 청소년 교육에 악영향을 미치며, 사회를 병들게 하고 있는 친일극우반민족 행위자들은 반드시 처벌되어야 한다.

만약에 그들을 처벌하지 않거나 방치하여 민족자존과 정의를 바로 세우지 않는다면, 조국이 외세침략의 위기에 처하게 되었을 때 나타날 수 있는 제 2, 제 3의 이완용을 키우게 되는 결과를 초래하게 될 것이다.

안중근의 하얼빈 의거는 대한의군 의병활동의 수행으로 적군의 수장을 사살한 쾌거였으며 승전보였다. 세계사에서도 그 유례를 찾아볼 수 없을 정도로 잔악한 억압과 수탈을 자행했던 일제에 항거하여 싸웠던 의거였던 것이다.

그럼에도 불구하고 하얼빈 의거를 테러로 규정하는 무리들, 항일독립전쟁의 역사를 폄훼하고 부정하고 왜곡하는 무리들, 친일사대 미몽에서 아직도 헤매고 있는 학자나 정치인들이 안중근 의거에 대해 함부로 입을 놀리고 있는 어처구니없는 현실을 보며 뜨겁게 치밀어 오르는 분노를 억제할 수가 없다.

하얼빈 의거를 테러로 매도하거나 진실을 왜곡하는 극우분열주의 역사학자들과 동조세력은 국민들로부터 비난을 받아야 하며, 우리사회에서 더 이상 그런 자들이 사회지도층 인사가 되는 일이 없도록 모두가 지켜봐야 할 것이다.

대련 여순감옥을 찾아가다

안중근 의거 100주년을 맞이하는 2009년 7월 여순감옥(旅順監獄)을 답사하기 위하여 인천으로 향했다. 언제나 그래왔듯이 우리민족 영욕(榮辱)의 역사가 서려있는 경복궁에서 광화문을 거쳐 덕수궁 앞에서 지하철을 타고 인천항에 도착하였다.

인천국제여객터미널 대합실에는 수많은 관광객들과 상인들로 붐비고 있었다. 여름방학을 맞아 중국으로 여행을 가는 학생들도 많이 눈에 띄었다.

몹시 시끄럽고 번잡한 대합실에서 1시간 넘게 기다린 후에 대련행 여객선에 오를 수 있었다. 오후 5시에 인천항을 출발하는 여객선은 17시간의 긴 항해 끝에 다음날 아침 10시가 되어야 대련항에 도착한다.

그동안 중국 대련시(大連市) 여순감옥을 두 번 찾아갔었다. 한 번은 내부관람을 할 수가 있었지만 다음에 찾아갔을 때는 외국인은 출입금지라는 말을 듣고 발길을 돌려야 했었다. 여순감옥을 관리하는 사람들은 그야말로 엿장수 마음대로였다. 물론 정부에서 그런 지시를 내렸겠지만, 그곳 사람들의 변덕은 도무지 종잡을 수가 없었다.

이번에 여순에서 시작하여 서간도 일대를 돌아오는 답사는 여느 때와는 달리 나에게 특별한 의미가 있었다. 안중근 의거 1백주년을 맞는 뜻 깊은 해에 떠나는 것이기도 했지만, 그동안 만주 일대 항일유적을 답사했던 기록을 책으로 엮어내기로 결심하고 나서는 답사길이라 더욱 가슴이 설레고 미묘한 긴장감마저 느껴지고 있었다.

중국으로 가는 화물을 많이 싣느라 여객선은 예정보다 늦게 인천항을 떠났다. 여객선의 뱃고동 소리가 뱃전에 부딪치는 파도소리에 실려 경쾌한 화음을 낸다. 이내 서해바다 위를 미끄러지듯 달려 나갔다.

대련항구

인천대교를 지나 점점 멀어지는 항구를 돌아보며 다시금 마음을 다잡았다. 이번 답사여행에서는 더 많은 곳을 보고 돌아와 점점 잊히고 있는 항일독립전쟁의 역사유적들을 올바로 기록해야 한다는 사명을 다시 가슴에 새겼다.

을사늑약이 강제로 체결되었던 1905년 이후 북간도에서, 서간도에

대련항구 옛 모습
(1905년)

서, 상해에서 시작되어 1945년 광복이 이뤄질 때까지 40년 동안 피를 흘리며 싸웠던 항일투사들의 위대한 생애, 항일독립전쟁(抗日獨立戰爭)의 역사와 유적들이 점점 잊혀가는 현실이 너무나 안타까워 시작했던 만주지역 항일유적답사를 마무리하기 위해 다시 먼 길을 떠나게 되었던 것이다.

넓은 바다로 힘차게 달려 나가는 여객선을 따라오며 관광객들이 던져주는 과자를 먹으려 달려드는 갈매기들 울음소리가 처량한데, 저 멀리 등대섬 너머로 노을이 물들고 있었다. 하나 둘 켜지는 등대불이 나그네의 마음을 서글프게 만든다. 항일유적 답사를 떠날 때는 언제나 마음이 설레곤 했는데 이번 답사는 왠지 마음이 무겁게 가라앉는다. 낯선 타국에서 오랜 시간을 홀로 배낭을 메고 돌아다녀야 하는 걱정 때문만은 아니리라.

인천항을 떠난 후 두 시간 쯤 지났을 때였다. 주위 경계를 알 수 없는 바다가 펼쳐지고 어디까지가 바다이고 어디가 하늘인지 알 수 없을 정도로 어둠이 짙게 깔려 있었다. 나는 여객선 갑판에서 칠흑의 바다를 바라보고 서 있는 사람들 틈에서 바닷바람을 맞으며 아무리 사방을 둘러보아도 불빛하나 보이지 않았다.

얼마나 더 달려갔을까. 저 멀리 수
평선 위로 고깃배들의 불빛들이 마치
모닥불을 피워놓은 것처럼 바다를 밝
히고 있었다. 뱃전을 스치는 가을바람
이 나도 모르게 옷깃을 여미게 하는
차가운 바다에서 고기를 잡는 어부들
의 손길이 불현듯 살갑게 다가온다.

어렸을 때 즐겨불렀던 클레멘타인
이란 노래처럼 넓고 넓은 바닷가에

대련시 모습

고기잡는 아버지와 철 모르는 딸의 이야기가 생각났다. 여행객의 눈으로 바라보
는 바다와 어부의 눈으로 바라보는 바다는 분명 다를 것이다. 어부들에게 바다
는 생계의 터전이고, 죽음의 그림자를 늘 짊어지고 살아가야 하는 처절한 몸부
림의 현장일 것이다. 결코 나그네의 눈에 비친 낭만의 바다는 아닐 것이리라.

발해만과 서해바다 사이로 내리뻗은 대련 반도 끝에 자리잡고 있는 여순시는
중국의 군사도시로 외국인의 출입이 제한되는 지역이 많다. 내가 대련에서 버스

여순감옥 높은 담장

를 타고 여순에 도착했을 때 여순감옥은 외국인의 출입이 통제되고 있었다. 여순감옥을 보기 위해 달려왔는데 큰 낭패가 아닐 수 없었다. 그러나 궁하면 통하고 간절히 원하는 일은 이뤄진다고 하지 않는가. 중국인들의 단체여행객 틈에 섞여 여순감옥 안으로 들어가 내부 관람을 무사히 마칠 수 있었다.

그동안 중국을 돌아다니면서 체득한 중국식 요령이라고 해야 할까. 아니면 되는 일도 없고 특별히 안 되는 일도 없는 중국만의 특수한 문화를 활용한 것이라고 해야 할까. 나는 번갯불에 콩 볶아 먹듯 내부를 돌아보고는 뒤도 돌아보지 않고 밖으로 나왔다. 쫓기듯 내부를 돌아다녀야 하는 상황이 너무나 불쾌했고 분노마저 치밀었다. 비록 남의 땅에 있는 유적이지만 우리나라 항일영웅의 자취를 돌아보기 위해 찾은 곳에서 내가 왜 가슴을 졸여가며 관람을 해야 하는가. 그러나 스스로 위로했다. 여순까지 와서 헛걸음 하지 않은 것만으로도 다행이라 생각하고 다음 목적지인 단동을 향해서 여순을 벗어났다.

내가 다시 여순을 찾은 것은 2013년 2월이었다. 만주 항일유적답사기 『압록강 아리랑』을 출간한 뒤에 서울지역 청소년들과 함께 뤼순(旅順: 여순의 중국발음)감옥을 답사하기 위해서였다. 단동에서 버스를 대절하여 아침 일찍 출발하여 뤼순으로 향했다.

단동에서 여순까지의 거리는 대강 370여 킬로미터 정도 떨어져 있어 고속도로로 달려가면 약 4시간 반 정도 시간이 걸리곤 했었다. 버스기사가 단동을 출발할 때는 여순시내의 지리를 잘 안다고 하더니 막상 시내로 들

안중근 의사 유묵

안중근 의사 수감방

어서자 길에서 헤매기 시작하였다.

3년만에 여순을 찾은 나로서도 무척 많이 변해버린 모습에 잠시 당황했지만, 기억을 더듬으며 20여 분만에 여순감옥에 도착할 수가 있었다. 단동을 떠난 지 5시간이 지났을 때였다.

여순아일감옥구지(旅順我日監獄舊址)라고 쓴 간판이 크게 걸려 있는 입구를 들어서면서부터 어둡고 음침하게 느껴지는 감옥 특유의 분위기가 온몸을 감쌌다.

첫 번째로 간 곳은 감옥 전체 구조를 유리상자 안에 모형으로 전시해 놓은 곳에서 안내원으로부터 설명을 들었다. 감옥의 넓이는 26,500평방미터로 감방의 수는 253개, 지하 감방이 8개였고, 죄수들이 일하는 15개의 부설공장이 있었으며, 동시에 2,000명을 수감할 수 있었다고 하였다.

여순감옥 안

감옥 내부를 돌아보면서 가슴이 섬뜩했던 고문기구들, 죄수들의 낡고 헤진 옷들, 좁고 음침한 감방들, 철조망이 쳐진 높은 담장, 교수형장 등 1910년 당시 참혹하고 반인륜적이었던 감옥의 실상을 목격하게 되었다. 안중근이 수감되었던 감방은 지하실로 내려가 오른편에 있었는데 간수방이 바로 옆에 딸려 있는 외딴감방이었다. 벽에는 안중근 수감방이란 안내판이 걸려 있고, 안에는 벼루와 붓 등이 전시되어 있었는데 크기는 서너평 정도였다.

왜놈들이 얼마나 많은 날 가혹한 고문과 협박을 들이댔을 것이며, 얼마나 악랄한 증오와 살기를 뿜

여순의 옛모습
(1910년)

어대며 안중근을 괴롭혔겠는가. 그러나 조국의 독립과 동양평화를 위해 대한의군 특파대장의 임무를 다한 안중근의 마음을 쉽게 흔들 수는 결코 없었다.

여순감옥 내부를 돌아볼 때마다 나의 발길을 한참 동안 멈추게 하는 곳이 더 있다. 민족사학자 단재(丹齋) 신채호(申采浩)와 우당(友堂) 이회영(李會榮) 지사가 수감되었던 감방이었다.

가난과 병환 잠시도 떠날 새 없으니
인생 사십에 너무나 찌들렸구료
한스러워라
산과 물이 끝난 국경선에서
마음 내킨 대로
노래조차 부를 수 없구나

민족사학자 단재 신채호가 항일투쟁의 뜻을 품고 압록강을 건너 상해로 망명할 때 지은 시다.

1936년 차가운 감방에서 옥고를 치러야 했던 단재 신채호의 생애를 떠올리며 나도 모르게 눈시울이 뜨거워졌다.

1910년 일제에게 나라를 빼앗기고 병든 몸으로 압록강을 건너 낯선 땅으로 망명하고, 가난하고 힘든 삶을 살아가는 가운데서도 마음 놓고 노래도 부를 수 없었던 신채호의 탄식과 울분이 뼈저리게 파고든다. 망국민의 한과 설움이 절절이 담긴 단재의 처절한 절규가 가슴을 때렸다.

민족사학의 선구자 단재여
나로 하여금 만주를 꿈꾸게 한 단재여

인류로써 인류를 압박치 못하고
사회로써 사회를 억압하지 못하는
평화롭고 이상적 나라를 건설하지 못 했습니다

우리는 아직도 역사를 바로 세우지 못하였고
민족 반역의 무리를 처단하지도 못하였습니다

친일반민족행위를 저질렀던 자들이
부끄럼도 없이 거리를 활보하고
일제치하를 축복으로 여기는 후손들이
권력을 휘두르는 나라에 사느라
지난 해에야 선생님의 국적을 찾아드릴 수 있었습니다

단재여
나로 하여금 만주를 꿈꾸게 한 단재여
부디 잊지 말아주십시오
이 땅에 역사의 정의가 살아나는 날까지
고구려 정신이 다시 살아나는 날까지
동방의 빛으로 다시 빛나는 날까지
부디 민족사랑을 내리지 말아주십시오

신채호가 의열단장 김원봉으로부터 요청을 받고 썼던 조선혁명선언(朝鮮革命宣言)은 악랄한 일본제국주의에 대항하여 항일독립전쟁의 깃발을 들고 싸워야 했던 시대를 살아가는 모든 사람들에게 민족정신의 행동지표가 되었다.

민중은 우리 혁명의 대본영이다
폭력은 우리 혁명의 유일무기이다
우리는 민중 속에 가서
민중과 휴수(携手)하여 불절(不絶)하는

폭력 - 암살, 파괴, 폭동으로써

강도 일본의 통치를 타도하고,

우리 생활에 불합리한 일체 제도를 개조하여

인류로써 인류를 압박치 못하며

사회로써 사회를 박삭(剝削)치 못하는

이상적 조선을 건설할지니라.

　단재(丹齋) 신채호(申采浩)는 충청남도 대덕군 산내면 어남리에서 태어났다. 1898년 독립협회에 가입하여 활동했으며, 독립협회 해산 후에 투옥되었다가 1905년에 장지연(張志淵)의 요청으로 황성신문의 논설기자가 되어 활동하였다. 황성신문이 무기 정간 되자 양기탁(梁起鐸)의 요청으로 대한매일신보의 논설기자로 자리를 옮겼다.

　1907년 4월에 양기탁, 이회영, 안창호(安昌浩) 등과 함께 국권회복운동의 비밀 결사 조직인 신민회(新民會)에서 활동하였고 대한매일신보에 신민회의 이념을 국민에게 천명한 대표적 논설 「이십세기 신국민(二十世紀 新國民)」을 발표하였다.

　1923년 1월에는 의열단의 요청을 받고 의열단의 독립운동노선과 투쟁방법을 천명하는 유명한 6,400자의 「조선혁명선언(朝鮮革命宣言)」을 발표하여 항일독립 전쟁의 필요성을 역설하였다.

　1923년 1월에 상해에서 국민대표회의가 개최되자, 창조파에 가담하여 상해

임시정부를 해체하고 새로운 임시정부의 수립을 주장하였다. 국민대표회의가
실패로 끝나자 크게 실망하여 칩거하면서 국사연구에 몰두하였다. 이 시기에 조
선상고문화사(朝鮮上古文化史), 조선상고사(朝鮮上古史), 조선사연구초(朝鮮史研究艸)
등을 집필하여 근대민족사학을 확립하는데 박차를 가하였다.

   이후 점차 무정부주의 독립운동에 관심을 갖고 1926년 재중국조선무정부주
의자연맹(在中國朝鮮無政府主義者聯盟)에 가입했으며, 1927년 9월에는 무정부주의
동방연맹에 조선대표로 참석했다. 1928년 4월에는 그 스스로 무정부주의 동방
연맹 북경회의를 개최했다. 이 회의 결의에 따라 독립운동자금 모금활동을 벌
이다가 일제관헌에 체포되어 10년형의 선고를 받고 복역 중 1936년 여순감옥에

경학사와 신흥강습소
유적

서 옥사하였다.

　여순감옥에서 순국한 우당 이회영은 1910년 경술국치 후 만주로 망명했던 애
국지사이며 그의 6형제들이 모든 재산을 팔아 신흥무관학교 창설에 함께 참여
했다는 사실은 너무나 유명한 노블리스 오블리제의 이야기다.

　1911년 유하현 삼원포에서 경학사와 신흥강습소를 창설하였고, 부민단과 신
흥무관학교를 이상룡, 김동삼 등과 함께 이끌었다.

　1919년 3·1 만세의거 이후 북경으로 망명한 이회영은 민족주의 항일투쟁노
선에서 무정부주의 아나키스트 운동으로 전환하여 활동하였다. 무정부운동이
야말로 약소민족을 위한 진정한 해방운동이라고 믿었던 것이다

　1931년 일본이 만주를 침략하여 괴뢰국 만주국을 세우자 중국에 흩어져 있던
동지들이 상해에 모였으며 그를 의장에 추대하여 의열투쟁을 계속하기로 결의
하였다.

　1932년에는 만주에서 활동하는 조선혁명군, 항일연군 등과 연합하여 항일
독립전쟁을 수행하고, 주만일군사령관 암살 등을 목적으로 대련(大連)행 기선

을 타고 만주로 가던 중, 친일 밀정의 밀고를 받은 왜경에 체포되었다. 그는 일본 경찰의 무자비한 고문으로 끝내 옥중에서 순국하였다.

여순감옥 내부를 돌아보다가 일본의 만행을 떠올리면서 너무나 가슴이 답답하고 치밀어오르는 분노를 억제할 수 없었다. 여순에 있는 일본 관동법원을 답사할 때도 똑같은 심정이었다. 일본의 잔학함은 말할 것도 없었지만 오늘날 일본에서 벌어지고 있는 극우군사주의 노선을 보면서 일본은 결코 변하지 않았다는 것을 느낄 수 있었다.

일본은 앞으로도 군국주의 노선을 결코 버리지 않을 것이다. 그들은 아직도 침략근성을 버리지 않고 있다. 언제가 그들은 또다시 동양평화를 깨뜨리는 행위를 서슴지 않고 저지르게 될 것이다. 일본은 결코 변하지 않았다.

상 • 안중근 의사
어머니 조마리아 여사
하 • 안중근 의사
마지막 모습

어머니의 편지

1910년 2월 14일 사형언도가 내려진 안중근은 어머니 조마리아 여사로부터 한 통의 편지를 받았다.

"너의 죽음은 너 한사람 것이 아니라 조선인 전체의 공분을 짊어지고 있는 것이다. 네가 항소를 한다면 그것은 일제에게 목숨을 구걸하는 것이다. 네가 나라를 위해 이에 이른즉 딴맘 먹지 말고 죽으라. 아마도 이 편지가 이 어미가 너에게 쓰는 마지막 편지가 될 것이다. 여기에 수의를 보내니 이 옷을 입고 가거라."

안중근은 모친의 말에 따라 항소를 포기한 채, 역사와 동양 평화론의 저술에만 심혈을 기울였다. 역사는 자서전이고, 동양 평화론은 거사의 이유를 밝힌 것이었다.

안중근은 일본인들만으로 구성된 재판정에서 거사의 이유를 설명할 필요가

없다고 생각했다. 구구하게 이유를 밝혀 목숨을 구걸한다는 인상을 주기도 싫었
던 것이다.

안중근은 동양평화론을 저술하여 후세에 거사의 진정한 이유를 남기려고
하였다. 그러나 이것마저 잔악한 일제는 허락하지 않았다. 동양평화론의 집필
이 끝날 때까지 사형 집행을 연기해 줄 것을 요구하였지만 일제는 이를 무시하
고 사형을 집행하였다. 안중근 의사는 1910년 3월 26일 여순감옥에서 순국하
였다.

"내가 한국의 독립을 되찾고 동양의 평화를 지키기 위해 3년 동안 해외에서 모
진 고행을 하다가 마침내 그 목적을 이루지 못하고 이 곳에서 죽노니, 우리들 이천
만 형제자매는 각각 스스로 노력하여 학문에 힘쓰고 농업, 공업, 상업 등 실업을 일
으켜, 나의 뜻을 이어 우리나라의 자유 독립을 되찾으면 죽는 자 남은 한이 없겠노
라."

안중근은 이천 만 대한국민들에게 보내는 유언을 남긴 뒤에 마지막으로 면회
를 하러 왔던 동생들에게 당부의 말을 남겼다.

좌 • 안중근 의사
최후 진술
우 • 서울 효창동
안중근 의사 가묘

"내가 죽은 뒤에 나의 뼈를 하얼빈 공원 옆에 묻어두었다가 나라를 되찾거든 고
국으로 옮겨 다오. 나는 천국에 가서도 마땅히 우리나라의 독립을 위해 힘쓸 것

이다. 대한 독립의 소리가 천국에 들려오면 나는 마땅히 춤추며 만세를 부를 것이다.”

중국의 국가 주석이었던 원세개(元世凱)는 안중근의 의거를 전해 듣고 다음과 같은 글을 지어 찬양하였다.

安重根義士輓(안중근 의사만)

平生營事只今畢
死地圓生非丈夫
身在三韓名萬國
生無百世死千秋

평생을 벼르던 일 이제야 끝내셨구려
죽을 땅에서 살려는 것은 장부가 아니니
몸은 한국에 있어도 세계만방에 이름을 떨쳤소
살아선 백 살이 없는데 죽어서 천 년을 가오리다

하얼빈 의거 105주년에 하얼빈에 가다

2014년 4월 중국으로부터 기쁜 소식이 날아왔다. 하얼빈역에 안중근 의사의 기념관을 열었다는 것이다. 한중 정상회담에서 거론된 사항을 중국정부에서 받아들여 기념관을 개관하게 되었다는 것이다. 나는 이제야 안중근 의사의 업적이 양국으로부터 제대로 인정을 받게 되었다는 기쁨에 하루라도 빨리 하얼빈에 가고 싶었다. 그러나 삶이란 것이 어디 마음먹은 대로 되는가. 이리 미루고 저리 미루다가 안중근 의사 하얼빈 의거 기념일이 거의 다 될 무렵인 10월 20일에야 하얼빈을 향해 떠날 수 있었다.

나는 비행기를 타고 하얼빈으로 갈 수도 있으나 인천에서 배를 타고 단동을

하얼빈역 안중근
기념관

거쳐 하얼빈으로 가기로 했다. 항일 유적 답사를 하는 동안 내가 지켰던 원칙 중에 하나가 일반 여행객들처럼 답사를 하지 않는다는 것이었다. 내가 다니는 곳은 항일독립전쟁에서 목숨을 걸고 싸웠던 현장이며, 감자 한 알로 한 끼니를 때우던 고난의 현장이다. 그런 곳을 다니면서 따뜻한 밥을 먹고 비바람 들이칠 리 없는 호텔에서 자는 것만으로도 너무나 호사하는 것이다. 그러니 답사를 다닐 때는 교통편은 가장 저렴한 것을 이용하고 숙식도 마찬가지였다. 중국 내에서 외국인들은 아무 호텔에서나 잘 수가 없게 되어있다. 외국인은 삼성급(三星級) 호텔에 묵어야 한다는 걸 알지만, 그 규정을 위반하더라도 나는 기회가 닿는 대로 저렴한 여관에 머물렀다. 아니면 아는 사람을 통해 민박집에 숙소를 정했다. 단동은 그런 면에서 나에게 익숙하고 편리한 도시였다.

인천에서 배를 타고 단동에 도착한 나는 기차역에 나가 미리 표를 예매하러 갔다. 하얼빈 기차표를 예약하는 나에게 역무원이 친절하게 말했다. 심양에 가면 고속열차를 탈 수 있으니 그렇게 가면 편리하다고 말했다. 그렇지만 단동에서 하얼빈으로 가는 기차의 침대칸 표를 구입하였다.

좌 • 안중근 의사 기념
관에서
우 • 여순감옥 안중근
기념관

단동역(가을)

　2014년 10월 24일 새벽 6시 40분 단동역을 출발하는 기차였다. 안중근 의거 105주년이 되는 날에 맞춰서 기념관을 찾아가고 싶었던 것이다.

　하얼빈역에 세워진 안중근 의사의 기념관을 찾아가는 기쁨이 컸던 것일까. 새벽 4시에 저절로 눈이 떠졌다. 그동안의 쌓였던 여독도 어느 새 다 풀렸는지 몸이 가벼웠고 마음도 상쾌했다.

　여권과 카메라를 먼저 챙겨 배낭에 넣고, 몇 가지 옷을 넣은 다음에 13시간 동안 기차 안에서 먹고 가야할 컵라면, 빵과 음료수 등을 챙겼다.

　한국성 아파트 민박집을 나서니 하늘은 잔뜩 흐렸고, 새벽안개마저 자욱하게 끼어 거리를 감싸고 있었다. 단동에서 800km 이상 떨어진 하얼빈의 날씨는 괜찮을 것이란 기대를 하며 단동역으로 향했다. 이번 답사에서는 하얼빈 일대 유적을 돌아보고 쌍성보 전투 유적, 심양 일본영사관 등을 돌아보고 올 예정이다.

　오전 6시 40분에 정확하게 단동을 출발한 기차가 40분 쯤 달려갔을 때 차창 너머로 봉황산(鳳凰山)이 보였다. 봉황새가 날개를 펴고 마치 하늘로 날아오르는 형상이라 하여 붙여진 이름이라고 한다.

봉황산은 고구려 영양왕 때 수나라 침입을 막아냈던 오골성(烏骨城)이 있는 산이다. 그리고 조선과 청나라 시대에는 양국의 사신을 맞이했던 변문(邊門)이 있었던 곳으로 얼마 전까지 고려문(高麗門)이라 불렀으나 한국관광객들이 자주 찾아오기 시작한 후부터 일면산역(一面山驛)으로 이름을 바꿨다고 한다. 중국 동북공정의 허위가 탄로 나는 것이 두렵고, 사실을 숨기기 급급해서 이름만 살짝 바꿔버린 중국의 얄팍한 역사왜곡이 그대로 드러나는 곳이다.

웅장하고 아름다운 봉황산의 산봉들이 차창 가득 들어왔다. 단동에서 벌써 백리길을 달려온 것이다.

단동에서 거리도 가깝거니와 봉황산의 산세에 반해 버린 나는 항일유적 답사를 다니다가 시간이 날 때는 봉황산으로 등산을 오곤 했었다.

기차를 타고 봉황산역에서 내려 택시를 잡아타고 15분 정도 달려가 봉황산 산성 표지석이 서있는 남문 입구에 도착했다. 이미 성루(城樓)는 사라지고 높이 십여 미터의 흙더미가 쌓여 있고 여기저기 성곽 돌들이 박혀있어 성문터임을 알려준다.

남문을 지나 입구로 들어서면 왼쪽으로 봉황산 최고봉인 찬운봉(攢雲峰) 줄기가 북서로 뻗어있다. 반대편으로 동대정자산(東大頂子山)을 중심으로 높은 산봉우리들이 병풍처럼 둘러선 가운데 넓은 들이 펼쳐지는 천혜의 분지(盆地)가 한눈에 들어온다.

중국군 부대가 주둔하고 있는 담을 끼고 비포장길을 30여 분 올라가면 자그마한 마을을 만나게 되는데 옛날 성이 있다고 해서 동네 이름까지 고성리(古城里)라고 한다.

개울에서 빨래하는 아주머니한테 오골성(烏骨城)을 물으니 그런 곳은 없고, 봉황산성은 길을 따라 30분 정도 올라가면 산등성이에 있다고 한다.

　　봉황산은 경치가 수려하고 산세가 매우 험준하다. 서북쪽의 봉황산 주봉, 찬운봉에서 타원형을 그리며 좌우로 뻗어내린 험준한 능선을 천연성벽으로 삼고, 능선 사이의 낮은 곳에는 메주처럼 다듬은 돌로 인공성벽을 쌓았다. 천연성벽 87곳, 인공성벽 86곳이 거대한 하나의 성벽을 이루고 있다. 산성의 평면은 전체적으로 타원형이며, 전체 둘레는 약 16킬로미터에 달한다. 그 중 석축 성벽은 7,525m이며, 비교적 잘 남아 있는 부분은 2,355m이다. 동북벽의 길이는 4km이며, 높이는 6~8m, 상부 폭은 2m 정도이다. 남면의 골짜기 입구에는 흙과 돌을 혼합하여 높은 성벽을 쌓았으며, 성의 동북쪽 역시 인공적으로 쌓았는데, 이 성벽은 보존이 가장 잘 되어 있다. 현재 남아있는 고구려 성 중에서 가장 규모가 큰 산성이다.

　아! 고구려
　북으로 대흥안령에서 흑룡강까지
　남으로 한강유역까지

드넓은 세상을 호령했던
얼마나 자랑스런 이름인가

대한조선 배달민족의 피가 흐르는
하늘이 내린 사람들
뜨거운 대지 춤추는 산맥들
천기를 머금고 남으로 흘러가는 천혜의 땅

하늘과 땅 사람이
하나 되어
너나없이 더불어
오순도순 사는 나라
순박한 백성들

아!
광활한 고구려
백산흑수(白山黑水) 넘나드는 활달한 기상
천공을 가르는 봉황새 흰 날개로
하늘을 우러르는 오골성(烏骨城)의 웅자여

고구려 오골성벽
(단동시 봉황산)

오골성은 서쪽으로 낭낭산성을 비롯한 수암(岫岩)의 여러 성을 거쳐 해성시의 안시성에 이르고, 서북으로 백암성을 지나 요동성과 접하며, 동쪽은 압록강 물길 따라 박작성을 지나 집안시의 국내성(國內城)으로 통할 수 있다.

오골성은 고구려 산성 가운데 규모가 가장 큰 산성이며, 현재까지 그

모습을 많이 간직하고 있다. 중국문물보호국이 2009년부터 성곽복원이란 명목으로 일반인의 접근을 막은 채 공사를 벌이고 있었다.

심양시 중산광장

북쪽 성문에서 봉황산 정상을 향해 성벽을 따라가며 사진을 찍다가 산세를 그대로 이용한 성곽의 모습에 감탄이 저절로 나왔다. 동북 방향으로 이어지는 성곽에 서서 망대를 찍고, 봉황의 날개처럼 뻗어나가는 성벽을 따라 산의 정상에 오르니 오골성 성안의 모습이 한눈에 내려다 보였다.

단동을 떠난 지 5시간 만에 심양역(沈陽驛)에 도착하여 15분간 정차하였다. 심양은 항일유적을 답사하는 동안 여러 번 찾아왔던 도시이다. 1910년대에는 봉천(奉天)이라 불렸는데 당시 악명 높았던 일본총영사관이 있었고, 만주침략과 수탈의 중심이었던 만주철도회사의 본부가 있었던 곳이다.

병자호란에 패하여 항복했던 죄업을 안고 인질로 잡혀온 소현세자와 봉림대군이 굴욕적인 삶을 살아가야 했던 곳이며, 삼학사가 처형을 당한 곳이 심양이다.

1924년에는 의성단 편강렬(片康烈)이 독립군을 이끌고 대낮에 만주철도 본사

심양역 앞 중산로 옛모습(1920년)

를 공격하고 총격전을 벌여서 일본경찰들을 공포로 몰아넣기도 했다.

심양을 떠난 기차가 공주령을 넘어 오후 2시가 될 무렵에 장춘역에 도착하여 다시 15분간 정차하였다.

나는 답답한 객실을 나와 장춘역 구내를 걸으며 지난 날 장춘에 왔던 기억들을 떠올려보았다.

신경(新京: 현재 장춘시)은 일본이

좌 ● 신경(현재 장춘시)
옛사진
우 ● 장춘일본관동군
사령부

1931년 9월에 만주를 침략하여 점령한 뒤 만주 괴뢰국을 세우고 수도로 정했던 곳이다. 그러한 까닭에 친일반민족 성향을 가지고 개인의 영달만을 추구했던 조선의 젊은이들이 모여들었던 신경군관학교, 친일조선인과 중국인들이 일본의 주구(走狗)노릇을 했던 오족협화회, 일본경찰이나 관동군의 밀정들, 만주 개척단, 일진회 등 조국과 민족을 배반한 무리들이 들끓던 도시였다.

1910년부터 광복을 맞을 때까지 장춘은 친일세력의 집결지였는데 1945년 일본이 물러난 이후 장춘 일대를 장악한 모택동 세력이 친일세력 색출작전에 총력을 기울이자, 국내로 은밀하게 잠입한 친일파들이 반공투사의 가면을 바꿔 쓰고, 이승만 독재정권에 빌붙어 또다시 권력과 부를 누리게 되었다.

그들의 철면피한 행각이 이어지고 있는 오늘의 현실을 바라보며 그저 타들어가는 가슴만 쓸어내려야 하는 무능한 작가에게 곧(正)이 곧 대로 가고, 역사의 정의가 바로 서는 날은 그 언제나 찾아올 것인가.

그러나 장춘은 우리민족에게 절망만을 안겨준 도시는 아니었다. 1924년 의성단장 편강렬이 독립군을 이끌고 일본영사관을 습격하여 60여 명을 사살하는 전과를 올려 당시 북만주에 살고 있던 모든 한인들의 가슴에 독립의 의지를 심어줬던 항일투쟁의 도시이기도 하다.

몇 년 전에 장춘 일본영사관을 답사하고, 신경군관학교터를 돌아보고 난 뒤에 시간이 조금 남아서 만주괴뢰국 꼭두각시였던 청나라 마지막 황제 푸이(溥儀)의 만주궁(滿洲宮)을 갔던 적이 있었다. 내부시설이 호화롭기는 했으나 왠지 어둡고 음침한 분위기만 느껴지는 곳이었다.

1919년 11월 의열단이 창설되었던 길림시로 가거나, 1911년 설립된 신흥무관학교 유적지 삼원포를 갈 때 거쳐 가야 하는 도시가 장춘이었다. 버스나 기차

시간을 기다리는 동안에 가끔 시내를 돌아본 적이 있었다. 친일파들의 도시라는 선입견이 있어서 그런지 내 마음에 와닿는 풍경들이 거의 없었던 도시로 기억되고 있다.

장춘을 출발한 기차는 북쪽으로 머리를 돌려 끝없이 펼쳐진 광야를 가르며 달려가고 있었다. 날이 어두워져 이따금 차창에 비치는 농촌의 불빛들을 바라보는 지루한 여정 끝에 오후 8시가 되어서야 하얼빈 동역에 도착하였다. 단동을 떠난 지 13시간이 지난 뒤였다. 나는 역에서 가까운 호텔에 여장을 풀고, 내일 아침부터 안중근 의사의 기념관을 답사하고 일본영사관 등을 돌아봐야하는 바쁜 일정을 생각하여 일찍 잠자리에 들었다.

다음날 아침에 일찍 일어나 조반을 먹기 무섭게 하얼빈의 중심가에 있는 중앙대가(中央大街)로 향했다. 안중근 기념관이 문을 여는 시간까지 호텔에 앉아 시간을 낭비할 수는 없었다. 하얼빈의 날씨는 벌써 아침기온이 영하로 떨어져 두터운 옷을 입었는데도 북간도의 차가운 바람이 옷속을 파고들었다. 거리에는 털모자를 깊이 눌러쓴 사람들이 잔뜩 움츠린 채 종종걸음을 치고 있었다.

하얼빈에서 이국적 정취를 물씬 느낄 수 있는 중앙대가는 송화강변에서 신양로(新陽路)로 이어지는 길로 19세기 말의 모습이 많이 남아 있는 거리로 유명하다. 하얼빈의 랜드마크가 될 정도로 고풍스럽고 아름다운 소피아 성당이 가까이 있다. 동북항일연군 사령관 이조린(李兆麟)을 기념하여 조성한 공원이 있고, 하얼빈 역까지 거리도 1.5km 정도 떨어져 있다.

중앙대가는 쇼핑과 문화의 거리로도 유명하다. 러시아 상품부터 중국의 의류, 신발, 장난감, 특산물까지 파는 상점들이 즐비하고, 음식점과 카페들이 많이 있어 젊은이들이 즐겨 찾는 관광명소였다. 특히 중앙대가 거리는 차량 통행이 전

하얼빈 중앙대가

면금지된 거리라서 안전하고 여유있게 하얼빈 풍취를 즐길 수 있는 곳이다.

나는 중앙대가 꽃가게에서 하얀 장미와 하얀 국화, 별처럼 생긴 안개꽃을 샀다. 하얀 장미는 존경을, 국화는 추모를, 안개꽃은 깨끗한 마음을 드린다는 의미로 샀다.

오전 9시가 거의 될 무렵에 하얼빈역으로 향했다. 중앙대가에서 이어지는 제홍가(霽虹街)를 천천히 걸어갔다. 고풍스런 건물들에서 풍겨오는 예스런 풍취를 호흡하면서 우리민족 항일의 발자취가 서려 있는 하얼빈의 모습들을 눈에 담았다.

하얼빈역은 어디론가 길을 떠나는 사람들로 붐비고 있었다. 안중근 기념관은 개관식 때부터 여러 매스컴에서 이미 보도하였고, 그동안 몇 차례 하얼빈역을 찾아왔었기에 위치는 파악하고 있었다. 나는 하얼빈역을 바라보며 왼쪽방향으로 이어지는 건물을 찬찬히 살펴보았다. 노란색으로 칠한 벽에 걸린 파란 글씨로 새겨진 안중근 의사 기념관이란 간판이 눈에 들어왔다.

나는 흥분된 마음을 가라앉히며 기념관 안으로 들어섰다. 입구에서 안내원이

신분증을 확인하고 있었다. 나는 여권을 보여주고 안으로 들어갔다. 안중근 의
사의 흉상(胸像) 앞으로 가서 정중하게 헌화하고, 105주년을 맞는 감회와 추모하
는 마음으로 옷깃을 여미고 잠시 묵념을 올렸다.

기념관의 내부는 기대했던 것보다는 규모가 작았다. 이십여 평 남짓한 공간은
두 개의 작은 전시실이 양쪽으로 연결되어 있었다. 안중근 의사의 생애와 유묵
들, 그리고 하얼빈에서의 3일의 행적이 상세하게 전시되고 있었다.

나는 전시장을 천천히 둘러보다가 하얼빈역 내부가 보이는 커다란 유리창 앞
에서 깜짝 놀라 멈춰섰다. 안중근 의사가 이등박문을 저격했던 장소였기 때문
이다. 중국당국에 의해 설립된 기념관에서 그들의 배려가 감동으로 느껴지는 순
간이었다.

중국 시진핑(習近平) 주석이 안중근은 한국인의 영웅이며 또한 중국인의 영웅
이다라고 했던 말이 문득 떠올랐다. 중국당국의 항일정신과 통큰 결단이 가슴에
울렸다. 그리고 몇 년 전에 이곳에 와서 느꼈던 실망과 분노가 씻은 듯이 사라지
고 있었다.

나는 배낭에서 미리 준비했던 붓펜을 꺼내서 방명록에 썼다.

7천만 겨레와 13억 중국인의 영웅

안중근 의사

뜨거운 가슴으로 영원히 잊지 않겠습니다

하얼빈 의거 105주년을 맞으며

- 작가 최 범산

나는 안내원에게 다가가 안중근 의거 105주년을 맞이하는 내일에 기념식
행사가 있느냐고 물었다. 그는 일요일이라 휴관한다고 했다. 혹시 한국에서
기념식을 하기 위해 협조요청이 있었느냐고 물었지만, 그는 고개를 저을 뿐이

었다.

안중근 기념관을 개관한 사실이 너무나 반갑고 기쁜 마음에 한달음에 달려왔건만, 정작 의거 당일에는 아무런 기념식도 없고 휴관까지 한다고 하니 서운하고 안타까웠다. 그러나 어쩌겠는가. 이곳은 엄연한 남의 나라가 아닌가. 서울 남산에 있는 안중근 기념관에서 기념식이 열린다는 사실로 위안을 삼을 수밖에 없었다.

하얼빈 일본영사관터에서(2015년)

30여 분을 더 머물며 전시물을 하나하나 읽어가면서 기념관을 찾아오는 사람들을 기다려보았다. 하얼빈역을 지나가다 잠시 들린 중국인 2명과 하얼빈에 거주한다는 한국사람 네 명을 만났을 뿐이었다.

기념관은 오전 9시에 문을 열고 오후 4시에 닫는다고 게시되어 있었다. 오래전에 다녀갔는지 안중근 흉상 앞에 시든 채 놓여 있는 국회의원들의 화환을 가지런히 놓으며 안타까운 마음을 달랬다. 안중근 기념관이 매일 방문객들로 붐비길 기대하는 마음이 컸으나, 그렇지 못한 현실을 접하고 발걸음을 돌리려 하니 천근처럼 무겁기만 했다.

나는 안중근 의사 흉상으로 가서 잠시 묵념을 올리며 다음에는 대한의 청소년들과 함께 찾아올 것을 다짐하며 기념관 문을 나섰다.

그리고 하얼빈역 광장에서 곧바로 바라보이는 홍군가(紅軍街)로 향했다. 그곳에는 하얼빈일본총영사관 건물이 남아 있는데 1931년 정의부 총사령관 김동삼과 1932년 남자현 열사가 하얼빈 일본경찰에 잡혀와 고초를 겪었던 곳이다.

신흥무관학교 졸업생이 중심이 되었던 백서농장 장주와 서로군정서 군

하얼빈 일본총영사관 유적

서로군정서 총사령관
김동삼 장군

사위원장으로 활동하던 김동삼(金東三)은 1926년 2월과 10월 두 차례나 상해 대한민국 임시정부 국무원에 임명되었으나, 만주에서의 항일무장투쟁에 전념하기 위해 취임하지 않았다.

1928년에는 정의부 대표로 김좌진, 지청천 등과 길림에서 두 차례나 삼부통합회의를 진행하였고, 12월에는 혁신의회 의장을 맡아 민족유일당 창설을 위해 노력을 기울였다. 그러던 중 1931년 일제가 만주를 침략하여 점령하자, 항일무장투쟁의 중심을 북만주로 이동하는 준비를 위해 하얼빈 정인호(鄭寅浩)의 집에 묵고 있다가 이원일(李源一)과 함께 일본 경찰에 체포되었다. 그가 홍군가에 있는 일본영사관으로 끌려가 가혹한 고문을 받고 만신창이가 된 몸으로 지하감옥에 갇혀 있을 때 친척으로 가장한 남자현 열사가 찾아가 옥바라지 했었던 일화는 너무나 유명하다.

남자현이 만주로 망명하였을 때 처음으로 찾아간 곳이 서로군정서였고, 그곳에서 김동삼을 만나 함께 항일투쟁을 했다는 사실은 이미 여러 번 언급했으니 김동삼이 1927년 길림(吉林)사건으로 체포되었을 때 남자현의 활약을 살펴보기로 하자.

김동삼 장군 어록비

도산(島山) 안창호는 1926년 북경에서 사회주의 계열의 독립운동가들과 연합하여 대독립당(大獨立黨)의 창설을 위한 촉성회를 개최하였다. 대한독립을 성취하기 위해서는 이념을 초월하여 단결하여야 한다는 도산의 신념이 담긴 민족유일당 운동이었다.

1927년 2월 서울에서 애국지사들이 모여 신간회를 결성하였다. 안창호는 만주에서도 이와 같은 활동이 일어나야 한다는 생각에 당시 무장투쟁의 중심지였던 길림시를 방문하여 강연회를 개최하였다. 그런데 길림성 당국이 일본의 사주를 받아서 참석자들을 모두 구속하는 사태가 발생했다.

안창호를 비롯해서 김동삼, 오동진, 고할신, 이철, 김이대 등 만주 일대 항일투쟁 지도자들이 길림감옥에 수감되었다. 만약에 길림성 경찰이 이들을 일제에 넘길 경우에 독립운동 진영은 치명적 피해를 입을 위기였다.

도산을 비롯한 지도자들이 일제 경찰에 넘겨질까 모두들 긴장하고 있었다. 대한민국 임시정부도 발을 벗고 나서 구명운동을 펼쳤다. 그러한 위기 국면에 남자현이 길림시로 와서 길림사건비상대책반을 구성하고 적극적으로 구명활동을 전개하기에 이르렀다. 남자현은 투옥된 지도자들을 위해 옥바라지에도 힘을 쏟는 한편, 길림 경찰서를 찾아가 항일지사들의 불법 구금이 부당함을 역설하였다. 남자현의 용기있고 대담한 활동에 감동을 받은 길림경찰이 도산을 비롯한 애국지사들을 전원 석방하였다. 남자현은 위기에 처한 독립운동 지도자를 구출하여 항일무장투쟁을 계속 전개할 수 있게 만들었던 공로자였다.

김동삼은 하얼빈 일본영사관 경찰의 삼엄한 경비속에 단동을 거쳐 신의주 감옥으로 이감되어 일제에 의해 15년 형을 받았다.

그후 서대문형무소로 이감되어 갖은 옥고를 치르다가 다음 같은 유언을 남기고, 1937년 4월 13일 서대문형무소 차가운 감방에서 조국광복을 보지 못하고 순국하였다.

하얼빈 일본영사관
유적(1920년대)

나라 잃은 몸이 무덤은 있어 무엇 하느냐

나 죽거든 불살라 강물에 띄워라

혼이라도 바다를 떠돌며

왜적이 망하고 조국이 광복되는 날을 지켜보리라

하얼빈 일본 총영사관 건물을 찾기가 생각보다 힘들었다. 홍군가 거리를 몇 번을 오르내려도 건물을 쉽게 찾을 수가 없었다. 지난번에 왔을 때보다 고층건물들이 많이 들어서고 건물들 외벽들도 깨끗하게 단장을 해서 그런지 거리가 낯설게만 느껴졌다. 나는 천천히 걸으면서 건물을 살피다가 마침내 일본영사관 건물을 발견하였다.

지금은 상점과 사무실로 변해버린 건물 앞에 서서 김동삼, 남자현 열사를 비롯한 애국지사들의 분노와 한이 배어 있는 지하실을 바라보다가 눈시울이 젖어오고 가슴에 맺혀오는 울분을 삭히려고 무거운 발걸음을 돌렸다.

홍군가 넓은 광장에 있는 흑룡강성박물관과 소련군 참전비를 지나 화원가(花園街)로 접어들었다. 안중근 의사가 하얼빈역에서 러시아 경찰에 체포되었다가 일본에 신병이 인도되었을 때 조사를 받았던 일본영사관터를 찾아보기 위해서였다.

좌 • 하얼빈 일본영사관 표지석
우 • 하얼빈 공정대학교

흑룡강박물관에서 영사관터 하얼빈화원소학교까지 거리는 700미터 남짓 떨어져 있었다. 지금은 영사관 건물이 헐리고, 새로 세워진 학교 건물만 남아 있

었다. 나는 길 건너편에서 영사관 건물 지하실에서 고문과 협박을 받으며 조사를 받았을 안중근 의사를 생각하였다. 왜놈들만 득실대는 지하실에서 얼마나 많은 고초를 겪으셨을까. 얼마나 외롭고 힘드셨을까. 풍전등화의 위기였던 조국은 너무나 멀리 있고, 변호해주고 도와줄 사람조차 없는 남의 나라 하얼빈 지하감방에서 얼마나 고통스런 시간을 보내셔야 했을까.

답답한 마음을 달래려 거리를 걸었다. 하얼빈의 10월은 이미 겨울로 접어들어 빌딩사이에서 불어오는 바람은 옷깃을 여미게 만들었다. 한참을 걷다보니 어느새 아동공원이 있는 곳까지 갔던 것이다. 순간 남자현 열사의 묘지가 있었던 문화공원으로 찾아가기로 했던 사실도 까맣게 잊고 거리를 배회하고 있는 것을 깨달았다.

공원 앞에서 택시를 잡아타고 문화공원으로 갔다. 그리고 지난번에 찾아와 확인했던 외국인 묘지터로 가서 묵념을 올리고 나서 천천히 공원을 거닐었다. 공원 내부는 의외로 크고 넓었다. 높이 50미터가 넘을 듯 우뚝 솟아있는 회전놀이 기구가 있었는데 중국인들은 마천륜(摩天輪)이라 부르고 있었다. 그 오른쪽으로는 동물원이 있었다.

한참 동안 공원을 걷다보니 하얼빈 공정대학이 보였다. 중국내에서도 손가락 안에 꼽히는 명문대학이었기에 교정으로 들어가 보았다. 규모가 엄청나게 크고 오래된 대학이라는 걸 금방 눈으로 확인할 수가 있었다.

하얼빈 공대를 돌아나와 다시 문화공원쪽으로 내려와 극락사와 불보탑을 보고 호텔로 향했다.

한국독립군 쌍성보 전투 유적을 찾아서

다음날 아침 하얼빈 서역(西驛)으로 향했다. 1932년 지청천 장군이 이끄는 한국광복군이 일본군과 전투를 벌였던 쌍성시로 가려면 서부터미널에서 버스를 타고 가야 했다. 물론 하얼빈 역에서 기차를 타고 갈 수도 있었으나 버스편이 자주 있어서 곧바로 갈 수 있기 때문이었다.

하얼빈 역에서 버스를 타고 30분쯤 걸려 서역에 도착하여 쌍성시로 가는 버스표를 끊어 곧바로 버스에 올랐다. 버스안은 이미 승객들로 가득차 있었다. 내가 타고 나서 버스는 출발하였다.

시내를 벗어나자 남서쪽으로 달리기 시작하였다. 산이라고는 보이지 않는 그야말로 지평선이 하늘에 닿은 광야였다.

까마득한 날에 하늘이 처음 열리고
어디 닭우는 소리 들렸으랴

끊임없는 광음을
부지런한 계절이 피었다 지고
큰 강물이 비로소 길을 열었다.

좌 • 지청천 장군
우 • 황학수 장군

차창으로 끝없이 스쳐가는 광야를 보면서 의열단원이며 민족시인, 저항시인으로 항일투쟁을 전개하다가 북경감옥에서 순국하신 이육사의 광야라는 시를 나는 낮은 소리로 읊조리고 있었다.

한 시간쯤 달렸을 때 쌍성시가의 모습이 눈에 들어왔다. 쌍성시는 주위를 아무리 둘러보아도 산이라고는 보이지 않은 허허벌판 가운데 있는 도시였다.

쌍성시 버스터미널에서 내려서 마침 손님을 기다리고 있는 택시로 가서 승은문 왕

복요금을 흥정했다. 시내에서 10분 정도 떨어진 거리였기에 왕복 20위안에 요
금을 정하고 택시에 올랐다.

쌍성보 전투 유적지에 도착하여 보니 아파트가 많이 들어서 있었다. 지금으로
부터 80여 년 전 이 광야에서 왜놈들 심장에 총부리를 들이댔던 쌍성보 전투는
언제 어떻게 일어났던 전투였나.

1931년 9월 일본이 만주를 침략하
여 점령한 뒤 만주국이라는 괴뢰정부
를 세우고 만주에서 활동하던 한국
독립군과 중국 항일군을 공격하자,
한·중간에 연합전선을 결성하려는
움직임이 활발하게 일어났다.

한국독립당은 1931년 11월 길림성
(吉林省) 오상현(伍常縣)에서 중앙회의
를 열고 중국군과의 합동작전 문제를

봉천역(현재 심양역)
옛모습

협의했다. 독립군 총사령관 이청천(李靑天)이 지린 성 자위군(自衛軍) 총지휘관 정초(丁超)와 만나 연합군 결성을 합의하고 곧이어 연합군 편성에 성공했다. 그러나 1932년 2월 일본군과 만주군의 대대적인 공격을 받아 큰 타격을 입었다. 그후 전열을 가다듬은 독립군은 아성현(阿城縣)에 있던 고봉림(考鳳林) 부대와 함께 1932년 8월 14일 독립군 3,000명과 중국군 2만 5,000명을 동원하여 하얼빈에서 장춘으로 이어지는 합장선(哈長線)의 요충지이며 전략적 가치가 큰 쌍성보(双城堡)를 공격했다.

이 전투에서 연합군은 3만 명의 병력이 3개월간 지탱할 수 있는 물자를 노획하는 등 큰 성과를 거두었으나, 중국군 내부에서 반란이 일어나 쌍성보를 일본군에게 다시 내주고 말았다. 군대를 수습하여 11월 17일 쌍성보를 다시 공격했다. 연합군은 일본군 1개 중대를 완전히 섬멸하고, 만주군 전원을 포로로 잡는 등 대승을 거두었다.

그러나 11월 20일 하얼빈(哈爾濱)과 장춘(長春)에 주둔하던 일본군 주력부대와 만주군 대부대가 공군의 엄호하에 반격해오자, 연합군은 공방 끝에 쌍성보를 버리고 퇴각할 수밖에 없었다.

쌍성보 유적을 돌아본 뒤에 다음 목적지인 심양시로 가기 위해 터미널로 돌아가려는데 택시기사가 새로 생긴 쌍성역으로 가면 심양까지 가는 고속열차를 탈 수 있다고 했다. 나는 역으로 가기 전에 쌍성시에서 유명한 특산물을 사고 싶은데 뭐가 있느냐고 물었더니 전국에서 맛있기로 소문난 하얼빈 소시지가 있다는 것이었다. 택시기사가 안내한 맛집으로 가서 소시지와 음료수를 사가지고 역으로 향했다.

참으로 오래 살고 볼 일이다. 나이가 지긋하신 분들이 새롭고 편리한 전자기기나 빠르게 변해가는 세상을 향해 하는 말씀이다. 날이 갈수록 눈부시게 발전하는 중국을 보면 나도 모르게 그 말을 되뇌곤 하였다.

얼마 전까지만 해도 심양에서 하얼빈까지 거의 9시간을 갔던 거리였는데, 고속철을 타면 2시간 만에 도착할 수 있다고 하니 참으로 놀라운 발전상이 아니고 무엇이랴. 가격이 비싼 것이 흠이기는 했으나 이번 답사를 마무리하고 곧바로 연길로 달려가 청

봉천(현재 심양시)
일본총영사관 건물

산리 전투 유적 등을 돌아보려면 무엇보다도 시간을 절약해야 하는 것이다.

오후 7시가 조금 넘어서 심양서역에 도착하여 택시를 타고 한국인들이 많이 살고 있는 서탑가로 갔다. 심양에 올 때마다 묵었던 호텔로 가서 지침 몸을 누이고 다음 날 일정을 떠올리다가 꿀맛 같은 잠속으로 빠져 들었다.

아침 일찍 일어나 식사를 끝내자마자 심양역(沈陽驛)으로 향했다.

1910년 한일강제병합 이후 만주로 망명하는 애국지사들이 압록강을 건너와 단동에서 기차를 타고 봉천역(奉天驛: 현재 심양역)을 통해 천진이나 북경, 하얼빈으로 갔다.

심양역은 그 당시의 모습을 그대로 지니고 있을 뿐만 아니라 역전거리의 모습도 옛 모습을 많이 간직하고 있었다. 심양역에서 얼마 떨어지지 않은 곳에 있는

좌 ● 봉천(심양시)
중산로의 옛모습
우 ● 심양 중산로
현재 모습

봉천역(현재 심양역)

중산공원(中山公園)에는 일본관동군사령부 건물이 있고, 바로 맞은편에는 만주를 수탈하기 위해 찾아온 일본정객들이 묵었던 대화여관(大和旅館) 건물이 지금도 남아 있다.

중산공원은 병자호란 때 청나라에 저항하다 인질로 끌려왔던 삼학사가 처형된 장소이다. 그리고 중산공원 옆 거리는 당시 인질로 끌려온 조선인 60만 명이 노예로 팔려가던 인신매매 시장골목인데 라마풍의 탑이 서 있다.

심양에서 이미 관광명소가 돼버린 우의궁은 녹음이 우거진 명승지로 조선 인조에게 삼전도의 굴욕을 안긴 청 태종의 능이 있다.

중산광장 가운데 모택동 동상이 오른손을 번쩍 들고 서 있고, 그 뒤로 조국의 독립을 쟁취하기 위해 항일독립전쟁을 벌이는 투사들을 가혹하게 살해했던 일본군사령부 건물이 고스란히 남아 있다. 그리고 100미터 거리에는 일본군을 치료하던 병원 건물과 동변도 사령부 건물도 있다.

조선시대 치욕과 굴종의 역사가 서려 있던 곳이 일제시대가 되어서는 만주 일대 항일독립군을 토벌하고 살해했던 일본군의 근거지로 변모했으니, 기구하기

좌 • 심양 일본 관동군
사령부 건물
우 • 심양시 일본대화
여관(1930년대 일본
고위 관리숙소)

만 했던 우리민족의 역사가 빛바랜 모습으로 서 있는 건물들처럼 서글프게 느껴졌다.

중산공원에서 시내버스로 다섯 정거장을 가면 봉천일본총영사관 건물이 지금도 남아 있었다. 서간도 일대 독립군을 토벌하기 위해 간도불령선인 초토화계획을 작성하고 실행했던 왜경들의 소굴이었다.

지금은 영빈관 호텔의 부속건물이 되어 있는데 건물 입구에 북원(北苑)이라는 간판이 붙어 있었다. 개인소유의 건물이라 투숙객을 제외하고는 함부로 들어갈 수가 없기에 길 건너편에서 사진을 몇 장 찍고는 호텔로비를 통해서 손님처럼 북원 안으로 들어갔다.

좌 • 봉천일본총
영사관
우 • 봉천(심양)을
점령한 일본군
(1931년)

일제가 만주를 침략하여 점령한 뒤에 만주를 지배하기 위해 괴뢰정부를 장춘에 세웠지만, 실제적으로 그들을 이끌어가는 세력은 심양에 있었던 것이다.

일본총영사관과 일본군 관동사령부, 그리고 일본군 간부를 양성하는 봉천군

봉천경찰국(현재 심양시 공안국)

관학교, 만주수탈의 총본산이었던 만철(滿鐵) 본부가 있었다.

만주침략과 수탈, 항일독립전쟁 세력을 말살하려는 음모를 꾸미고 실행했던 일제의 원흉들이 심양을 중심으로 활동했던 것이다. 나는 지난 십여 년 동안 심양을 여러 번 방문했지만, 간교하고 비열한 일제의 족적들이 곳곳에 박혀 있기 때문인지 청산리나 삼원포처럼 자존(自尊)과 긍지를 불러일으키게 만드는 도시는 아니었다.

심양시에 악다구니처럼 남아 있는 왜놈들의 유적을 돌아볼 때마다 가슴을 저미는 아픔으로 입술을 깨물어야 했던 나의 슬픈 기억들이 우리시대로 마감하고 후손들 세대에는 동방(東方)의 빛, 인류의 광명이 되어 동양을 이끌고 세계를 지도하는 강대국이 되기를 얼마나 간구하고 기원했는지 모른다.

한(韓)은 아침(朝)을 여는 빛이며, 위대(偉大)한 민족의 얼이다.

하루 빨리 식민사대의 미몽에서 벗어나, 오천 년 민족정신을 오늘에 되살려서 강대하고 거룩한 시원(始原), 한(韓)으로 돌아가자.

제2장

윤동주 시인과 북간도 용정龍井

윤동주 생가를 복원하면서 표지석에 새겨진 '중국 조선족 애국시인 윤동주 생가'라는 말을 나는 결코 인정할 수가 없다. 명동촌에 이런 표지석을 세우고도 조용히 넘어가는 걸 보니 이미 중국정부와 조선족 사회가 합의한 것이 분명하다. 오히려 조선족 사회는 이런 사실을 자랑스럽게 생각할 수도 있을 것이다.

윤동주 시인의 순국 70주년을 앞둔 오늘에 이르러 중국 당국이나 용정시에서 일방적으로 중국의 애국시인이라고 규정하는 것은 있을 수 없는 일이며 결코 용납할 수 없는 것이다.

용정 비암산 일송정

항일독립전쟁 유적답사 지도와 승차권

용정으로 가는 길

일본제국주의자들의 억압과 수탈, 민족문화와 언어말살의 시대, 한줄기 빛으로 어둠을 밝혔던 민족시인 윤동주(尹東柱), 그의 고향은 북간도 용정(龍井)이다.

한민족의 역사에서 가장 굴욕적이고 암울했던 시대에 조국과 민족을 사랑하는 마음으로 하늘과 바람과 별과 시를 노래했던 윤동주의 발자취를 찾아서 용정(龍井)을 찾아갔다. 참으로 많은 날들을 북간도에서 지내면서 윤동주 생가를 비롯하여 명동학교, 선바위, 두만강, 일송정, 대성중학교 등 그의 발자취가 남아 있는 곳을 답사했다.

2010년 11월 16일 오후 압록강이 굽이쳐 흐르는 도시 단동(丹東)에서 북간도 용정시(龍井市)로 가는 기차를 탔다. 윤동주의 고향인 용정을 비롯해서 연변일대 항일유적을 다시 돌아보기 위해서였다.

오후 2시 40분 단동을 출발하여 심양, 통화, 이도백하를 거쳐서 스무 시간이나 달려가야 하는 긴 여정이다.

내가 처음 용정에 갈 때는 단동에서 심양으로 가서 기차를 갈아타고 연길에 도착하여 다시 버스를 타고 가야했다. 그런데 3년 전부터 만주벌판을 가로 질러 백두산 기슭을 타고 용정으로 가는 열차가 개통되었다. 단동에서 용정으로 직접 가는 기차는 오랜 시간을 가야하는 단점이 있었지만, 경관이 빼어난 산악지대를 통과하기 때문에 그런대로 기차여행의 정취를 느낄 수가 있었다. 이도백하에서 시작되는 백두산 줄기를 타고 가다가 청산리 전투의 화룡을 지나 일송정, 비암산, 해란강을 품은 용정에 도착하는 구간은 항일유적답사를 다니는 필자에게는 정말로 의미가 있고 멋진 코스인 것이다.

단동역 전경

스무 시간의 장거리 여행이라 침대칸 표를 미리 예매했다. 중국의 기차 침대칸에는 두 종류가 있다. 푹신한 침대(軟座)와 딱딱한 침대(硬座) 칸으로 나눠지는데 그중에 저렴한 6인실

용정 가는 길
(백두 고원 지대)

표를 구입했다.

　그동안 항일유적 답사를 다니면서 버스와 기차에서 많은 시간을 보내야 했다. 갖가지 음식을 먹어가며 소란스럽게 떠들어 대는 사람들 사이에서 부대끼면서 답사를 다녀야 했던 나로서는 침대칸을 타고 가는 것만으로도 호사스런 여행이었다.

　차갑고 딱딱한 플라스틱 의자에 비닐커버를 씌우고 뒤로 젖혀지지도 않는 의자에 앉아 한 보따리씩 싸온 음식을 끼니마다 꺼내 먹으며 여행하는 중국인들의 모습이 너무나 짜증이 나고 불쾌했었다. 그런데 몹시 소란하고 무질서한 차안에

좌 ● 용정 가는 기차 침대칸
우 ● 용정행 기차

서 의외로 즐거운 표정을 지으면서 여행을 즐기고 있는 사람들을 자주 보게 되었다. 그러한 여유가 중국인들의 여행문화라는 사실을 오랜 시간이 지난 뒤에야 깨닫게 되었다.

오랜 시간을 함께하는 차안에서 서로 이해하고 양보하는 가운데 여행을 즐길 줄 아는 중국인들의 태도는 조금만 시끄럽고 불편해도 금방 화를 내고 짜증을 내던 나로 하여금 많은 것을 느끼게 만들었다.

선물꾸러미를 한 아름씩 안고 오랜만에 고향으로 돌아가는 사람들이 기쁜 얼굴로 대화를 나누는 모습들을 보면서 나는 많은 것을 생각하게 되었다. 그들에게 기차는 사랑하는 사람들이 기다리고 있는 고향으로 이어주는 존재였기에 더할 수 없는 즐거움의 공간이었던 것이다.

중국보다 깨끗하고 조용한 버스와 기차 안에서 조금만 시끄럽고 불편해도 짜증을 내던 한국에서의 생활을 반성하게 되었고, 더불어 살아갈 줄 아는 중국인들의 여유와 포용을 배우게 되었다.

한반도의 수십 배에 이르는 넓은 대륙 만주에서 항일유적을 찾아 나섰던 나로서는 그들과 더불어 함께 생활해야 하는 시간이 많았다. 그동안 중국인들은 더럽고 게으르다는 고정관념에서 질시의 눈으로만 바라보았기에 개방 30여 년만에 세계 2위의 경제대국으로 성장한 중국의 놀라운 성장동력을 제대로 볼 수 없었던 것이다. 공산당 단일집권 세력의 비민주성만을 비판하면서 그 속에 가려진 중국인들의 무서운 응집력과 민족적 자긍심을 제대로 보지 못했던 것이다.

저항시인 윤동주의 생애

윤동주는 북간도 용정시에서 동남쪽으로 15km 떨어진 명동촌(明東村)에서 1917년 12월 30일 아버지 윤영석과 어머니 김룡의 장남으로 태어났다. 아명은 해환(海煥)으로 해처럼 빛나라는 뜻으로 아버지가 지어줬다고 한다.

명동촌(明東村)은 1899년 함경도 출신 문병규, 김약연, 남종구, 김하규 네 가문의 가족 140여 명이 집단 이주하여 건설한 한인마을로 북간도 한인사회 민족교육과 항일투쟁의 중심을 이뤘던 곳이다.

명동학교 현재 모습
(2002년 복원)

윤동주는 애국지사이며 교육자로 간민회장을 역임한 외삼촌 김약연(金躍淵)이 설립한 명동학교(明東學校)에 입학하여 신학문을 익혔다. 봉건적이고 유교적이었던 서당교육을 과감히 탈피했던 명동학교에서 신교육을 받은 윤동주로서는 시정(詩情)을 기르고 감성을 닦는 기간이었다.

명동학교는 북간도 최초 신교육기관이었던 서전서숙(瑞甸書塾)의 설립자 이상설이 1906년 고종특사가 되어 네델란드 헤이그로 떠난 뒤 용정 일본영사관 경찰들의 방해공작과 압박으로 문을 닫게 되자, 그 뒤를 이어 김약연, 김하규 등이 명동서숙을 설립한 것이 출발점이었고, 1909년 신민회 정재면(鄭在冕)이 부임하여 민족의식과 신학문을 가르치면서 명동학교로 이름을 바꿨다.

> 흰 뫼가 우뚝 솟아 은택이 호대한
> 한배검이 비치신 이 터에
> 그 씨앗 크신 덕
> 넓히고 기르는 나의 명동

민족시인 윤동주

명동학교 교가이다.

흰뫼는 백두산을 의미하고 한배검은 국조 단군을 말하는 것으로 홍익인간, 광명사상이 깃든 단군정신을 이어받고, 그 바탕에서 신교육사상을 받아들여 더 많은 지식을 넓혀가라는 의미를 담고 있다.

한국사학계는 식민사관의 영향으로 단군이 역사적으로 실존했던 인물이 아니라 신화속에나 존재하는 전설적인 인물이라고 생각해왔다. 그러나 명동학교 교가를 비롯하여 북간도 일대 모든 교육기관에서 민족정신의 중심으로 단군사상을 가르쳐왔다는 것은 이미 많이 알려진 사실이다.

일본식민정책의 일환으로 비밀리에 추진된 한국고대사 죽이기에 일부 몰지각한 친일사학자들이 가담하여 고조선사(古朝鮮史)와 단군 역사를 지워버리기 위해 갖은 수단을 다 동원하였던 것이다. 일제치하 역사왜곡의 중심기관 조선사편수회에 적극 가담한 사학자 이병도가 죽기 얼마 전 조선일보와 인터뷰에서 단군은 실존인물이라고 고백했던 것은 일본제국주의자들의 음모에 놀아났던 친일사학자로서 마지막 양심고백이었던 것이다.

명동학교는 민족의식을 고취하는 한편, 신문명에 대한 학문을 가르치는 신교육의 산실이었다. 그 당시 윤동주 시인과 명동학교를 함께 다닌 동창생 중에는 고종사촌이며 평생 동지였던 송몽규, 훗날 통일운동가로 활동했던 문익환 목사 등이 있다.

명동촌 송몽규.
시인 문익환 목사
생가와 명동학교

명동여학교 졸업

명동학교 졸업사진

　　1931년 3월 명동학교를 졸업한 윤동주는 한족학교에 편입하여 1년간 더 다닌
뒤에 용정 은진중학교에 입학한다. 윤동주의 부모는 아들이 은진중학에 입학하
자 아예 용정시내로 이사를 갔을 정도로 아들에 대한 교육열이 강했다.
　　1935년 봄 동급생이자 고종사촌인 송몽규가 낙양군관학교 입학을 위해 북경
으로 떠나고, 문익환이 평양 숭실중학교로 편입해 용정을 떠나자, 윤동주는 부
모님을 설득하여 1935년 9월 평양 숭실중학교로 전학을 갔다.
　　숭실중학에 편입한 후 교내에서 발행되는 숭실활천에 「공상」, 「조개껍질」 등
동시를 발표하며 문학에의 꿈을 키워간다. 기독교계 학교였던 숭실학교 교장이
신사참배를 거부하여 강제로 파면을 당하자 이에 항의하는 학생들 시위가 일어
나게 되었고, 그 사건으로 숭실중학교는 무기한 휴교에 들어가게 되었다.
　　운동주는 용정으로 돌아와 일본인이 경영하던 광명학원 중학부 4학년에 편입
하여 연길(延吉)에서 간행되고 있는 가톨릭 소년(少年)에 1936년 11월부터 동시
(童詩) 「병아리」, 「빗자루」, 「오줌싸개지도」, 「고향집」 등을 발표했다.

　　헌 짚신 끄을고 나 여기 왜 왔노
　　두만강 건너서 쓸쓸한 이 땅에
　　남쪽 하늘 저 밑에 따뜻한 내 고향
　　내 어머니 계신 곳 그리운 내 고향

1936년 1월에 썼던 고향집의 전문이다. 그가 명동촌과 어머니를 얼마나 그리워하면서 지냈는지를 여실히 보여주는 동시였다.

중학교 졸업이 가까워지자 윤동주는 진학문제로 심각한 고민에 빠지게 된다. 자신의 뜻과는 달리 아버지가 의과대학에 지망하기를 권했기 때문이다. 그러나 이미 문학청년이 되어버린 자신의 신념을 꺾을 수는 없었다. 윤동주는 단식투쟁까지 하면서 부친과 극한 대립을 한 끝에 1938년 4월 9일 송몽규와 함께 꿈에도 그리던 서울의 연희전문학교 문과에 입학하게 되었다.

연희전문학교에 온 윤동주는 세계적으로 유명한 문학작품을 탐독했고, 릴케, 워드워즈, 바이런 등의 시를 읽으며 문학에 대한 열정을 더욱 불태우게 되었다. 윤동주는 교내 문학활동에도 활발하게 참여하면서 틈틈이 창작한 작품들을 조선일보 학생란에 발표했고, 연희전문학교 문우(文友)에 「자화상」, 「새로운 길」 등을 발표하였다.

1938년 태평양전쟁이 터지자 조선총독부가 국가총동원법을 제정하고 총동원령을 내리게 되자 많은 사람들이 전쟁터로 끌려가고 전쟁물자수급을 위한 착취의 손길이 대학캠퍼스까지 미치게 되었다.

문학청년 윤동주는 극한으로 치닫고 있는 시대상황에 대한 회의와 분노, 일제의 억압과 착취를 겪어야 하는 약소민족의 절망적 현실을 온몸으로 느끼며 자신의 내면 깊숙한 곳에서 북받쳐 오르는 감정을 녹여 시정(詩情)으로 승화시켜 나갔다.

1941년 12월 일본 폭격기들이 미국 하와이 진주만을 기습공격하여 태평양 전쟁이 시작되었다. 연희전문학교에도 태평양 전쟁의 회오리가 몰아쳤다. 많은 학생들이 전쟁터로 끌려갔고, 전쟁물자 징발로 인해 온 사회가 급격한 어려움에 봉착하게 되었다. 졸업을 앞둔 윤동주는 학도병 징발, 진학문제 등으로 괴롭고 힘든 날들을 보내야 했다. 미래 불확실에서 오는 불안감, 민족적 양심과 식민지 현실

연세대학교 핀슨홀과
윤동주 시비

의 상황에서 오는 갈등, 극악으로 치닫고 있는 일본의 탄압과 착취, 태평양 전쟁에 끌려가는 사람들, 이러한 시대적 상황을 윤동주는 시적 정서로 승화시키며 자신만의 시적 세계를 펼쳐나갔다. 1941년 5월 이후는 그의 대표작이라 할 수 있는 많은 작품들이 창작되었던 시기였다.

계절이 지나가는 하늘에는
가을로 가득 차 있습니다.
나는 아무 걱정도 없이
가을 속의 별들을 다 헤일 듯합니다.

가슴속에 하나 둘 새겨지는 별을
이제 다 못 헤는 것은
쉬이 아침이 오는 까닭이요,
내일 밤이 남은 까닭이요,
아직 나의 청춘이 다하지 않은 까닭입니다.

별 하나에 추억과
별 하나에 사랑과
별 하나에 쓸쓸함과
별 하나에 동경과
별 하나에 시와
별 하나에 어머니, 어머니,

어머님,
그리고 당신은 멀리 북간도에 게십니다.

나는 무엇인지 그리워
이 많은 별빛이 내린 언덕 위에
내 이름자를 써보고,
흙으로 덮어 버리었습니다.

일송정에서 바라본
용정시 전경

딴은 밤을 새워 우는 벌레는
부끄러운 이름을 슬퍼하는 까닭입니다.
그러나 겨울이 지나고 나의 별에도 봄이 오면
무덤 위에 파란 잔디가 피어나듯이
내 이름자 묻힌 언덕 위에도
자랑처럼 풀이 무성할 게외다.

윤동주 시비에서

윤동주의 「별 헤는 밤」이다.

벌레 우는 밤, 곧 암울한 식민지 시대를 살았던 윤동주는 부끄러운 이름을 슬퍼하며 겨울이 지나면 봄(조국의 광복)이 반드시 올 것을 믿었다. 고향에 대한 그리움, 어머니와 친구들에 대한 그리움으로 가득한 윤동주의 마음속에는 조국광복의 염원이 언제나 자리 잡고 있었던 것이다.

연희전문학교 졸업을 앞두고 있던 윤동주는 무언가 뜻깊은 일을 해야겠다고 생각했다. 그래서 만들게 된 것이 그동안 써놨던 시를 묶어서 만든 자필시집이었다.

연희전문을 졸업한 윤동주는 졸업기념으로 19편의 자작시를 묶어서 하늘과 바람과 별과 시라는 제목을 짓고 이양하 교수를 찾아갔다. 그러나 시를 읽어본 이양하 교수가 아직은 시기상조라고 만류하자 그는 시집의 출간을 포기했다. 윤동주가 시집의 서문에 올리기 위해 1940년 11월 20일에 심혈을 기울여가며 쓴 작품이 오늘날 한국인 사이에서 최고의 애송시가 된 서시(序詩)였다.

죽는 날까지 하늘을 우러러
한 점 부끄럼이 없기를
잎새에 이는 바람에도 나는 괴로워했다.

별을 노래하는 마음으로 모든 죽어가는 것을 사랑하겠다는 서시는 어둠과 빛, 하늘과 땅으로 대표되는 시어 속에 조국의 현실을 괴로워하는 윤동주의 자아(自我)가 녹아있다.

그리고 어둠에서 찾아낸 빛, 곧 밤하늘의 별을 본다는 것은 빛을 보는 것이요, 빛은 광명이며 동시에 희망이다. 그러므로 암흑시대에 있어서의

용정 명동촌

별의 의미는 빛과 희망을 의미하는 것이다.

윤동주는 일본으로 떠나기 전에 자필로 쓴 시집 3부를 만들었다. 그리고 시집 세 권을 영문과 교수였던 이양하 교수와 후배였던 정병욱, 그리고 자신이 나눠가졌다.

그동안 문학에 정진하며 비교적 순탄한 학창생활을 보낸 윤동주는 태평양 전쟁의 소용돌이 속에서도 문학에 대한 열정을 불태우며 일본 유학을 준비했다. 그는 일본 유학 수속을 밟기 위해서 평소동주(平沼東柱)라는 일본 이름으로 창씨개명을 했다. 그 무렵 쓴 시가 참회록이며, 이는 윤동주가 한국에서 쓴 마지막 시가 되었다.

파란 녹이 낀 구리 거울 속에
내 얼굴이 남아 있는 것은
어느 왕조의 유물이기에
이다지도 욕될까.

윤동주는 일제치하를 살아가는 자신의 삶이 얼마나 욕된 것인가를 가슴 깊이 새기고 있었다. 더구나 창씨개명을 하면서까지 유학을 떠나야 하는 서글픔이 그대로 반영되어 있다. 그러나 윤동주는 실망하거나 좌절하지 않았다. 이어지는 내용을 보면 그가 얼마나 자아성찰을 위해 번뇌했는가를 말해주고 있다.

좌 • 용정 대성중학
전경
우 • 용정 대성중학
기념관과 윤동주 시비

밤이면 밤마다 나의 거울을
손바닥 발바닥으로 닦아 보자.

그러면 어느 운석(隕石) 밑으로
홀로 걸어가는
슬픈 사람의 뒷모양이
거울 속에 나타나온다.

일제치하 암울한 밤에 현실과 타협하는 삶이 아니라 밤마다 거울을 닦는 자아 성찰의 삶이 나타나 있다. 그러한 삶을 통해 윤동주는 끊임없이 자신과의 대화를 했으며 그러한 마음들이 시어로 표출되어 나타난 것이 참된 자아를 통한 미래에 대한 희망이었을 것이다.

참회록은 윤동주가 창씨개명을 한 날보다 일주일 앞에 씌어진 시였다. 그는

윤동주 시인상

참혹한 식민지 현실에서 욕된 삶을 살아가는 자신을 발견하게 된다. 참회록은 만 이십사 년 일개월 동안 아무런 기쁨도 없이 살아온 자신에 대한 참회이며, 식민지 현실을 살아가는 자신의 참담한 심정을 표현한 것이다.

부모가 지어준 이름도 마음대로 쓸 수 없는 암담한 현실에서 그는 일본

인의 성과 이름으로 살아야 하는 부끄러운 현실을 참회하고 반성한다. 그러나 윤동주의 참회는 좌절과 절망으로 끝나는 것이 아니라 내일이나 모레 그 어느 즐거운 날, 조국광복을 기약하는 강한 다짐을 동반한다. 이것이 윤동주의 내면 세계이며 밝은 미래에 대한 염원이 시속에 강렬하게 표출되어 나타난다.

일제시대 식민지 시대의 억압과 차별, 비극적 삶의 현실을 통찰하고, 밝은 미래에 대한 열렬한 동경을 나타냈다. 일제의 탄압과 수탈에 굴복하지 않고 살아가겠다는 시정신은 그를 저항시인으로 부르게 한다.

그의 시의 저항성은 후반의 시부터 점차 내면화하기 시작하는데 태평양 전쟁 이후 내려진 총동원령에 의해 수많은 사람들이 징병과 징용으로 끌려가는 현실에서 날로 가혹해지는 일본제국주의의 악랄한 억압에 영향을 받은 것으로 생각된다. 그럼에도 불구하고 그의 시 내면을 일관되게 흐르는 저항성은 이육사, 한용운과 더불어 일제치하에서 가장 투철한 저항시를 남긴 시인 중에 한사람이었다고 말할 수 있을 것이다.

윤동주는 1942년 일본으로 건너가 도쿄의 입교대학(立敎大學)에 입학하였다. 그러나 암울한 시대 식민지 조선인으로서 일본대학에서 학문을 탐구한다는 것은 너무나 힘겹고 고통스러운 나날의 연속이었다. 일본인들로부터 견딜 수 없는 차별과 냉대를 받아야 했기에 내면에서 울려오는 자책과 회한에 빠져 고독한 번민의 시간을 보내야 했다.

날이 갈수록 심해지는 일본인들의 차별과 냉대, 모욕과 조롱의 굴욕적 삶을 살아가면서도 그는 결코 창작의 붓을 놓지 않았다. 일본인들의 민족 차별에 대한 분노를 시심에 담았고, 차별을 받으면 받을수록 민족적 자각이 더욱 강렬하게 일어났다. 그의 일본 유학시절의 심정이 가장 잘 나타난 있는 시로 평가되는 '쉽게 씌여진 시'가 이때에 창작되었다.

등불을 밝혀 어둠을 조금 내몰고,
시대처럼 올 아침을 기다리는 최후의 나

나는 나에게 작은 손을 내밀어
눈물과 위안으로 잡는 최초의 악수

　민족의 등불을 밝히고, 어둠으로 가득한 현실을 타파하여 다가오는 아침, 곧
광복을 기다리는 마음이 잘 나타난 시이다. 내적 자아와 외적 자아의 갈등을 조
국광복의 염원으로 화해시키며 자신을 위로했던 시였다.

　돌담을 더듬어 눈물짓다
쳐다보면 하늘은 부끄럽게 푸릅니다.
풀 한 포기 없는 이 길을 걷는 것은
담 저 쪽에 내가 남아 있는 까닭이고,

내가 사는 것은, 다만,
잃은 것을 찾는 까닭입니다.

윤동주 시인이 자주
올라가 독서했다는
용정 선바위 전경

　길이란 시에서 그가 잃어버린 것은 무엇이었을
까. 그것은 잃어버린 자아이며, 빼앗긴 이름이며, 조
국이었을 것이다. 그는 일본 유학생활에서 느낀 민
족 차별과 망국의 아픔을 하늘과 바람으로 노래하
며 오로지 시창작에 매달렸다.
　북간도에서나 서울에서 학교다닐 때 느꼈던 시대
상황보다 더 잔혹하게 다가온 일본의 생활이 그에
게 잃어버린 것을 찾아야 한다는 자각을 안겨 주었
던 것이다.
　태평양 전쟁의 불길은 미국의 대대적인 반격으
로 더욱 격화되었고, 전사자와 부상자들을 실은 군
용차들이 거리를 질주하는 상황을 목격한 윤동주는
일본의 패망을 예견하였는지도 모른다. 그는 전쟁
에 휩싸인 일본인들의 불안감을 피부로 느꼈을 것

이다. 당시 일본의 상황은 풀 한포기 없는 길이었으며 어둡고 긴 터널에 멈춰있는 것처럼 공포가 덮인 도시였을 것이다. 전쟁의 시대에 윤동주는 불안과 고독, 자책과 회의의 연속일 수밖에 없었을 것이다.

미국의 공격으로 다급해진 일본은 각종 징병제와 징용, 학도병 제도를 실시하여 40여만 명의 청년들을 전쟁터로 내몰았다.

용정 대성중학교 앞길

윤동주는 여름방학을 이용해서 용정으로 돌아왔다. 용정에서 지내는 동안 만주지방에서 발악하는 일본인들을 보았을 것이다. 그 당시 용정은 항일독립투쟁이 약화된 상황이었다. 윤동주는 다시 일본으로 건너가 도시샤대학 영문과로 전학했다. 그는 시대상황을 외면한 것이 아니라 시대처럼 올 아침을 준비하기 위해 다시 떠났던 것이다.

용정과 해란강

일송정과 용주사가
있는 비암산

조국을 사랑한 죄

1943년 7월 14일, 동지사 대학에서 첫 학기를 마치고 고종사촌 송몽규와 함께
귀국길에 오르기 직전 윤동주는 조선인민족주의그룹 사건에 연루된 혐의로 일
본 경찰에 전격 체포되었다. 송몽규, 백인준, 강처중 등과 함께 독립운동을 위한
비밀결사의 중심인물이라는 혐의를 받고 있었던 것이다.

일본 경찰의 고문과 협박에도 윤동주는 일본인들의 국권강탈과 수탈, 강제징
병, 조선인 차별 정책을 비판하면서 결코 굴복하지 않았다. 윤동주의 당당하고
대범한 논박에 당황한 일본 검사가 모든 혐의를 인정하고 함께 활동했던 학생
들의 이름을 말하면 선처해주겠다고 회유했지만, 윤동주는 단호하게 거절했다.
화가 난 검사는 윤동주의 작품들을 불온한 반일정서가 담겨 있다며 치안유지법
위반으로 검사국에 송치한 뒤 1944년 2월 22일에 재판에 넘기고 말았다.

조선인 유학생들의 독립운동의 의지를 꺾기 위해 무리하게 진행된 재판은 한
달도 되지 않아 모든 심문을 종결하고 선고를 내렸다. 윤동주는 후쿠오카 재판
정에서 징역 2년을 선고받았다.

일본제국주의 억압과 차별에 분노하는 한국인 유학생이라면 당연히 할 수 있
는 저항과 투쟁, 비폭력적인 항일활동이었음에도 불구하고 비열하고 치졸한 일
본판사는 반일활동(反日活動)하는 학생들은 일벌백계로 다스려야 한다며 중형을
선고했던 것이다.

나라를 빼앗기고, 언어를 빼앗기고, 이름마저 빼앗겼던 암울한 시대를 살아가면서 저항시를 썼고, 민족적 자각과 양심에 따라 일본제국주의에 저항했기에 악랄하기 그지없는 일제의 법에 의해 처벌된 것이다.

윤동주는 후쿠오카 형무소에서 일본인들의 협박과 회유, 견딜 수 없는 고문을 당하면서도 결코 굴복하지 않았다. 그는 하늘을 우러러 한 점 부끄러움이 없는 삶을 살기 위해 매일 악귀처럼 달려드는 간수들의 매질을 견뎌냈고, 협박에 굴하지 않았으며 전향을 권하는 회유를 단호하게 거절하였다.

우리가 세상을 살아가면서 가끔은 현실과 적당히 타협하며 살아가라고 하는 말을 듣게 된다. 모난 돌이 정(釘) 맞는다는 말을 하기도 한다. 윤동주는 현실에 적당히 타협하고 자신의 영달을 추구하지 않았다. 그는 자신의 자아성찰을 통해 무엇이 정의로운 삶인지를 깨달았고, 그 길을 꿋꿋하게 실천하고 있었던 것이다.

1910년 경술국치 이후에 왜왕의 은사금을 받았던 친일반역자들의 자식들이 일본유학을 많이 떠났던 시절이었다. 그렇기에 일본에서의 항일활동은 일본인들이나 친일파들에게 오히려 웃음거리가 되는 어이없는 시대였다. 그 당시 유학생 대부분이 일본을 찬양하고 협조하면서 현실에 적응하였고, 심지어 대동아공영에 앞장서 스스로 아부하며 굽신거리는 파렴치한 유학생들도 많았다. 그러한 한국인들만 보아왔던 일본인들은 윤동주와 송몽규의 행위가 이해가 되지 않았을 것이다.

만약에 윤동주가 일본 검사들의 회유를 받아들였다면, 최남선이나 이광수처럼 일본인의 앞잡이가 되어 친일로 돌아섰다면, 그는 쉽게 풀려날 수도 있었을 것이다. 그러나 윤동주는 끝내 그들의 협박과 회유에 굴복하지 않았다. 하늘을 우러러 한 점 부끄러움이 없는 삶을 선택했던 것이다.

조국광복을 6개월 앞둔 1945년 2월 16일, 29세의 나이로 후쿠오카 형무소 싸늘한 감방에서 저항적이고 민

윤동주 시인 순국지
후쿠오카 시내

족적이었던 생애를 마감했다. 후세 연구에 따른 그의 사인에 대하여 일제의 생
체실험 대상이었다는 사실이 양심있는 일본인 학자에 의해 밝혀졌다. 다시 한
번 일본제국주의자들의 비인간적이고 잔악한 행위가 세상에 알려지게 되었던
것이다.

1945년 광복 후에 윤동주의 동생 윤일주와 후배였던 정병욱이 다른 유고를
묶어서 1948년 〈하늘과 바람과 별과 시〉 시집을 발간하였다.

윤동주 시인의 유해는 고향 용정으로 옮겨 장례식을 치르고 안장되었으며
1990년 8월 15일 대한민국 건국훈장 독립장이 추서되었다.

조국을 사랑하다 죽을 수 있을까

죽는 날까지 하늘을 우러러 한 점 부끄러움이 없는 삶이 무엇인가를 몸소 실
천했던 윤동주 시인. 조국과 민족을 사랑하는 삶이 아무리 험난하고 죽음에 이
르게 할지라도, 기꺼이 조국을 위해 목숨을 바치는 삶이 정의롭고 영광된 길임
을 일깨워준 시인이었다.

그가 일제의 억압과 차별에 항거하여 조국독립을 위해 싸웠던 것은 민족적 양
심과 정의감에서 우러나온 행동이었다. 그러므로 일제의 협박과 회유가 아무리
강하고 집요해도 결코 굴복할 수 없었던 것이다.

충절(忠節)의 시인 윤동주의 숭고한 조국애와 불굴의 정신은 오랜 세월이 흐

른 오늘도 우리들에게 귀감이 되고
있다.

　윤동주 시인의 생애와 시의 세계를
살펴보면서 언제나 내 머리 속을 맴
돌았던 것은 조국이 국난에 처했을
때 나는 목숨을 걸고 싸우다 죽을 수
있을까 하는 물음이었다.

　윤동주의 시를 만나기 전까지, 그
의 생애를 깊이 관찰하기 전에는 조
국에 대한 사랑과 죽음에 대해 생각해본 적이 거의 없었다.

두만강

　가난한 농부의 아들로 태어났기에 그저 공부를 열심히 해서 좋은 대학에 가고
좋은 직업을 선택하여 하루 빨리 가난에서 벗어나는 길이 부모님에 대한 보답이
며 효도라고 믿었다.

　조상 대대로 물려받은 땅을 팔아서 서울로 유학을 왔던 나로서는 오로지 출세
의 길, 그 당시에는 구체적으로 생각하지는 않았지만, 어쨌든 막연하게나마 부
와 권력에 가까이 가는 것이 출세라고 믿으며 공부에 매달릴 수밖에 없었다.

　고등학교 때였다. 새로 부임하신 국어선생님이 들어오셨다. 아무렇게나 빗어
올린 머리에 남루한 옷차림이었지만, 점점 강의에 빠져들게 하는 마력을 가진
분이었다.

　윤동주의 생애와 시정신에 대한 강의를 하며 시어(詩語)의 내면에 담긴 의미
들을 하나씩 우리들 앞에 꺼내놓으
셨다. 그리고 조국과 민족에 대한 사
랑은 누구나 가질 수 있지만, 그것을
실천하는 사람은 많지 않다고 하면서
앞자리에 앉은 친구에게 조국을 위해
죽을 수 있느냐고 물으셨다. 그는 우
물쭈물하며 대답을 하지 못했다. 나
는 자신도 모르게 고개를 떨궜다.

　그 때였다.

윤동주 시인 묘소
참배

용정에 이주한
한인들이 농사짓던
세전벌

어이! 고개 숙인 학생! 넌 조국을 위해 죽을 수 있는가?

순간 눈앞이 캄캄해졌다. 아무 생각도 떠오르지 않았다. 그동안 앵무새처럼 시를 외우면서 입시문제에만 매달리던 내게 던져진 선생님의 물음, 그 한 마디는 충격 그 자체였던 것이다.

나는 조국을 위해 죽을 수 있을까.

그날 이후 윤동주, 이육사, 이상화, 한용운 시인의 저항시들을 통해서 조국애(祖國愛)를 깊이 생각하게 되었고, 유신시절의 군대 생활에서 분단조국의 현실을 인식하게 되었으며, 군부독재정권에 항거하는 넥타이부대 사이에서 민주화 항쟁을 온몸으로 겪으면서 차츰 생각의 깊이를 더해 갈 수 있었다.

용정을 가슴에 품다

단동에서 이천리가 넘는 멀고 먼 길을 달려 스물 한 시간의 여정 끝에 용정역에 내렸다.

역전에는 많은 사람들이 나와 가족을 기다리고, 친구를 기다리고, 사랑하는 사람들을 기다리고 있었다. 오랜만에 만난 기쁨을 나누고, 반갑게 포옹하는 사람들 사이를 빠져나와 택시를 탔다. 용정 시내를 벗어나기 전에 화원에 들려 별처럼 생긴 안개꽃과 붉은 장미, 수선화를 샀다. 곧바로 운동주 시인의 묘소가 있는 공동묘지로 향했다. 시내에서 십 킬로미터 정도 떨어진 곳에 용정 3·13만세 의거 묘

용정역과 단동행 기차

용정시 전경

역이 있는데 그 뒤편으로 합성리공동묘지에 윤동주 시인의 묘가 있다.

윤동주 시인의 묘에 먼저 올라가 헌화하고 묵념을 올린 뒤 송몽규 시인 묘, 3·13묘역에도 들려서 헌화와 묵념을 올렸다.

며칠 동안 연길시내에서 항일유적지를 답사한 뒤에 다시 용정으로 향했다. 비암산에 올라가 그 정취를 느껴보고 용정시내 유적을 다시 돌아보기 위해서였다. 11월의 용정 날씨는 가을이 아니라 이미 겨울로 들어선 것처럼 바람이 거세게 불고 있었다.

용정역 전경

용정에 도착하여 가장 먼저 찾은 곳은 시내를 가로질러 흘러가는 해란강의 용문교였다. 용문교와 해란강은 결코 낯선 이름이 아니었다.

해란강과 용문교, 언제부턴가 마치 고향마을 강가처럼 느껴지면서 그 이름만 들어도 정겨운 마음이 들 정도였다.

용문교 아래 강가를 걸으며 생각했다. 고종밀사로 헤이그에 갔던 서전서숙 설립자 이상설, 명동학교 설립자 김약연, 저항시인 윤동주, 그리고 송몽규, 문익환은 이 강변을 거닐면서 무슨 생각을 했을까?

싱겁게 웃고 말았다. 물으나 마나 한 질문을 하는 사람을 보통 싱겁다고 하는데 내가 지금 싱거운 짓을 하고 있다는 생각에 저절로 웃음이 나온 것이다.

수많은 애국지사들이 해란강변을 거닐면서 고단한 이국생활에 대한 번민을 나누면서 조국을 위해 무슨 일을 할 것인가를 함께 고민했으리라.

해란강변을 한참 동안 걷다보니 발걸음은 어느 새 강변공원에 이르렀다. 조금은 낯설어 보이는 모양의 정자에는 많은 사람들이 모여앉아 해란강을 바라보고 있었다. 옛날이나 지금이나 해란강은 용정사람들의 삶의 중심에 자리잡고 있었던 것이다.

시내를 벗어나 비암산(琵岩山)으로 향했다. 용문교에서 손에 잡힐 듯 가까이 바라보이는 비암산은 북간도 애국지사들이 자주 찾았던 일송정과 용주사가 있는

용정시 해란강변 모습

곳이다. 그리고 일송정에서 바라보는 용정시내와 해란강, 끝없이 펼쳐진 평강벌은 한폭의 동양화를 연상케 했다.

용정 용두레 정자

화룡으로 가는 길로 접어들어 고개로 올라서니 왼편에 축구경기장이 보이는데 그 건물을 끼고 돌아가니 곧바로 비암산으로 오르는 길이 나타났다. 배낭을 메고 홀로 비암산을 오르는 모습이 낯설게 느껴졌는지 지나가는 사람마다 힐끗힐끗 쳐다보았다. 비암산 줄기가 북으로 뻗어내린 능선 자락을 타고 오르며 산 아래 펼쳐지는 용정시내를 바라보았다. 해란강을 가슴에 품고 한민족의 역사를 간직한 용정벌이 한눈에 들어왔다.

비암산을 오른지 1시간 만에 일송정(一松亭) 비석이 서 있는 곳에 도착하였다. 바로 눈앞에서 펼쳐지는 일송정의 모습을 바라보며 몇 년만에 다시 찾은 감회에 젖었다. 용정 찬가가 새겨진 비석을 지나 소나무 사이로 난 돌계단 길을 천천히 걸어서 일송정으로 올라갔다. 정자 기둥을 쓰다듬어 보고 정자 옆에 홀로 서 있는 소나무의 향기를 맡고, 탁 트인 사면을 번갈아 바라보며 일송정에 오른 기쁨을 만끽했다.

비암산 줄기를 바라보며 조국광복을 염원하며 기도를 올렸던 사람들을 생각한다. 나라를 빼앗기고, 고향을 빼앗기고, 언어를 빼앗긴 채 두만강을 건너 이곳으로 왔건만, 일본놈들이 용정까지 따라와 영사관을 설치하고, 독립투사들을 탄압하는 형국이었으니 그들의 마음이 어떠했을까.

일송정은 이러한 애국지사들의 마음을 위로 받는 안식처였으며, 조국 독립을 기원하는 사람들의 기도터였

용정 육도하 선바위

일송정 오르는 길

으며, 세전벌이나 평강벌을 일구는 농부들이 모여 기우제를 올리는 장소이기도 했다.

용정의 애국지사들이 일송정을 사랑하는 이유는 용주사에서 일송정을 바라보면 마치 바위 위에 호랑이가 앉아 있는 모양이었다. 고조선 건국시조 단제(檀帝) 때부터 호랑이를 영험한 동물로 섬겨온 민족이었기에 호랑이가 밤낮으로 용정을 굽어보면서 가난하고 어려운 사람들을 도와준다고 믿었던 것이다.

그러나 일본영사관 관리나 경찰들은 일송정 호랑이가 영사관을 굽어본다하여 바위를 없애려고 하였고, 일본영사나 직원들이 병에 걸려도 일송정을 탓했다고 한다. 총영사와 헌병대장은 일송정을 실탄 연습을 하는 목표로 만들고 매일 총과 포를 쏘아댔지만, 포탄은 산을 넘어가 떨어지거나 호랑이 바위 앞에 떨어졌다. 화가 머리끝까지 치솟은 일본놈들이 야밤에 일송정 소나무에 껍질을 벗겨내고 구멍을 뚫고 후추가루를 넣은 것도 모자라 여기저기에 대못을 박아서 기어이 말라죽이고 말았다.

비암산 일송정의 호랑이 모습을 보며 심히 두려워하고, 소나무 한그루에게까지 화풀이를 한 일본인들의 어이없는 행패가 당시 일송정에 서린 한민족의 한

일송정에서 바라본
평강벌 노을

(恨)을 그대로 말해주고 있는 것은 아닐까.

일제가 물러간 뒤에 용정시의 사회단체는 일송정 소나무 복원을 위해 1989년부터 네 차례에 걸쳐 소나무를 가져다가 심었다. 하지만 누군가에 의해 잘리거나 말라죽었고, 그 후부터 일송정을 지키던 소나무는 점점 사람들의 기억에서 사라져 가고 있

었다.

1992년 한중수교 이후 한국인들이 용정을 많이 찾아오기 시작하였고, 일송정에 오를 때마다 소나무가 없는 것을 안타깝게 생각하여 태백산맥 소나무를 가져다가 심겠다고 하였지만, 어찌된 영문인지 용정시 당국자는 몇 번이나 거절하였다고 한다. 그러다가 2003년 3월 용정시와 3·13 기념사업

일송정

회가 인근 승지촌에서 수령 20여 년 생쯤 된 높이 3m 정도의 소나무를 가져다 심었다. 그 소나무는 죽지 않고 살아 오늘에 이르렀으며, 요즘까지도 해란강과 용정시를 굽어보며 서있게 된 것이다.

1945년 8월 일본이 물러간 후 일송정에는 세 개의 노래비가 세워졌다고 한다. 선구자, 고향의 봄, 반갑습니다, 그런데 2003년 용정시 문화국은 이 노래비에 새겨진 노랫말을 다 지워버리고 다른 노래를 새롭게 새겨 넣었다. 선구자 노래가 새겨 있던 돌에는 용정찬가를 새겨넣고, 고향의 봄 돌에는 비암산 진달래를, 반갑습니다가 새겨져 있던 돌에는 한자로 용(龍)이란 글자를 새겨넣었다. 중국 당국에서 왜 노래비를 지워버렸는지 정확하게 알 수는 없지만, 한국의 역사학자 중에는 중국의 동북공정의 일환으로 이곳에서 민족의식이 자꾸 고취되는 것을 방지하기 위해서라고 말하는 사람도 있었다. 그러나 이곳 연변 학자들은 친일파

선구자 노래비

였던 윤해영이 작사한 노래였기에 바꾼 것일 뿐이라고 항변하고 있다. 그렇다면 고향의 봄이나 반갑습니다는 친일파의 글도 아닌데 왜 지워버린 것일까.

내가 2010년 비암산을 찾았을 때 용주사(龍住寺)는 빈터만 남아 있었다. 그 옛날 용주사의 모습은 그 어디서도 찾아볼 수 없었고, 그저 상상 속에

용정 일송정 기념비

나 남아 있었던 것이다.

얼마 전부터 용정시에서 절을 다시 복원하기로 결정하고 터를 닦는 중이라 그런지 공사 장비들만 어지럽게 놓여 있었다. 절터 한쪽에 가건물이 하나 있어 안으로 들어가니 허름한 건물에 불상을 모시고 향을 피워놓고 있었다. 아마도 용주사를 찾는 관광객들을 겨냥하여 급조된 절이 아닌가 하는 생각이 들었다. 또한 관광객들에게 향을 팔고 시주나 받기 위한 절이 아닌가 하는 느낌을 지울 수가 없었다.

비암산 용주사는 1920년 한국에서 온 스님이 건립했다고 전해오는데 그 당시에는 승려가 여러 명 있었고 신도들도 많았다고 한다. 북간도 땅으로 이주한 한인들이 용주사를 찾아 부처님의 자비를 기원하고, 고난과 시련의 삶을 극복할 지혜를 구하고, 조국의 독립을 기원하지 않았을까.

비암산 용주사에 서린 전설이 지금도 전해오고 있는데 용정 용두레 우물에서 커다란 용이 날아올랐는데 입에는 여의주를 물고 찬란한 빛을 뿌리며 비암산에 올라앉아 해란강을 굽어보고 멀리 동해바다를 바라보았다고 한다. 한국에 건너온 스님이 이러한 전설을 듣고는 비암산을 등에 업고 해란강을 앞에 두었으니 사람들에게 희망을 주는 명당이라 생각하여 그 자리에 절을 짓고 용주사(龍住寺)라고 이름을 지었다고 한다.

비암산과 일송정

1965년부터 중국 전역을 강타했던 문화혁명 영향으로 종교탄압이 심해지자, 승려들과 신도들이 다 떠나고 관리하는 사람조차 없어진 절은 무너져버리고 말았다. 북간도 항일운동의 근거지로 평가받고 있는 용주사는 1990년대 후반 연변의 한 불교단체가 복원에 나섰다가 중단된 뒤 올

해부터 용정시와 민간인이 이곳의 관광을 육성하기 위하여 토목장비들을 이용하여 1천여 평 규모의 부지조성 공사를 진행하고 있는 중이라고 한다.

소설가 강경애

일송정에서 내려가는 길에 외롭게 서 있는 강경애 문학비를 찾았다. 대한민국 작가 중에 한사람으로서 1920년대 우리문학의 선구자적 역할을 했던 여성작가의 문학비를 그냥 지나칠 수는 없지 않은가. 나는 문학비 앞에 서서 고요히 머리를 숙였다.

1920년대 용정에서 활동했던 작가를 잊지 않고 문학비를 세워 그 업적을 기리고 있는 사실이 너무나 고맙게 느껴졌다. 그리고 문학비를 세워준 용정문학인들에게 깊은 감사를 전하고 싶은 심정이었다.

소설가 강경애는 1907년 4월 20일 황해도 송화에서 출생하여 1921년 평양 숭의여학교에 입학하였으나, 추석 성묘를 미신이라 규제를 가하는 미국인 교장에게 항의하는 동맹휴학에 가담한 관계로 1923년에 퇴학 처분을 받았다. 1923년 양주동(梁柱東) 문학강연회에서 양주동을 만나 이듬해 서울로 함께 올라와 금성이란 잡지사에서 거주하면서 두 사람은 동거생활에 들어갔다. 강경애는 동덕여

좌 • 용정 비암산 강경애 문학비
우 • 용정 비암산 강경애 문학비

학교 3학년에 편입하여 1년간 수학(修學)했다. 양주동과 동거하던 시기에 강경애는 근대문학론이나 근대사상에 관한 서적을 탐독하였고, 자본론 등 서구학문에 관한 책을 읽었다고 한다. 당시 유부남이었던 양주동과의 관계가 파탄에 이른 후 1924년 9월 귀향하여 흥풍야학을 세워 계몽운동을 했고, 신간회 등 여러 단체에서 활동하였다.

어머님께서 오늘 저녁 나에게
금빛 은빛으로 단장한 옷을 주시려고
다림불을 피우시나요

어머님 모르십니까
저 동쪽 하늘가로
어젯밤 눈 감고 그리워하던
꿈같은 달빛이 새어 흐름을

그러면 어머니 다릴 옷일
밤꽃의 그윽한 향내로 고이고이
달빛을 실어다 다려 뿌린 후 주세요

　

1926년 조선일보에 「다림불」을 발표하면서 시작된 그녀의 문학활동은 1929
년 10월 조선일보에 민족과 계급의 절충을 내세우는 양주동과 염상섭을 비판하
는 글도 발표하였다. 2년 뒤에는 같은 신문에 필명으로 양주동군의 신춘평론, 반
박을 위한 반박을 써서 그를 비판했는데 양주동에 대한 애증이든 분노든 결과적
으로 그녀의 문학에 대한 열망을 불러일으키게 만들었다고 볼 수 있다.

1931년 일제의 만주침략으로 대대적인 한인촌 기습과 한인들에 대한 무차별
살육이 벌어졌을 때 강경애는 일제의 토벌을 피하여 용정을 떠나 귀국한 후 여
러 작품을 창작하였으며, 1931년 조선일보 '부인문예'란에 「파금(破琴)」을 발표
하였다.

강경애는 일본군 억압과 수탈을 겪고 있는 북간도 동포들을 외면하고 고향으
로 돌아온 자신을 부끄러워했다. 그리고 북간도의 삶을 증언하는 것을 문학의
중요한 목적으로 삼기 위해 1933년 9월에 다시 간도로 갔다.

강경애의 작품 세계는 어린시절 겪었던 극심한 빈곤과 간도생활의 체험에서
나온 것으로 1930년대 북간도 한인들의 삶을 사실적으로 묘사하고 있는 특징을
가지고 있다. 그녀는 고향을 배경으로 식민지 자본가와 농민, 노동자들의 대립
을 다룬 인간문제(1934), 장애자들을 주인공으로 내세워 빈한하고 궁핍한 삶의

극한 경지를 그려낸 지하촌(1936) 등을 발표하며 용
정에 머무는 동안 소설 창작에 몰두하였고, 잠시 조
선일보 간도지국장을 맡기도 했다.

강경애의 대표작으로 꼽히는 「인간문제」는 인천에
서의 노동자 생활을 했던 경험을 바탕으로 창작한
장편소설로 당시 농촌 풍경을 비롯해 인천 부두 노
동자의 세계, 일제 식민지 자본이 설립한 대규모 방
직공장의 열악한 삶과 착취, 노동운동에 투신했던
대학생의 삶과 저항에 이르기까지 식민지 사회의 전
반적인 모습을 세부적으로 묘사했다.

이때부터 강경애 문학은 민족적, 계급적, 성적 차
별과 억압에 고통을 받는 우리 여성들의 목소리를
대변하여 1930년대 근대문학사의 대표적 리얼리즘
소설가로 평가를 받게 되었다.

여성소설가 강경애
문학비에서

1938년 건강이 악화되어 귀국한 후, 창작 활동을 중단한 채 지내다가 37세의
나이로 한많은 인생을 마감했다.

다음 날 아침에 건설가(建設街)를 따라 올라가 용두레 우물로 갔다. 용정의 기
원이란 비석이 서 있는 우물터에는 많은 사람들이 나와서 한담을 즐기고 있
었다. 용두레 우물가를 찾을 때마다 언제나 그 곳에서 들려오는 정겨운 소리는
귀에 익은 우리말이었다.

북간도 용정에 터전을 일궜던 우리
민족이 백 년이 넘도록 고이 간직하
며 지켜왔던 우리말이 항일유적을 찾
아다니는 나그네의 가슴을 얼마나 따
뜻하게 만드는지 그들은 정녕 모를
것이다. 비록 나그네에게 눈길 한 번
주지 않는 사람들이지만, 환하게 웃
으며 달려가 아무나 손을 덥석 잡고

용정시 용두레 우물

고개 숙여 감사를 전하고 싶은 심정이었다.

1880년에 조선 사람들이 처음 이주해 온 후 장인석과 박인덕이 우물을 발견하여 마을 이름을 용정(龍井)이라 지었다고 한다. 용정시에서 우물을 옛 모습 그대로 보존하고 기념비를 세운 뒤에 우물가에 거룡공원(巨龍公園)을 조성한 뒤 많은 사람들이 찾는 관광명소가 되었다.

북간도 최초 신학문의 요람 서전서숙

용두레에서 용정가(龍井街)를 따라 500여 미터를 내려가면 문화로(文化路)와 만나는 지점에 용정실험소학교(문화로 91호)가 있다. 교문을 들어서면 운동장 오른편으로 두 아름이 넘는 비술나무 한그루가 서있다. 그 나무에는 서전서숙 기념나무라는 팻말이 걸려있었고, 서전서숙 설립자 이상설을 기리는 내용이었다.

비술나무 뒤에 이상설정(亭)이 서 있었고, 정자 왼쪽으로 동북해방기념탑과 심연수 시비가 세워져있는 중간에는 웅장한 자연석으로 다듬은 서전서숙 기념비가 세워져 있었다.

항일애국지사 보재(溥齋) 이상설(李相卨)은 용정 한인들의 교육을 위하여 1906년에 사재를 털어서 이곳에 서전서숙을 세웠다. 서전서숙은 유교식 서당교육을 탈피한 신교육을 도입한 첫 번째 학교였다.

이상설은 1870년 12월7일, 충청북도 진천군 덕산면에서 태어났다. 25세에 과거에 급제하여 벼슬길에 올랐는데 을사늑약 반대 상소문을 올리고 투옥되었다가 풀려났다. 비밀리에 가산을 정리하고 1906년 4월 18일 일본경찰의 감사를 피해 이동녕, 정순만 등 동지들과 함께 중국상선을 타고 상해를 거쳐 러시아 블라디보스토크로 망명하였다.

조국 독립을 위해서 민족계몽교육

북간도 최초의
사립학교 서전서숙
옛사진

의 필요성을 절감한 이상설은 북간도 용정으로 와서 여덟 칸 집을 구입하여 서전서숙을 창립하였다.

1907년 헤이그 밀사로 파견되었으나 뜻을 이루지 못하고 돌아와 연해주 일대에서 항일투쟁을 계속하였다.

1917년 3월 2일, 동지들은 힘을 합하여 기필코 조국독립을 이룩하라는 유언을 남기고 47세의 나이로 이국땅에서 순국하였다.

간도 일본총영사관

서전서숙터를 돌아보고 용정의 옛모습이 비교적 많이 남아 있는 건설가(建設街)를 따라 걸어갔다. 건설거리는 용정시 대로보다 오랜 거리로써 건물들은 낡고 초라했지만, 90여 년 전 대한독립만세의 함성이 들리는 듯하여 용정에 올 때마다 찾곤 하였다.

용정시의 상징 용(龍)이 마치 하늘로 솟아오르는 모습으로 조각하여 광장에 우뚝 세워논 용등광장을 지나 광화서로에서 오른쪽으로 접어들자 곧바로 용정유치원(광화서로 136호)이 보였다. 정문으로 들어서 서전대야 기념비 앞에 섰다. 어디선가 대한독립만세 함성이 들려오는 듯했다.

1919년 3월 13일 용정 만세운동의 중심지였던 서전대야에 기념비를 세우고, 그날의 의미를 잊지 않고 있는 용정시 조선족들의 역사의식이 너무나 고맙고 감동적이다. 그들의 이러한 민족사랑이 없었다면 90년이 지난 오늘에 그 현장을 찾아와 그날의 역사를 되새겨 볼 수나 있었겠는가.

용정시의 상징

우리는 그동안 얼마나 많은 역사를 잊은 채 개인의 먹고 사는 문제에만 매달려 왔는가. 경제개발이란 목표에 노예처럼 허리띠를 졸라매고 얼마나 많은 시간을 달려왔던가. 나는 용정 유치원 운동장 한켠에 서 있는 서전대야(書甸大野) 기념비 앞에 서서 그동안 잊고 살았던 북간도 한민족의 역사를 가슴에 새기고 살겠다고 다짐하였다.

용정유치원에서 나와 용정가를 따라 다시 용두레 쪽으로 걸어가다 보면 3·13 독립만세의 시작을 알리는 종소리가 울렸던 천주교회장 터를 지나가 된다. 그곳에서 길안가(吉安街)로 접어들어서 용두레 방향으로 올라가다보면 육도하로(六道河路)와 만나는 지점에 용정시 인민정부(육도하로 869호)가 있는데 그곳이 바로 북간도 일대에서 가장 악명 높았던 일본 총영사관 건물이다.

1907년 8월 중국정부의 반대에도 불구하고 조선인을 보호한다는 그럴듯한 명분을 앞세워 일본경찰을 파견하고 육도구 용정촌에다 조선통감부 임시파출소를 세웠다.

1909년 9월 4일 일본과 청나라는 북경에서 두만강중조변무조항, 즉 간도협정을 체결하고 길림으로부터 조선회령에 이르는 길회철도 건설권을 따내고, 연길 왕청 용정 등을 일본에게 개방을 할 것과 북간도 영사재판권을 얻어냈다. 이러한 일본의 교활한 술책으로 인하여 간도지방을 청나라에 넘겨주게 되었던 것이다.

용정 일본총영사관
(1919년)

간도조약이 맺어진 이후 용정에 설치했던 한국통감부 간도파출소를 간도일본총영사관으로 이름을 바꾸고 본격적인 만주침략의 술책을 진행시켜 나갔다.

용정촌을 비롯하여 국자가, 두도구, 훈춘, 왕청, 천보산 등 18개소에 경찰서 또는 경찰분소를 설치하였다. 간민회, 대한국민회 등은 항일애국지사들을 잡아다 고문하고 살해하는 역할을 했던 곳이었다.

용정 일본영사관
건물

그동안 용정의 항일유적들은 대부분 여러 번 찾아갔었지만, 일본영사관 자리는 왠지 거부감이 들어서 한 번 답사한 후에 거의 찾지 않았었다. 한국에서 항일유적답사단과 함께 이곳을 방문하게 되었을 때는 어쩔 수 없이 지하감옥까지 들어가 보았지만, 언제나 마음이 별로 내키지 않았고, 분노를 억제할 수 없었던 곳이 왜놈들 영사관자리였던 것이다.

1919년 3월 13일 일본총영사관은 중국의 군벌과 결탁하여 만세운동을 탄압하고 비폭력 만세운동을 전개하는 한인들에게 발포하여 19명을 살해하고 수많은 사람들에게 부상을 입혔다.

또한 1920년 훈춘사건을 조작하여 군대를 출동시켰으며, 청산리 전투나 봉오동 전투 이후 한인촌을 기습하거나 한인탄압의 선봉에 섰던 곳이었다.

좌 • 용정 일본총영사
관 고문기구들
우 • 용정 일본영사관
지하감옥

두만강에서 본 회령

내가 용두레와 3·13 항쟁의 거리를 돌아보고 있을 때 연길에서 달려와 찻집에서 기다리고 있던 사진 동호인들과 함께 승용차에 분승하여 두만강변 삼합(三合)으로 향했다. 백두산에서 천지를 촬영하다가 만난 것이 인연이 되어 내가 연변을 방문할 때마다 늘 반갑게 맞아주는 연변사진동호인들이었다. 연변 일대 경관이 뛰어난 곳을 찾아다니며 필름에 담고, 용정의 일송정을 비롯하여 두만강과 백두산 일대에 우리민족의 문화와 관련 있는 사진들을 촬영하는 사람들이었다.

용정에서 두만강변 삼합까지의 거리는 40여 킬로미터로 1시간 정도면 도착할 수 있을 정도로 가까운 곳이다. 시내를 벗어나 삼합으로 가는 길로 들어서 십여 분 정도 달려갔을 때 3·13 독립만세 의거에서 순국하신 선열들의 묘역과 윤동주 시인의 묘가 바라보인다. 나는 조용히 그곳을 향하여 묵념을 올렸다.

연변 일대에 사는 조선족들도 윤동주 시인에 대해서는 잘 알고 있었지만, 추모하는 분위기는 아닌 것 같다. 오늘 일정은 두만강 답사가 중심이기에 그냥 지날 수밖에 없었다.

윤동주 시인의 묘지를 지나 조금만 가면 윤동주가 시상을 떠올리고 창작을 하기도 했다는 선바위가 우뚝 선 모습으로 다가온다. 선바위를 지나면 김약연의 묘가 있는 장재촌과 윤동주 생가가 있는 명동촌이다.

우리 일행을 태운 승용차는 두만강변에 있는 삼합진을 향해 계속 달렸다. 30여 분을 달려가니 오른쪽으로 서래동(西來洞) 경술대참안지가 나왔다. 1920년 경술년에 일본군이 이 지역에서 저지른 민간인 대학살과 살인, 방화를 겪었던 분노의 현장이었다. 그곳을 지난 지 얼마 되지 않아 삼합에 도착하여 곧바로 망강각(望江閣)으로 올라갔다. 망강각은 삼합에서 북한 회령시를 가장 쉽게 내려다 볼 수 있는 곳이었다.

나는 망강각에는 눈길도 주지 않고 곧바로 두만강과 회령(會寧)이 내려다

애국지사 김약연
활동지(장재촌)

보이는 곳으로 달려갔다. 손에 잡힐
듯 가까이 바라보이는 회령시를 바라
보고 섰노라니 저절로 탄식이 흘러나
왔다.

지난 십년을 변함없이 찾아왔고,
오늘 또다시 찾아왔건만 변한 것은
아무 것도 없이 그저 무심한 세월만
흘러갔구나. 우리민족에게 멍에처럼
씌워진 분단의 비극이 어찌 이리도
질기고 가혹하단 말인가.

장재촌 김약연
선생 묘

임진강 휴전선에서 느꼈던 분단의 비극은 두만강변 이곳에서도 현재진행형
이었다. 달라진 것은 아무 것도 없었다. 북한에서는 선군정치를 외치며 강도 높
은 군사훈련을 계속하고 있고, 남한에서는 자유수호를 외치며 종북논쟁으로 날
새는 줄도 모르고 있다. 분단 70년 세월 그렇게 허송으로 살아온 것이 후회스럽
고 지겹지도 않단 말인가. 그동안 권력을 잡고 청와대에 들어앉으면 통일을 외
쳐대던 사람들은 지금 다 어디 갔으며, 민족통일 외치며 위대한 수령으로 신처
럼 군림하며 독재권력 휘두르던 자들은 지금 어디 갔는가.

강 건너에서는 지금도 억압의 사슬에 묶여 기아에 허덕이는 동포들이 살고 있
는데, 여의도 감투 싸움, 광화문 이념싸움 그치지 않으니 얼마나 더 세월이 흘러
야 진실로 국민을 사랑하고 조국의 미래를 진심으로 걱정하는 지도자가 나타나
통일대업을 이룩할 것인가.

무능하고 힘없는 백면서생,
가진 것도 없고, 명성도 없는 작가여!
그대의 넋두리 이제 그만 두만강물에 던져버려라!
이 풍진(風塵) 세상사(世上事)
그대가 울부짖는다고 바뀐 적이 있었던가.
마음이 어리석고 불쌍한 작가여!
강 건너 저들에게

두만강에서 바라본
회령시(겨울)

자유와 평화의 종소리가 울릴 수 있도록
고요히 머리숙여 기도나 하고 어서 떠나시게나.

그렇다.

조용히 떠나는 것이 강 건너 저들에게 조금이라도 속죄하는 길이며, 이곳에
섰을 때마다 내면에서 울려오던 분노의 소리를 더욱 깊게 품는 길이리라.

언제나 가진 것이 없어도 가진 듯이 떳떳하게 세상을 향해 고개 들고 살았지
만, 이곳에만 오면 한없이 작아지는 무명작가는 가슴에 품은 생각들을 원고지에
옮겨놓기 위해 발걸음을 돌려야 했다.

망강각에서 내려와 두만강변 길로 들어설 무렵이었다. 어디서 나타났는지 갑
자기 국경경비병이 차앞을 가로막는다. 일행 중에 한 사람이 나를 보면서 조
용히 있으라고 입술에 손가락 시늉을 한다. 운전대에 앉은 사람에게 경비병이
다가와 신분증을 보여 달라며 지금 어디를 가는 것이냐고 물었다. 그가 연길에
서 온 사람들인데 개산툰으로 해서 돌아가려는 것이라고 대답했다. 개산툰(開山

屯)은 삼합처럼 두만강변에 있는 도시인데 그곳으로 가려면 두만강을 따라 가야하는 곳이었다.

경비병이 손사래를 치며 오던 길로 다시 돌아가라고 하는 것이다. 두만강변을 따라 가며 사진을 찍고 북한 마을도 바라볼 계획이었는데 낭패가 아닐 수 없었다. 운전대를 잡은 친구가 집으로 돌아가는 중인데 어째서

두만강 전망대
망강각

못가게 하느냐고 항의를 해보기도 했지만 끝내 그들은 길을 열어주지 않았다.

어쩔 수 없이 차를 돌려서 용정으로 향해 갈 수밖에 없었다. 차안에 있는 동호인 중에 한 사람이 말하기를 며칠 전에 두만강 지역에 사건이 생겨서 특별경계령이 내려졌다는 것이다. 탈북자들이 넘어오다가 중국 국경수비대에 붙잡힌 사건이 발생하였다는 것이다. 오늘쯤은 경계령이 풀렸겠다 싶어서 그냥 왔던 것인데 이렇게 강하게 제지할 줄은 몰랐다는 것이었다.

나는 멀어지는 두만강을 바라보며 생각했다. 두만강은 아직도 많은 사연을 간직한 채 서글픈 강물만 흘러가고 있구나. 두만강을 건너다 잡힌 사람들은 얼마나 두렵고 괴로운 시간을 보내고 있을 것인가. 탈북자들이 이곳에서 잡히면 곧바로 북한측으로 송환시킨다는데 그곳에 돌아가면 또 얼마나 많은 고통을 겪게 될 것인가.

용정으로 돌아오는 차안에서 나의 마음은 한없이 무겁고 서글펐다. 다시 한번 분단의 비극을 가슴에 새기며, 아무 것도 할 수 없는 자신을 자책하면서 차창으로 스쳐가는 북간도의 가을을 바라보아야 했다.

북간도 항일교육의 성지, 명동촌

나는 며칠 동안 연길에 머물면서 사태가 호전되기를 기다렸지만 들려오는 소식은 탈북자들의 북송소식 뿐이었다. 두만강 답사가 좌절된 후 연길에서 편히

지내는 것이 왠지 죄를 짓는 것만 같아서 아침 일찍 용정으로 향했다. 윤동주 시인이 자주 올라가 시를 지었다는 선바위까지 택시를 타고 갔다. 그동안 두만강을 답사하거나 용정에 올 때마다 명동촌 일대를 여러 번 돌아다녔기에 이 일대는 다른 곳보다 동네지리를 더 잘 알고 있었던 것이다.

가을걷이가 끝난 들판에는 옥수수대를 세워논 모습만 여기저기 보일 뿐 쓸쓸하고 을씨년스럽기까지 했다. 선바위 앞으로 흐르는 육도하를 따라 깨끗하게 포장된 도로를 따라 걸어가 장재촌(長財村)으로 들어갔다. 장재촌은 일찍이 규암 김약연 선생이 함경도에서 이주하여 규암재를 열었던 곳이다. 마을 뒷산 기슭에는 멀리서도 뚜렷하게 보이는 무덤 세 개가 있는데 김약연과 부인 안연, 큰아들 김정근의 묘소이다.

1901년 김약연은 동생과 함께 장재촌에 있는 80평방미터쯤 되는 한족집을 구입하여 규암재란 서재를 꾸린 다음 20여 명의 학생을 가르쳤다. 그리고 대사동에서는 김하규가 소암재, 중영촌에서는 남위원이 함한서재를 설립하고 학생들을 가르치고 있었다. 그들은 모두 스승과 제자가 힘을 모아 학전(學田)을 개간하여 그곳에서 수확한 농산물을 팔아서 서재운영을 해나가고 있었다.

1908년 명동에서는 근대지향의 신형의 학교를 꾸리려고 규암재, 소암재, 함한서재를 합쳐 명동서숙을 세우고, 10여 개 마을이 연합하여 더욱 큰 공동체를 이룰 수 있는 계기를 마련하였다. 이때부터 주위의 마을을 명동(明東)이라 불렀는데 밝은 조선민족의 공동체라는 뜻으로 붙여진 이름이라고 한다.

명동촌 선바위 풍경
(가을)

장재촌을 지나 두만강쪽으로 얼마 동안 걸어가면 큰길 옆으로 윤동주 생가라고 새긴 자연석이 서 있다. 그 비석을 따라 난 길로 내려가면 윤동주의 생가이다. 입구에서 들어서면 오른편으로 얼마 전에 복원된 명동교회가 있고, 그 앞마당 기와지붕 아래 김약연의 공덕비가 서 있다.

김약연 공덕비는 두 동강 났던 흔적과 모서리가 몹시 부서진 모습으로 서 있었다. 1965년 중국 전역에 몰아

쳤던 문화혁명 때 수난을 당했던 모습이 고스란히 남아 있는 것이다. 명동교회
옆을 지나 조금 내려가면 윤동주 시인의 생가와 우물이 나온다.

　윤동주 생가는 윤동주 일가가 떠난 뒤에 다른 사람이 살다가 이주하였는데
1981년 폐허가 되어 무너져버렸다고 한다. 한중수교 이후에 이곳을 찾았던 한
국의 해외한민족연구소의 후원과 지신향 정부, 연변대학교 조선문제연구중심
의 노력으로 윤동주 생가와 비슷한 8칸 기와집 건물을 구입하여 1994년 8월 29
일에 이곳으로 이전하여 복원하였다고 한다.

저들은 어디로 가고 있는가

　2013년 여름이었다. 조선족자치주 창립 60주년을 맞이하여 윤동주 생가를 새
롭게 단장했다는 말을 듣고 기쁜 마음으로 명동촌을 향했다. 용정버스터미널에
서 곧바로 택시를 잡아타고 20여 분 만에 윤동주 시인 생가 앞에 도착했다.

　그동안 연변지역 항일유적을 답사하거나 두만강 일대를 돌아볼 기회가 있을
때마다 윤동주 생가를 여러 번 찾았지만, 거의 변한 모습이 없었는데 이번에 새
롭게 확장공사를 하였다니 한걸음에 달려왔던 것이다.

　　중국 조선족 애국시인 윤동주 생가(中國 朝鮮族 愛國詩人 尹東柱 生家)

　대문 옆으로 커다란 표지석이 서 있는데 그곳에 이렇게 새겨져 있었던 것
이다. 나는 갑자기 다리에 힘이 풀려 그 자리에 털썩 주저앉고 말았다. 윤동주 시

윤동주 시인 생가
입구

인이 조선족이라니 도대체 이게 무슨 날벼락 같은 소리란 말인가.

그동안 이곳을 여러 번 찾아왔지만 오늘처럼 충격을 받은 적은 없었다. 이곳을 새롭게 단장한다는 것이 윤동주 시인을 조선족으로 만드는 일이었단 말인가.

겨우 마음을 추스르고 생가 안으로 들어갔다. 입구에서 들어서니 잔디밭 사이로 탐방로가 조성되어 있었고, 그 사이마다 윤동주 시가 새겨진 시비(詩碑)들이 서 있었다. 입구의 왼편으로 새로 지은 커다란 기와집이 하나 서 있는데 윤동주 전람관이라고 써 있었다.

탐방로 주변에 세워진 시비(詩碑)를 지나가니 새로 세운 정자가 있고, 그 아래 생가는 옛모습 그대로였다. 생가라도 그대로 내버려 둔 것이 천만 다행이라 여기며 가슴을 쓸어내려야 했다. 생가의 툇마루에 털썩 주저앉아 낯설게 바뀌어 버린 모습들을 바라보고 있었다. 이런 내 모습을 지켜보던 관리인이 다가와 묻지도 않은 설명을 늘어놓았다.

윤동주 시인 생가는 2012년 연변정부에서 투자하여 면적 1만 평방미터에 이르는 부지를 새롭게 조성하고 4월부터 시작하여 담장, 대문, 정자 등을 새롭게

윤동주 생가 표지석

세우고, 정자길을 조성하여 8월에 준공하였다고 한다.

그의 설명을 듣고 있으면서 새롭게 조성한 것들이 고맙게 여겨지지 않는 것은 동북공정으로 비롯된 만주지방 한민족 역사 지우기를 누구보다 잘 알고 있었기 때문이다.

내부의 관람길 옆으로 대리석으로 정교하게 조각한 윤동주 시비와 한옥

윤동주 생가

의 멋을 고풍스럽게 풍기는 기와집으로 윤동주 전람관 등을 세웠으며, 시비에는 한글과 한자로 새겨진 윤동주 시 119수를 새겨 넣었다고 말했다.

한글로 새겨진 시비라는 말에 더욱 힘을 주며 나를 바라보는 그의 얼굴에 침이라도 뱉고 싶은 감정을 억제하며 뒤도 돌아보지 않고 윤동주 생가를 떠났다.

우리는 언제까지 중국당국의 역사왜곡과 한민족 역사 지우기를 지켜만 보고 있을 것인가. 지금 만주에서 벌어지고 있는 일은 역사의 문제를 넘어 오천 년 역사를 지켜온 민족자존과 대한민국의 주체성을 흔드는 사태가 아닐 수 없다. 우리 역사에서 고조선, 고구려, 발해 역사를 빼고 나면 무엇이 남을 것이며, 윤동주 시인을 비롯하여 대한독립군 총사령관 홍범도, 북로군정서 총재 서일, 청산리 전투의 영웅 김훈 등 수많은 항일애국지사들까지 조선족으로 만들어 버린다면, 우리민족의 항일독립전쟁사는 어떻게 되는 것인가.

이러한 엄중하고 중대한 사태가 발생하였는데 대한민국정부는 지금 무엇을 하고 있는 것인가 묻지 않을 수 없다. 보훈처를 비롯한 관계기관에서는 이런 사태를 지금 알고나 있는 것인가.

윤동주 생가를 복원하면서 표지석에 새겨진 '중국 조선족 애국시인 윤동주 생가'라는 말을 나는 결코 인정할 수가 없다. 명동촌에 이런 표지석을 세우고도 조용히 넘어가는 걸 보니 이미 중국정부와 조선족 사회가 합의한 것이 분명하다. 오히려 조선족 사회는 이런 사실을 자랑스럽게 생각할 수도 있을 것이다.

항일유적을 답사하는 작가 한 사람이 그들에게 따진다고 해서 쉽사리 고쳐질 리가 없다는 것을 잘 알고 있다. 그럼에도 불구하고 중국의 행위를 강하게 비판하면서 펜을 들고 싸우며 똑똑히 지켜볼 것이다. 한국에서도 이러한 사태를 그대로 방관하거나 용인하게 될 때 그에 맞서 싸울 것이다.

연길로 돌아가는 버스 안에서 표지석이 자꾸만 아른거려서 몇 번이나 차창으로 눈을 돌려야 했다. 이런 일이 용정에서 버젓이 벌어지고 있는데 정부는 지금 무슨 생각을 하고 있는가. 그동안 양국 간에 정상회담이 여러 번 있었는데 이런 사실에 대하여 중국정부에게 강력하게 항의하고 시정을 요구해 본 적은 있는가.

한·중 FTA는 양국간 경제발전과 동반자 관계를 위해 꼭 필요한 조치라고 말

윤동주 생가

한다. 그러나 역사문제는 거론하는 자체가 양국간 경제발전이나 우호관계를 해친다고 생각한다. 도대체 그러한 발상이 어디서 나온 것인지 묻고 싶다. 자동차 몇 대 더 팔고, 반도체 몇 개 더 팔기 위해 민족혼이 서려 있는 역사를 그렇게 내팽겨쳐도 된다는 말인가.

역사는 곧 민족혼이다.

고조선과 고구려, 발해의 역사를 빼앗고, 만리장성이 평양까지 이어져 있는 지도를 버젓이 게시하고 가르치는 것도 모자라 이제는 만주에서 항일투쟁하다 순국하신 항일독립전쟁의 영웅들까지 조선족으로 만들고 있지 않은가. 중국의 음흉한 역사침략을 방관하다가 오천 년 동안 간직해 온 역사와 민족혼을 잃어버리게 될

용정중학교 입구

수도 있다고 한다면 나의 지나친 억설일까. 머지않아 호미로 막을 일을 가래로 막는 사태가 도래할 것이 불 보듯 뻔한 이치인 데도 꿀 먹은 벙어리처럼 있어야만 하는 것인지 묻고 싶다.

윤동주가 나고 자란 용정의 명동촌은 당시에 중국 땅이었지만 북간도로 이주해온 한인(韓人)들이 모여서 피땀을 흘려가며 가꾸던 삶의 터전이었다. 그러므로 그 당시에 용정에 살았던 사람들은 조선족이라 할 수 없다. 조선족이란 말은 1949년 건국한 중국정부에 의해 소수민족 중에 하나인 조선인들에게 붙여진 명칭이 아니었던가.

윤동주는 은진중학을 졸업한 후에는 용정을 떠나 평양 숭실중학, 서울의 연희전문학교, 일본 동지사 대학 등지에서 활동하다가 독립운동 혐의로 체포되어 후쿠오카 형무소에 생을 마친 민족시인이었다. 윤동주 시인의 순국 70주년을 앞둔 오늘에 이르러 중국 당국이나 용정시에서 일방적으로 중국의 애국시인이라고 규정하는 것은 있을 수 없는 일이며 결코 용납할 수 없는 것이다.

연예프로의 힘은 대단했다

연변 일대 항일유적 답사를 다니고 있을 때였다. 연변 중학생들로부터 KBS의 연예프로 1박2일 팀이 용정시(龍井市)에 온다는 말을 들었다. 나는 집에 있을 때 그 프로를 가끔 보곤 했지만 그렇게 즐겨보는 프로그램은 아니었다. 그런데 그

이상설 기념관과
용정중학교 교정

들이 용정 일대 항일유적에 관심을 가지고 온다는 말을 듣고 그 프로그램이 방영되는 날을 기다렸다가 관심을 가지고 보게 되었다.

2008년 7월 6일 KBS 2TV 해피선데이 인기코너였던 1박2일에서 '백두산을 가다'라는 프로 두 편을 방송했다. 1박2일 팀은 인천항에서 국제여객선을 타고 단동항에 도착하여 북한 신의주가 바라보이는 압록강을 보고 밤새도록 버스를 타고 900km가 넘는 거리를 스물 세 시간 달려서 용정에 도착하여 용정중학교, 윤동주 생가, 백두산 천지 등을 돌아보는 여정이었다.

비록 텔레비전 화면으로 연출되는 영상이었지만. 내가 용정이나 백두산을 답사할 때 여러 번 다녔던 코스와 같은 길이었기에 마치 그들과 함께 여행하는 듯한 착각이 들 정도로 생생하게 다가왔다.

1박2일 팀이 연변조선족자치주 용정시에 도착했을 때 출연진이나 제작진들도 전혀 예상치 못했던 연변 동포들의 열렬한 환영을 받았다. 수천 명의 청소년들과 동포들이 자신들을 기다리고 있다는 사실을 알게 된 제작진은 본래의 계획을 수정하여 동포의 환영과 사랑에 보답하기 위해 돌발 콘서트를 열기로 결정했다.

아무런 준비도 없이 열리게 된 콘서트는 교내방송용 마이크와 스피커, 화려한 무대 대신 학생들 아침조회가 열리는 운동장에서 열렸고 출연진들이 올라선 곳은 조회 때 쓰는 교단이었다.

용정중학교 운동장에서 열린 돌발 콘서트에 참가한 연변의 동포들은 MC몽의 아이 러브 유 오 땡큐, 은지원의 아디오스와 이승기의 노래를 따라불렀고 이날의 공연은 그야말로 열광의 도가니였다. 돌발 콘서트의 하일라이트는 용정중학교에 모인 3000여 명의 동포들과 함께 부른 '아리랑'으로 그 절정에 이르렀다.

'1박2일'의 강호동, 이수근, 김C, 은지원, MC몽, 이승기 여섯 멤버는 물론 모든 제작진까지도 가슴 뭉클한 전율을 느끼게 만들었고, 수천 리 떨어진 타국에 살면서도 같은 언어와 문화를 지켜가는 연변 청소년들에게 피는 물보다 진하다는 것을 일깨워준 위대한 콘서트였다.

열광하는 청소년들을 바라보는 1박2일 팀 출연진들의 감격스런 표정과 그들의 모습을 보며 열광하던 조선족 학생들의 환희에 찬 모습을 지금까지도 잊을 수가 없다. 더구나 백두산에 가다 프로그램 삽입곡이었던 아름다운 나라의 가사는 눈시울이 뜨거워지고 가슴을 뭉클하게 만들었다.

참 아름다운 많은 꿈이 있는

이 땅에 태어나서

행복한 내가 아니냐

큰 바다가 있고

푸른 하늘 가진

이 땅 위에 사는

나는 행복한 사람 아니냐

1박2일 백두산을 가다가 방영된 후 용정은 젊은이들의 폭발적 관심을 끌게 되었고, 많은 젊은이들이 배낭을 메고 북간도 일대 항일유적을 찾는 모습을 여러 번 목격하곤 했다.

연예프로의 힘은 진실로 대단한 것이었다. 윤동주의 고향, 용정은 젊은이들의 사랑을 받는 여행지가 되었고, 그의 시집도 젊은이들로부터 다시 사랑을 받는 계기가 된 것이다. 나는 그후에도 똑같은 코스를 여러 번 더 다니면서 항일유적에 관심을 가졌던 프로그램의 위력을 느낄 수 있었다. 한민족을 하나로 만들었던 용정중학교 돌발 콘서트에 대한 감동을 잊을 수가 없다.

나는 선구자 노래를 부르지 않는다

북간도 용정(龍井)을 여행하는 사람들은 비암산 정상에 우뚝 서 있는 일송정(一松亭)을 찾는다. 그리고 대부분의 사람들은 선구자의 노래를 합창한다. 나는 일송정을 찾을 때마다 이런 모습을 자주 목격하곤 했다. 그러나 나는 일송정에서 선구자 노래를 부르지 않았다. 선구자 노래의 작사자로 알려진 윤해영과 작곡자 조두남의 친일행각을 알고 나서 이 노래를 부르고 싶은 마음이 없어졌기 때문이다.

선구자의 노랫말에 등장하는 선구자(先驅者)는 정말 항일애국지사를 뜻하는 것일까?

북간도 한인촌
평강벌 농촌

작곡자 조두남(趙斗南)은 1932년 만주에서 작사자 윤해영(尹海榮)을 만나 선구자 노래 가사를 받아 이 노래를 작곡했다고 한다. 그런데 조두남은 죽을 때까지 윤해영에 대해서는 그 어떤 사실도 밝히지 않고 입을 굳게 다물었다. 선구자의 노래가 독립운동가들의 삶을 노래한 것이라 알려졌는데 윤해영이 친일파였다는 사실이 드러나는 것을 두려워했던 것이 분명하다.

　윤해영은 극단적 친일단체였던 오족협화회(伍族協和會)의 간부로 활동하면서 그 당시 우리나라를 강점하고 있던 일본제국주의자들이 만주를 침략하여 세운 만주국의 건국이념을 찬양하는 아리랑 만주, 낙토만주(樂土滿洲) 등 다수의 친일 시를 발표했다. 이 가운데 낙토만주는 만주국 정부와 일본이 정책적으로 널리 보급한 노래이며, 아리랑 만주는 만주국 건국 10주년을 기념한 만선일보의 공모전에서 당선된 작품이다. 그때 아리랑 만주에 곡을 붙여 발표한 사람이 바로 조두남이었다.

　조두남은 선구자의 작사자 윤해영을 1932년 만난 이후에 한 번도 본 적이 없는 신비감에 쌓인 독립투사로 회상한 바 있다. 그야말로 새빨간 거짓말이었다. 윤해영은 그 당시 만주에서 친일시인으로 이름을 날리고 있었다는 사실을 조두남은 너무나 잘 알고 있었기 때문이다. 독립투사의 노래로 잘못 알려진 선구자의 작사자가 적극적인 친일시인이라는 사실을 감추고 싶었던 것이다.

　1992년 한중 수교 후 조선족 음악가들과 교류가 활발해지면서 선구자 노래는 원곡이 용정의 노래였다는 사실이 알려졌고, 윤해영의 친일행적들이 세상에 드

윤동주, 문익환,
정일권, 장준하

윤동주와 친구들

러나기 시작했다. 비로소 조두남의 말들이 거짓이었단 것이 세상에 알려졌던 것이다.

그리고 유랑민의 비애를 담은 용정의 노래 가사 중에 '눈물젖은 보따리,' '흘러온 신세'가 '활을 쏘던 선구자', '조국을 찾겠노라 맹세하던 선구자'로 조두남이 조작했던 것이다.

윤해영이 지은 친일시 낙토만주(樂土滿洲)에서 선구자는 만주땅을 개척하고 터를 닦는 일본인과 친일세력을 의미했던 것이었다. 작곡가 조두남의 짜집기 가사와 의미조작은 마땅히 비판받아야 한다. 그리고 선구자가 독립투사의 노래라고 알려졌던 오류는 반드시 바로 잡아야 할 것이다.

용정시 명동촌에서 태어나 학교를 다녔던 문익환(文益煥) 목사는 어떤 자리에서도 선구자 노래를 부르지 않았다. 한국인의 애창곡이 되어버린 선구자 노래. 그의 고향 용정의 노래였는데 그는 왜 선구자 노래를 부르지 않았을까. 아마도 윤해영과 조두남의 친일 행각과 무관하지 않을 것이다.

문익환 목사가 89년 북한을 방북했을 때였다. 참석자 중에 한 사람이 선구자 노래를 부르자고 제안했을 때 문익환 목사는 단호하게 거절하고 마른 잎 살아나라는 노래를 불렀다. 문익환 목사가 평소 기회가 있을 때마다 그의 친구 윤동주와 송몽규가 후쿠오카 감옥에서 죽은 이야기를 자주 했다. 그리고 만주 오족협화회에는 침략자 일본왕의 성덕을 칭송하고, 황국신민(皇國臣民)을 내세우며 만주국의 식민정책에 동조하는 친일파들이 많았다고 비판한 것으로 보아 윤해영이 저지른 친일행위를 분명히 알고 있었기에 선구자라는 노래를 부르지 않았던 것이다.

3·1 독립선언을 다시 생각한다

1919년 3월 1일 정오 종로 탑골공원 팔각정에서 학생대표 정재용이 의연하고 당당한 모습으로 독립선언문을 낭독했다.

우리는 오늘 조선의 독립국임과
조선의 자주민임을 선언하노라

탑골 공원에서 수많은 군중들이 태극기를 흔들며 만세를 부르고 있을 때 민족대표 33인은 매국노 이완용의 별장이었던 요리집 태화관에 은밀하게 모여서 독립선언서를 낭독하고, 스스로 총독부에 전화를 걸어 자수했다.

훗날, 민족대표들은 일본경찰의 강제진압으로 인한 대규모 유혈충돌을 피하기 위하여 탑골공원에서 열리는 독립선언식에 나가지 않았다고 변명을 늘어놓았다. 그들이 학생대표와 민중들에게 약속했던 탑골공원에 나가지도 않았는데 어째서 일본경찰들은 무장도 하지 않고 비폭력 평화시위를 벌이던 사람들에게 총을 쏘고 칼을 휘둘렀는가. 유혈충돌을 피하기 위해서였다는 그들의 변명은 결코 설득력을 얻기 어렵다.

국권상실의 암울한 시기, 왜놈들의 잔악한 탄압이 삼천리강산을 피로 물들이던 암흑시대에 서울 한복판에서 대한독립을 선언했던 3·1항쟁은 마땅히 항일독립운동사에 기리 기억될 위대한 선언이었다. 그러므로 민족대표 33인의 민족사랑과 항일정신은 당연히 존경받고 칭송을 받아야 한다고 생각한다.

그러나 비폭력 무저항을 내세우고 평화적 행진을 한다고 해서 잔악하고 무자비한 일제경찰이 유혈진압을 하지 않으리라는 생각은 왜놈들의 폭력적 심성과 침탈의 근성을 너무 안일하게 본 판단이었다. 몇 번을 돌이켜 생각해도 유약하고 어리석은 판단이

탑골공원
기미독립선언서
기념비

3·1운동 체포 항일
지사

었다.

　적들은 전쟁을 하겠다고 총칼을 들고 달려왔는데 민족지도자들끼리만 독립운동이라고 우기는 꼴이 된 것이다.

　이완용이나 송병준 같은 매국노 반역자들이 버젓이 거리를 활보하고, 친일로 돌아선 자들이 호가호위하던 일본제국주의 시대였기에, 조국독립을 외치는 대규모 시위대가 왜놈들의 무차별 공격을 받고 많은 희생자를 낼 수도 있을 것이다.

　그러나 스스로 민족대표가 되어 독립선언을 했던 33인은 이천만 민중들의 지도자요, 힘의 원천이며, 동시에 그들의 보호자였다. 그러므로 어떠한 시련과 압제가 가해질지라도 젊은 학생과 민중의 곁에 굳건하게 서야 했다. 그들이 일본경찰의 총을 맞고 피를 흘릴 때 그들을 부축하며 항쟁의 대열에 앞장서 나갔어

탑골공원
(3·1만세 의거)

야 했다.

국내에서, 연해주에서, 만주에서, 미주에서 두 달이 넘도록 활발하게 전개된 민중들의 강렬한 독립만세운동을 생각하면 할수록 3·1운동 당시 지도자들이 앞장서서 학생과 민중을 지도를 했더라면 훨씬 빠른 시기에, 외세가 아닌 우리의 힘으로, 조국의 독립을 쟁취할 수 있었을 것이란 안타까움이 속절없이 가슴을 파고든다.

3·1독립선언서 낭독
유적 태화관 기념비

3·1독립선언 민족대표 30인이(변절자 최린, 박희도, 정춘수를 대표라 나는 부를 수는 없다) 눈보라 치는 만주벌판에서 왜놈들과 목숨을 걸고 싸우다가 피를 흘리며 죽어가는 항일투사들의 고귀한 희생을 떠올리며 3·1항쟁을 계획했더라면(부질없는 가정일지 모르지만) 독립선언이라는 중대한 역사적 과업을 결코 비폭력, 무저항, 소극적 자수라는 방식으로 전개하지는 않았을 것이다. 더구나 민중들의 피해를 핑계로 태화관에 앉아 소극적 선언을 하는 행위에서 그들의 진정성에 의문을 품지 않을 수 없게 만들었다.

우리민족은 나라를 빼앗기고 일본과 독립전쟁 중이었고, 연해주·만주 등지에서는 무력항쟁이 계속 일어나고 있었다.

우리는 독립운동을 하는데 너희는 왜 전쟁을 하느냐고 일본을 비난하며 손가

명성황후 시해유적
건청궁과 향원정

덕수궁 고종 장례식

락질만 하고 있을 것인가. 점잖은 선비의 체면에 섬나라 오랑캐들과 총칼을 들고 전쟁을 할 수 없으니 태화관에 앉아 비폭력 무저항 독립운동이나 하고 있을 셈이었던가.

군자다운 풍모를 잃지 않고 왜놈들을 타이르고 가르치면, 그들이 총칼을 내려놓고 눈물을 흘리면서 무릎이라도 꿇을 것으로 착각하는 어리석음을 범했다.

인간이 인간이길 진실로 바랐겠지만, 왜놈들은 시위대를 막으려는 것이 아니라 자신들의 생존권을 걸고 전쟁을 하고 있었던 것이다. 전쟁터에서 비폭력 무저항을 내세우면 적들로부터 호응을 받고, 그들도 개과천선하여 비폭력 무저항으로 나올 것인가. 천만의 말씀이다. 전쟁터에서 인간이 인간답기를 바라는 것만큼 어리석고 무능한 죄악은 없을 것이다.

우리도 총칼을 들고 나아가 적들이 완전히 물러갈 때까지, 최후의 일인까지 목숨을 걸고 싸워야 우리가 살 수 있고, 독립도 쟁취할 수 있었던 것이다.

역사는 지혜의 보고라고 한다.

임진년 조일전쟁(朝日戰爭) 때 왜놈들의 총칼에 죽어가며 울부짖던 민초들의 처참한 죽음을 외면했던 사대부들이 전쟁이 끝난 후 다시 권좌에 앉아 권력과 부귀를 누리고 사느라 전쟁의 비참함을 잊고 살았다. 그러다가 병자년 조청전쟁(朝淸戰爭)이 터지니까 버선발로 도망가기에 바빴다. 인조가 돌에 머리를 세 번 찧고 아홉 번을 조아리며 굴욕적인 항복을 한 뒤에도 개인의 영달과 부귀를 쫓느라 그날의 치욕과 역사를 잊은 채 살다가 경술년 국권상실의 치욕을 당하게 되었던 것이다.

역사의 지혜는 한 번 저지른 잘못을 두 번 다시 반복하지 않는 것이다.

세계사를 보아도 약자에게 주어지는 것은 패배의 굴욕과 수치다. 총칼을 들고 눈이 뒤집혀 달려드는 승냥이들을 우리는 인간으로 착각했던 어리석음을 몇 번이나 범했다.

힘이 없는 나라가 어쩔 수가 있었겠는가. 무모하게 항거하는 것은 죽음을 자초하는 일이라고 스스로 알아서 기었던 역사가 우리에게 과연 무엇을 가져다 주었던가. 평화와 생존, 독립을 주었던가. 아니면 패배의 쓰라림과 굴욕과 수치를 안겨주었던가. 강대국 사이에서 적당한 타협으로 생존과 독립을 지키려다가 역사의 철퇴, 즉 국권상실을 당하게 되었던 것이다. 약자에게 자비나 선심을 베푸는 강대국은 지구상에 없다는 사실을 그제야 깨달았던 것이다.

기미독립선언서 만세
의거 탑골공원

독립을 염원하는 민중들의 진정성은 탑골에 살아 있었다.

독립선언문을 낭독하고 태극기를 흔들며 목이 터져라 대한독립만세를 외쳤다. 일본경찰들의 총칼 위협에도 굴하지 않고 목숨을 걸고 거리로 나섰다. 고종황제 장례식이 열리는 덕수궁을 향하여 두려움도 없이 대한독립만세를 외치며 물밀듯이 달려갔다.

보신각에서 광화문으로 이어지는 거리에 헤아릴 수 없이 많은 민중들이 태극기를 들고 합류했다. 모두들 대한독립 만세를 외쳤다. 성

광화문 비각
3·1만세 의거

난 불길로 타오르는 군중들의 기세에 눌린 왜경들이 겁에 질려 뒤로 물러섰다.

왜경 기마대가 칼을 뽑고 달려든다. 시퍼렇게 날이 선 일본도가 허공을 돌다가 군중들을 향해 잔인하게 내리친다. 선두에 섰던 학생들이 피를 흘리며 쓰러졌다.

민중들의 기세에 눌려 뒤로 물러섰던 왜경들이 총을 쏘고 칼을 휘두르며 달려들었다. 그러나 민중들은 결코 물러서지 않았다. 앞사람이 쓰러지면 뒷사람이 앞장을 서고, 왼팔이 잘려나가면 오른팔로 태극기를 들었다.

유관순 열사 생가

번뜩이는 왜놈의 칼날들
피로 물드는 태극기
숭고한 생명들의 처절한 외침
대한독립만세

해산하라!
요란하게 울리는 총소리
사정없이 내리치는 칼날

두렵지 않다
나라를 빼앗기고
너무나 서러웠던 대한의 민중들
만세를 부르며
한 발짝도 물러서지 않았다.

분노로 가득 찬 눈빛들
굳게 잡은 태극기
왜경들 겁에 질려 길을 열었다.

왜놈들 총칼도 두렵지 않은
조국독립의 갈망
그것은 민중의 힘, 정의의 힘이다.

독립선언의 현장 탑골공원에서, 아우내에서, 제암리에서, 정주곽산에서, 용
정에서, 블라디보스토크에서, 고종 장례식이 열리는 대한문에서 일제에게 빼앗
긴 나라 되찾기 위하여 일어선 민중들은 무자비한 왜놈들의 일본도에 잘려나간
팔다리를 붙들고 울부짖을 때 민족대표들은 종로 경찰서 유치장에서 벽을 바라
보며 한숨만 쉬고 있었다.

우리를 더욱 분노케 했던 것은 왜놈들 날카로운 총칼에 베어진 심장, 잘려나
간 팔 다리에서 흐르는 핏물이 삼천리강토를 물들일 때 고대광실 깊은 곳에 숨
을 죽이고 숨어있는 친일매국 민족반역자들은 왜놈들이 이 땅을 떠날까봐 두려
움에 떨고 있었다.

일본의 탄압과 차별에 숨소리조차 내지 못하며 살았던 민중들은 태극기를 흔
들며 조국을 가슴에 심었고, 대한독립만세를 부르며 두려움을 떨쳐내었다. 10
여 년 세월을 가슴에 묻고 살았던 독립의 염원이 활화산처럼 타오르며, 왜놈들
의 위협도 결코 두려움이 아니었고, 왜놈들의 총칼도 그들을 물러서게 할 수 없
었다.

좌 • 유관순 열사
우 • 서대문형무소
(1930년)

왜놈들 총칼에 찢기고, 더러운 구둣발에 짓밟히며 끌려간 감옥은 조국을 사랑하는 동지들의 모임터였고, 민족자존과 독립을 위한 투쟁의 광장이며, 민중들의 자유의 봉화를 올리는 불가마였다.

감방마다 울려 퍼지는 만세 소리
간수들이 이리저리 미쳐 날뛴다
분노의 핏발로 철창을 두드리는
죄 없는 민중들을 끌어낸다
형틀에 거꾸로 묶고
코에 물을 붓고
손톱을 뽑고
이빨을 뽑고
인두로 가슴을 지졌다

유관순 누나, 우리들의 가슴에 영원히 살아있는 우리들의 누나 유관순 열사는 옥중에서 고문을 당하면서도 결코 굴복하지 않았다. 열여섯 어린 소녀가 일제의 잔악하고 무자비한 고문으로 망신창이가 된 몸으로 죽어가면서 마지막으로 남긴 말을 우리는 기억해야 한다.

"내 손톱이 빠져 나가고 귀와 코가 잘리고,
내 손과 다리가 부러져도 그 고통은 이길 수 있사오나,
나라를 잃어버린 그 고통만은 견딜 수가 없습니다.
나라에 바칠 목숨이 오직 하나밖에 없는 것만이 이 소녀의 유일한 슬픔입니다."

독립선언서 한 장 낭독하고 제 발로 경찰서로 간 민족대표들이 떠난 자리에 민중들의 뜨거운 항쟁의 불길이 활화산처럼 타올랐건만, 그들을 조직적으로 이끌어갈 지도자는 그 어디에도 없었다.
태화관 독립선언은 누구를 위한 독립선언이었을까. 그들이 주장했던 비폭력 무저항은 누구를 위한 것이었을까. 태화관에 모였던 종교계 대표 33인들의 한

페이지의 역사로 인해 왜놈들의 잔혹한 고문으로 만신창이가 되어버린 몸으로 열일곱 어린 소녀 유관순이 죽어갈 때 그들은 따뜻한 손 한 번 내밀어주지 않았다.

기미독립선언문을 기초했던 최남선을 비롯한 정춘수, 최린, 박희도는 훗날 친일반역자로 변절하여 일제의 개가 되었다. 그들은 천만부당한 억압과 착취를 저지르는 일본 통치를 칭송하고, 꽃 같은 우리의 아들딸들을 왜놈전쟁으로 몰아넣고, 허위날조된 대동아공영을 선전하는데 앞장섰다. 어쩌면 그들의 행위는 태화관 독립선언 후 제 발로 자수할 때부터 이미 예견된 일이었을지도 모른다.

유관순 열사 기념비

대한독립만세를 목이 터져라 외쳤던 민중들의 피눈물이 아직도 마르지 않았는데 오늘도 현해탄 건너 섬나라에서는 극우로 치닫는 제국의 칼바람이 연일 불어오고 있다.

지금까지는 교활한 일본인들이 역사왜곡, 독도망언 등으로 우리를 공격하고 있지만, 머지않아 또다시 총칼을 잡으려고 할 것이다. 만약에 그들이 총칼을 잡는다면 우리도 총칼을 잡고 그들이 현해탄을 건너오기 전에 달려가 박살을 내버려야 우리들의 귀중한 생명과 재산, 독립과 평화도 지킬 수 있다는 것을 잊지 말아야 할 것이다.

민족의 역사는 지혜다. 그러므로 역사를 잊은 민족에게 미래는 없다.

용정 3·13 만세 의거

1919년 3월 연변지역에서도 러시아 연해주 항일투쟁 단체들과 함께 대대적인 독립투쟁을 준비하고 있었다. 북간도 간민회장이며 명동학교 설립자였던 김약연과 정재면을 연해주에 파견하고 강봉우를 국내로 파견하여 독립선언서의 작성과 그 선포에 관한 합의를 하였다. 일본 동경에서 2월 18일 독립선언을 한 날에 북간도에서는 연길 국자가(局子街)에서 대한국민회 구춘선, 김영학 등 북간도 일대 항일애국지사들이 비밀리에 모여 항일투쟁의 방안을 협의하고 모든 단

좌•1920년 용정의
모습
우•북간도 조선인촌

체의 힘을 결집하기로 결의하였다. 이와 같이 조직적인 준비를 하던 3월 7일에
서울에서 전개된 3·1 독립만세 항쟁의 소식이 전해왔다. 대한국민회를 중심으
로 항일애국지사들은 다시 모여서 협의한 결과 3월 13일 용정벌 서전대야에서
독립선언서 발표축하회를 열기로 결정했다. 대회장에는 김명학, 부회장에 배형
식을 선출하고 만반의 준비를 서둘렀다.

1919년 3월 13일 정오 북간도 용정(龍井) 서전대야(瑞甸大野).

서전대야 옛터 기념비

아침에 맑게 개었던 하늘에서 갑자기 황토바람이 일어나
더니 북간도 모래 흙먼지 거세게 날리며 금방이라도 빗방울
이 쏟아져 내릴 듯 검은 구름이 몰려와 광장을 뒤덮었다.

용정시내 서전대야에는 수많은 사람들이 모여들어 독립선
언식을 알리는 교회당 종소리를 기다리고 있었다.

용정에서 이백여 리 거리에 있는 도문(圖們), 훈춘(琿春), 왕
청현(旺淸縣)에서 달려온 사람들은 어젯밤부터 출발하여 밤
새도록 걸어서 이곳에 도착했고, 연길(延吉), 두도구(頭道溝),
동불사(銅佛寺), 개산둔(開山屯) 등지에서는 새벽부터 집을 나
서 이곳에 모인 사람들이었다.

명동학교 학생들은 악대를 앞세우고 달려왔고, 두만강변
에 있는 정동학교생들은 밤 늦게 출발하여 새벽에 도착하였

용정 서전벌
3·13만세 의거

으며, 용정시내의 은진, 동흥, 대성학교 학생들도 12시가 가까워질 무렵 서전대야로 모여 들기 시작하였다. 광장에는 어느새 3만 명 이상의 군중들이 인산인해를 이루고 있었다.

　3월 13일로 예정된 북간도 만세항쟁을 저지하기 위하여 노심초사하던 용정의 일본총영사는 연길도윤에게 강력한 항의를 전달하면서 만일 중국측에서 저지하지 않으면 일본 군경을 동원하여 탄압하겠다고 으름장을 놓았다. 이런 보고를 받은 봉천 군벌 장작림은 일본의 비위를 거스르는 일이 발생할까 두려워 길림성장에게 한인들의 독립운동에 대해 강경한 조치를 취할 것을 지시하였다. 그리고 연길도윤 맹부덕의 군대로 하여금 일본영사관을 적극적으로 보호하고 독립선

좌● 용정시 옛모습
(1919년)
우● 눈내린 용정 시내

언식을 거행하지 못하도록 만들라고 하였다.

　길림 도윤 맹부덕이 거느린 군대는 13일 새벽부터 용정 길목마다 보초를 세워놓고, 마을마다 순찰대를 출동시켜 집집마다 걸어놓은 태극기를 뽑아버리고 거리를 오가는 사람들을 무차별 수색하였으며, 용정으로 들어가는 모든 통로를 전부 차단해 버렸다. 그러나 북간도 일대에서 활화산처럼 타오르는 항일의 물결을 결코 막을 수는 없었다. 북간도 각 지방에서 용정으로 향하는 한인들은 중국군대의 총칼과 협박에도 굴복하지 않고 서전대야로 모여들었다.

　서울 탑골공원에서 낭독한 독립선언서에 적극적으로 동참하기로 결정한 북간도 한인애국지사들은 김약연(金躍淵), 구춘선(具春善), 강구우(姜九禹) 등의 이름으로 조선독립선언서 포고문을 작성하여 북간도 전역에 배포하고 한인들의 참여를 촉구하였던 것이다.

오, 우리 동포들은 마침내 오늘에 이르러 우리 민족의 독립을 선언하노라. 세계 인도적이고 정의적인 평화를 눈앞에 보노라. 금일 마음을 다잡고 4천 년 신성하고 장엄한 역사를 되새기며 2천만 활발하고 용감한 정신으로 당당히 독립을 선언하노라. 동포여, 들으라. 금일의 독립은 하늘에서 저절로 떨어진 것도 아니고 아울러 타인의 것을 빼앗은 것도 아니다. 우리가 고유했던 것을 회복하는 것이므로 떳떳이 선양(宣揚)하는 바이다. 아, 십년 간의 굴레의 속박을 어찌 잊으랴. 3천리 강토는 여전히 양춘(陽春)과 함께 숨쉬며 수천설지(水天雪池)중에 있노라. 순환공도(循環公道)는 이러하거니 오인(吾人)의 주장과 태도는 광명정대(光明正大)한 것이다.

대한건국 4252년 3월 13일

　12시 정각이 되자 천주교회의 종소리가 울려 퍼지며 대한독립 선언 축하식이 시작되었다.

　용정 일본총영사관이 곧바로 건너다보이는 광장에 모인 북간도 한인들은 대한독립과 정의인도라고 쓴 깃발을 중심으로 모였다. 배형식 목사의 개회선언에 이어 대회장 김영학이 독립선언문을 낭독하였다. 대회장에 모인 군중들은 대한

독립만세를 외치며 환호하였다.

　　서전대야(西甸大野)에서 독립선언식을 끝낸 한인들이 태극기를 들고 대한독립
만세를 외치며 거리행진에 나섰다. 깃발을 든 학생대표가 맨 앞에 섰고 명동학
교 악대가 그 뒤를 따랐다. 태극기를 흔들며 대한독립 만세를 외치던 군중들은
용정 일본총영사관을 향하여 행진하기 시작하였다. 그 때였다. 독립선언을 막을
수 없다고 판단하고 선언식을 지켜보고 있던 중국군 지휘관 맹부덕(孟富德)이 갑
자기 발포 명령을 내렸다. 비폭력 평화시위를 벌이던 군중들이 피를 흘리며 쓰
러졌다. 중국군의 총에 맞은 사람들을 제창병원으로 급히 옮겨 응급치료를 하였

용정 합성리 공동묘지

용정 일본총영사관

으나 14명은 안타깝게 목숨을 잃었고, 많은 사람들이 심한 총상을 입고 말았다. 용정 일본영사관의 사주를 받은 중국군의 발포에 성난 군중은 다시 일본 총영사관으로 향했으나, 중국군의 강력한 저지로 뜻을 이루지 못했다.

대회를 이끌었던 항일애국지사들은 즉시 군중을 해산시키고 대한국민회 구춘선 등 5명의 대표를 연길도윤공서에 파견하여 중국군대가 비무장한 군중에게 사격한 사건에 대하여 강력하게 항의하고, 사망자와 부상당한 사람의 가족들에게 사과하고 보상할 강력히 요구했다.

용정에서 일어난 3·13 항쟁에 이어서 북간도 전역에서 항일시위가 계속 되었다. 3월 16일에 화룡 두도구(頭道溝)에서 천여 명이 모여 항일집회를 열었고, 다음날에는 왕청 대감자, 백초구, 훈춘 등지로 이어져 러시아 연해주까지 성난 불길처럼 퍼져 나갔다.

그리고 3월 17일 연변 각 계층 인사들은 의사회(義士會)를 조직하고 사천여 명이 용정에 다시 모여 희생된 열네 명의 시신을 메고 용정 동남쪽 합성리 공동묘지에 항일열사들을 안장하고 충렬자제공지묘라고 새긴 비석을 세웠다.

용정 만세운동
오층대 모습

아직도 봄이 시작되지 않은 북간도 용정벌에 찬바람 맞으며 대한독립 만세시위에 참가했던 인원은 10만여 명에 이르렀으니, 일본놈들의 간담을 서늘하게 만들기에 충분했다. 서울에서 시작된 독립염원의 뜨거운 열기는 용정에서 블라디보스토크로 이어졌고, 서간도 환인, 관전, 봉성, 미국 하와이와 LA에서도 불타올랐던 것이다.

나는 용정 일대 항일유적을 답사할 때면 3·13 만세의거 묘역을 찾아서 헌화하고 항일열사들의 조국애

3·13 의거 순국열사
묘역

와 민족애를 가슴에 새기며 묵념을 올리곤 했다. 용정시내에서 동쪽으로 난 길을 따라 명동촌(明東村) 방향으로 5킬로미터 정도 가서 용남촌 왼쪽 미루나무 늘어선 길에서 합성리 공동묘지쪽으로 조금 올라가면 3·13 의거 순국열사들의 묘역이다. 묘역 중앙에 3·13 반일의사릉(反日義士陵) 묘비가 서있고 그 뒤로는 용정 만세 의거에서 순국하신 열일곱 의사의 묘지가 자리 잡고 있었다.

수십 년의 세월이 흘러간 탓일까. 조국에서 너무나 멀리 떨어져 있는 까닭일까. 아니면 후손들의 무관심과 남의 나라, 남의 땅에 묻히신 탓일까. 비바람, 풍상에 깎인 묘비와 무덤들이 너무나 초라하여 가슴이 메어온다.

나는 묘비 앞에 서서 두 손을 모아 선열들의 명복을 기원했다. 낯선 이국 하늘 아래서 우리 민족이 겪었던 고초와

윤동주 묘와
송몽규 묘

시련들을 이겨내기 위해 온몸으로 싸웠던 선열들의 뜨거운 민족애가 바람에 실려 전해오는 듯 목이 메고 가슴이 저려왔다.

묘역 참배를 마친 나는 북쪽 등성이를 바라보았다. 그곳에는 윤동주 시인 묘지와 그의 친구이며 평생동지였던 송몽규의 묘지가 있는 곳이다. 3·13 묘역에서 1km 정도 떨어진 지신진(智新鎭) 북산 합성리 공동묘지를 향해 산을 오르기 시작했다.

북로군정서 철혈광복단鐵血光復團

용정에서 3·13 묘지와 윤동주 시인의 묘소를 참배한 나는 육도하를 따라 천천히 걸었다. 웅장하게 서 있는 선바위를 바라보며 승지촌(勝地村) 육도하교를 지나면 15만원 탈취 의거 기념비가 서 있다. 나는 항일독립전쟁을 위해 무기 구입자금을 마련하려고 목숨을 걸었던 6명의 투사들, 최이붕, 임국정, 윤준희, 한상호, 박웅세, 김준 열사를 추모하는 묵념을 올렸다.

우리가 15만원 탈취사건이라 부르는 항일 의거는 1920년 1월 4일 철혈광복단 윤준희, 임국정, 최봉설, 한상호 등 6인의 단원들이 함경북도 회령에서 용정으로 이송되어 오던 용정 일본영사관 비밀자금을 탈취하여 러시아 블라디보스토크로 가서 북로군정서 무기를 구입하려다 일경에 피체되었던 사건을 말한다.

철혈광복단은 1914년 이동휘, 정재면 등이 항일투쟁에 몸 바쳐 싸울 것을 맹세한 청년들로 구성한 비밀 결사 단체 광복단과 러시아 연해주에서 결성되었던 철혈단이 1918년 10월 용정에서 통합하여 결성되었고, 1919년 북로군정서에

좌 ● 15만원 의거 최봉설의 편지
우 ● 용정 일본영사관 비밀자금 15만원 탈취 의거

가입한 단체였다.

함경북도 경성(鏡城)에서 1899년 태어난 한상호(韓相浩)는 1910년 경술 국치 후 부모님을 따라 북간도로 건너가 명동(明東)중학교를 졸업하고 와룡소학교(臥龍小學校) 교사로 근무하면서 민족의식을 고취시키고 항일정신을 일깨우는 교육에 모든 열정을 쏟았다.

용정 기념비에서
필자

1919년 용정에서 일어난 3·13 의거 후 윤준희(尹俊熙)·임국정(林國楨)·최이붕(崔以鵬: 최봉설) 등과 함께 철혈광복단을 조직하여 활동하다가 당시 왕청현 서대파에 본부를 두고 있던 북로군정서(北路軍政署)에 가입하였다.

한상호는 용정 3·13 만세 의거에서 희생된 동지들의 원한을 풀어주고 독립을 쟁취하기 위해서는 무기가 있어야 한다고 생각하고 철혈광복단원 최이붕, 임국정과 머리를 맞대고 의논한 결과 러시아로 건너가기로 결정했다. 그들의 강고한 뜻을 받아들인 가족들이 애지중지 키우던 송아지를 팔아 여비를 마련해 주었다.

러시아 연해주로 건너간 세 사람은 물불가리지 않고 돈을 벌기 위해 뛰어다녔다. 막노동을 해가며 번 돈으로 권총 4자루, 장총 2자루와 수류탄을 사가지고 돌아왔다.

그는 동지들과 함께 와룡동(臥龍洞) 김하석(金河錫)의 집에서 더 많은 무기를 구입하기 위한 군자금을 모금방책을 상의했다. 그때 김하석의 말이 조선은행 회령지점(會寧支店)에서 용정(龍井)출장소로 수시 송금하는 터이니 그 날짜와 시간을 탐지하여 빼앗는 것이 좋을 것이라고 하여 조선은행용정출장소 전홍석을 영입하고 그의 정보에 따라 행동을 개시하였다.

1920년 1월 4일 윤준희·한상호·최이붕·김준(金俊)·박웅세(朴雄世) 등과 함께 용정 동량어구(東梁漁溝: 현재 용정시 승지촌)에서 용정 일본총영사관 비밀자금으로 쓰기 위해 회령에서 용정으로 수송되던 현금 15만원을 탈취하는데 성공하였다.

15만원 탈취 의거 기념비

일제시대 조선은행
용정지점

철혈광복단원들은 일본제국주의 만주침략을 위한 자금이었던 15만원을 탈취한 뒤 러시아 블라디보스토크에서 체코군이 매물로 내놓은 무기 3만여 정을 사서 북로군정서에 넘기려하였다. 그러나 러시아에서 일본군 밀정으로 활동하던 엄인섭의 신고를 받고 출동한 일본군에게 임국정, 윤준희, 한상호가 체포되었고, 일본경찰을 때려눕히고 탈출한 최이붕은 러시아로 넘어가 적기단(赤旗團)을 조직하여 중소국경을 넘나들며 항일무장투쟁을 계속 하였다.

임국정, 윤준희, 한상호 열사는 청진감옥을 거쳐 서울 서대문형무소로 끌려가 일제 재판부로부터 사형을 구형받고, 1921년 8월 25일 서울 서대문형무소에서 교수형으로 순국하였다. 이때 윤준희는 30세, 임국정은 27세, 한상호는 23세였다.

1●최봉설 투사 / 2●한상호 투사 / 3●윤준희 투사

용정 15만원 탈취 의거 기념비

연길 와룡동 사은기념비

와룡동 최봉설
투사의 집터

이천만의 동포야 일어나거라

일어나서 총을 메고 칼을 잡아라

잃었던 네 자유와 너의 권리를

원쑤의 손에서 도루 찾도록

나가라 싸워라 대승의 월계관

네게로 오도록 나가라 싸워라

  기념비가 서 있는 승지촌 육도하 너머로 철혈광복단원들이 불렀던 노래가 들려오는 듯하다. 나는 몇 번이나 기념비를 돌아다보며 6인의 항일투사들의 고귀한 업적이 후세들의 귀감이 되기를 간절하게 빌었다.

  조국과 민족을 위해 산화하신 영령들을 추모하지 않는 후대에서 민족영웅이 탄생할 수 없고 역사를 잊은 민족에게는 미래가 없다.

제3장

봉오동, 항일독립전쟁의 횃불을 들다

봉오동 전투는 대한북로독군부로 연합한 독립군 부대가 일본군을 물리치고 큰 승리를 거둔 항일독립전쟁의 첫 번째 대첩이었다. 그러므로 봉오동 전투의 역사적 의의는 일본군 몇 명을 사살했다는 단순한 전과보다 독립군 각 부대가 연합하여 간도에 침입한 대규모 일본군을 상대로 승리를 거뒀다는 사실이다. 그리고 이를 계기로 독립군의 사기가 크게 높아졌으며 우리 손으로 일본군을 물리치고 독립을 성취할 수 있다는 자신감을 갖게 된 항일독립전쟁의 쾌거이며 승전보였다.

봉오동 전투 기념비(2013년)

[독립군의 주요 전투지역과 활동]

◉ 대전자령전투유적

가야하

봉오동전투지역

대감자

초모정자산

고려령

석현

봉오동

후안산

대한독립군단
결성지
(흑룡강성 밀산)

도문

삼양

브르하통하

연길

삼둔자
전투유적

천보산

용정
명동학교
윤동주 생가

청산리전투지역

와룡

개산툰

강

고동하

어랑촌

화룡

직소

청산리

삼합

회령

만

국내진격작전지역

두

북 한

봉오동 전투鳳梧洞 戰鬪

1910년 일본제국주의자들의 침략으로 국권을 상실한 후 중국 만주지방으로 망명한 항일애국지사들은 항일독립전쟁(抗日獨立戰爭)의 횃불을 들고, 서간도와 북간도 일대에서 항일독립군 부대를 창설하였다.

봉오동 전투 유적지 입구

봉오동 전투는 홍범도(洪範圖)의 대한독립군(大韓獨立軍), 안무(安武)의 대한국민회(大韓國民會) 의용군, 최진동(崔振東)의 군무도독부(軍務都督府)가 연합하여 결성한 대한북로독군부(大韓北路督軍府)가 1920년 6월 7일 두만강을 건너 북간도로 침입한 일본군과 길림성 도문시 수남촌 봉오동 계곡에서 전투를 벌여 대승을 거둔 전투이다.

봉오동 전투는 북간도 지역에서 일본 정규군과 벌인 최초의 대규모 전투로서

봉오동 전투 승전 기념비(2011년)

항일무장투쟁을 통한 독립의지를 만방에 알리는 신호탄이 되었고, 이천 만 동포에게 빼앗긴 나라를 다시 찾을 수 있다는 신념과 의지를 심어주었던 승리였다.

봉오동 유적지를 찾아서

2004년 8월 연변지역 항일유적 답사를 시작하면서 찾아간 곳이 청산리 전투유적과 일송정, 윤동주 생가 등이었다. 그 당시만 해도 북간도 항일투쟁의 중심은 청산리 전투라고 생각했다. 그래서 봉오동 전투나 홍범도에 대한 관심이 크지 않았을 뿐 아니라 그에 관한 지식도 별로 없었다. 그렇지만 항일독립전쟁의 첫 번째 전투라는 의미를 가진 봉오동 전투와 홍범도 장군에 관한 자료는 수집하고 있었다.

탈북자들의 인권유린, 인신매매, 북송문제 등을 취재하기 위해 두만강 일대를 찾았을 때 도문시를 몇 번 방문하였지만, 봉오동 전투의 유적을 답사할 생각은 하지 못했다.

북한 독재정권이 저지르고 있는 인권탄압의 반인륜성을 고발한 장편소설 『반역의 강』을 출판한 후 2007년 가을에 연변을 다시 찾았을 때 처음으로 봉오동을 찾아가게 되었다.

연길로짠(老站)터미널에서 버스를 타고 도문(圖們)으로 향했다. 연길에서 도문까지의 거리는 45km로 약 1시간 정도 거리였다. 시내를 벗어난 버스가 고속도로로 접어들었다. 내가 처음 도문을 찾아갔을 때에는 고속도로가 없었다. 험한 산길과 꼬불거리는 시골길을 2시간 넘게 달려갔었던 것으로 기억한다.

연길을 떠난 지 1시간도 되지 않아 두만강 변경도시 도문에 도착했다. 오랜 만에 도문시내를 보니 문득 두만강이 보고 싶어졌다. 나는 택시를 잡아타고 북한의 남양(南陽)이 바라보이는 두만강변으로 갔다. 두만강 물결도 나를 반기기라도 하듯 굽이쳐 돌다가 북한 산하를 품에 안고 서서히 멀어지고 있었다.

연변조선족자치주 도문시는 내가 북한 인권에 관심을 가지고 찾아왔던 첫 번째 도시였다. 1995년 북한 지방에 몰아친 가뭄과 홍수로 혹독한 기아(飢餓) 사태가 발생하게 되었고, 고난의 행군을 겪으며 굶어 죽어가던 동포들이 목숨을 걸

좌 • 중국과 북한
두만강 국경 상가
우 • 도문시의 북한
국경

고 두만강을 건너 중국으로 탈북하기 시작했다. 중국 변방도시에는 북한에서 넘어온 꽃제비들이 구걸을 하며 돌아다니고, 두만강을 건너다 익사한 시체들의 모습이 연일 매스컴을 오르내리고 있었다. 차마 눈을 뜨고 볼 수 없는 비참한 광경들을 강 건너 불 보듯 할 수는 없었다.

백 마디의 말보다 행동하는 양심이 필요한 때였다. 동포들에게 조금이라도 도움이 되고 싶어 달려왔던 곳이 두만강이었다. 지금 돌이켜 생각해 보면 위험을 무릅쓴 행동이었지만, 그들의 눈물 젖은 손을 잡아줄 수 있었던 것만으로도 그 당시 내가 할 수 있었던 최선이었음을 위안으로 삼고 있다.

무심히 흘러가는 강물에서 지나간 세월의 흔적들을 찾으며 두만강변을 서성이다가 불현듯 봉오동을 떠올렸다. 큰길로 걸어나와 택시를 잡아탔다. 그리고 서툰 중국어로 봉오동으로 가자고 했다. 그런데 택시기사가 의아한 얼굴로 나를 쳐다보았다. 중국어 발음이 정확치 않아서 그러는 줄 알고 다시 한 번 말했으나 그는 고개를 흔들더니 다른 택시를 타라고 하는 것이다. 몇 대의 택시를 잡고 물었지만 마찬가지였다. 그들은 봉오동 위치를 모르고 있었던 것이다.

도문시 두만강과
북한 남양 전경

도문에 가서 택시만 잡아타면 봉오동으로 쉽게 갈 수 있을 것이라 생각하고 무작정 달려왔는데 의외의 사태를 맞게 된 것이다.

배낭 하나 메고 드넓은 만주지방을 돌아다니다 보면 시행착오는 다반사이고, 예기치 못했던 장벽에 가로막히는 경우가 허다했다. 봉오동의 정확한 위치를 확인하고 떠나지 못한 자신이 원망스러웠다.

조선족 문화원을 찾아간 나는 친절하게 맞아주는 직원에게 정중하게 인사를 건네며 봉오동 유적지의 위치를 물었다. 그런데 그녀의 얼굴이 갑자기 굳어졌다. 의아한 얼굴로 쳐다보며 무슨 일로 봉오동 유적을 찾느냐는 것이었다. 나는 명함을 주면서 글을 쓰는 작가인데 봉오동 전투 유적을 찾아가려고 하는데 택시기사들이 잘 모르는 것 같다고 말했다. 그제야 굳은 표정을 풀고 봉오동으로 가는 길을 설명해 주었다. 한국사람이 조선족문화원으로 찾아와 봉오동을 물었던 적이 없었다며 계면쩍게 웃었다.

중국사람들은 대부분 낯선 사람을 경계하는 버릇이 있었다. 특히 국경선에 살고 있는 사람들이 대규모 탈북사태를 일으킨 이후에 더욱 한국사람을 경계하게 되었다고 한다. 그들의 경계심은 탈북자를 지원하는 한국인들이 두만강 국경지역에 와서 은밀하게 활동하고 있는 것과 무관하지 않을 것이다.

도문시내를 벗어나 왕청현(旺淸縣) 방향으로 10분쯤 달렸을 때 수남(水南)이라고 쓴 커다란 표지석이 서 있었다. 수남촌 표지석을 끼고 오른쪽 길로 접어드니 제법 규모가 큰 조선족 마을이 나타났다.

수남촌을 지나 작은 개울을 따라 올라가자 봉오동 저수지라고 쓴 팻말이 보였다. 나는 반가운 마음에 저수지 입구로 갔다. 그러나 커다란 철문이 닫혀 있었다. 택시기사가 관리사무소를 향해 소리치니 귀찮은 듯 얼굴을 찌푸린 사람이 문을 열고 나왔다.

택시기사가 여기가 봉오동 유적지 맞느냐고 하자 그가 고개를 끄덕이더니 나를 쳐다본다. 기사가 한국인이라고 말하자 손사래를 치며 안으로

두만강 국경도시
도문시 시내 모습

들어가려고 했다. 한참 동안 택시기사와 이야기를 나누던 그에게 인민폐 오십 위안을 내고서야 안으로 들어갈 수 있었다.

입구에서 얼마 떨어지지 않은 곳에 서 있는 기념비를 보고 반가운 마음에 달려갔으나 그것은 1930년대 동북항일연군 오중흡 부대가 일본군에 승리를 거둔 기념비였다. 근처를 아무리 돌아봐도 봉오동 전투 기념비는 보이지 않았다. 나는 저수지를 향해 올라가 보기로 했다. 저수지 댐으로 올라서니 아래쪽 수문에 봉오동 수고(水庫)라는 커다란 글씨가 새겨져 있었다. 그러나 아무리 저수지 주변을 찾아보아도 기념비는 보이지 않았다.

봉오동 전투가 벌어졌던 곳이 분명하다면 어딘가에 기념비가 있을 것이다. 저수지 주변을 열심히 찾아보았지만 기념비는 커녕 안내판조차 찾을 수가 없었다. 30여 분 동안 주위를 찾아보다가 어쩔 수 없이 돌아내려오는데 길 아래쪽으로 커다란 건물이 서 있고, 내려가는 계단이 보였다. 나는 혹시나 하는 마음에 그곳으로 내려서는 순간 소나무 옆으로 작은 기념비 하나가 보였다. 나는 한걸음에 달려 내려갔다.

봉오동 입구 수남촌

봉오동 전투 기념비였다.

산 아래 제법 넓은 광장이 조성되어 있고 소나무 옆으로 기념비가 서 있었다. 봉오동 반일전적지라고 쓴 팻말이 붙어있었다. 기쁜 마음도 잠시였다. 여기저기 갈라지고 패어나간 바닥에 초라하게 서 있는 기념비를 보는 순간 치밀어 오르는 분노랄까

좌 • 동북항일연군
오중흡 기념비
우 • 봉오동 전투
유적지 입구

슬픔이랄까 뜨거운 기운이 목구멍을 타고 올라왔다.

봉오동 기념비로 오르는 계단은 갈라지고 곳곳에 잡초가 자라고 있었다. 비바람에 할퀴고 씻겨 퇴색한 모습으로 먼지를 쓰고 서 있었다.

봉오동 기념비를 바라보며 생각했다.

세상에서 버려지고 잊혀가는 항일독립전쟁의 역사의 현장이 여기 또 하나 비바람을 맞고 있구나. 내 나라 내 땅에 서 있을지라도 신세가 같을 텐데 멀고 먼 이국땅에서야 말해야 무엇하리.

가슴이 답답해 오고 눈시울이 뜨거워져 그대로 서 있을 수가 없었다. 비바람에 할퀸 기념비를 어루만지며 마음을 달래보려고 할수록 가슴 깊은 곳에서 치솟는 자괴감, 너무나 무관심했던 항일독립전쟁 역사에 대한 부끄러움이 더욱 깊어질 뿐이었다.

좌 • 봉오동 전투
기념비
우 • 봉오동 전투
기념비문

저수지에서 불어오는 바람에 젖은 눈을 씻고, 저수지를 가운데 두고 솟아 있는 산줄기를 바라보니 어디선가 대한독립군의 함성소리가 들려오는 듯하다. 산

봉오동 전투 유적지 전경. 현재는 봉오동 저수지로 변해 마을은 없어짐.

등성이를 타고 내려온 바람이 그 옛날 역사를 증언하는 듯 온몸을 감싸다가 허공으로 사라진다. 기념비 옆을 쓸쓸히 지키고 서 있는 한그루의 소나무가 뿜어내는 솔향만이 천릿길 달려온 나그네를 반겨주고 있었다.

봉오동 역사의 현장은
무심한 저수지로 변하고
한 그루 소나무 아래
비바람 맞으며 서 있는 기념비
나는 고개 숙여 묵념을 올린다.

그렇게 보고 싶던 곳인데
어느 새 기쁨은 사라지고
왜 이리 가슴이 답답한 것일까.

봉오동 전투 기념비
(2012년)

무심한 세월에 씻기고
무정한 세상
무관심으로 금이 간 바닥
퇴색한 기념비만 외로이 서 있구나.

기념비에 손을 얹고 비문을 읽어가다가
흐르는 눈물을 삼키려 하늘을 본다.

잔뜩 찌푸린 하늘가
흐느끼던 바람,
흐르는 낙엽들이
서글픈 비문을 감싸고
허공을 맴돌다
초췌한 몸짓으로 바닥에 눕는다.

항일독립전쟁의 봉화를 올리다

봉오동 전투는 1920년 5월 28일 북간도 독립군 부대들이 대한북로독군부를 결성하기 위해 봉오동에 집결하면서 시작되었다.

항일독립전쟁의 햇불이 타오르던 북만주에서 일본군과의 첫 전투는 도문 일광산(해발 400미터) 아래 두만강변 한인마을 삼둔자(三屯子 현재 도문시 월청향 마패촌 7소대 일명: 간평, 새불이)에서 벌어졌다.

대한국민회 본부
유적지

일광산은 깎아지른 괴암절벽이 병풍처럼 서 있는 아름다운 산이다. 두만강쪽에서 바라보면 한폭의 산수화를 연상시키는 산이다. 일광산 정상에서 바라보면 산을 휘감고 흘러가는 두만강의 모습이 신비한 운치를 더해주며, 아침 해가 솟아오를 때 운해 사이로 보이는 산하는 북간도의 풍광가운데 으뜸으로 많은 사람들의 감탄을 자아낸다.

일광산 거북바위 밑으로 범진령(일명: 노호령) 고갯길이 손에 잡힐 듯 가깝다. 호랑이가 두만강을 굽어보고 앉아있는 것 같은 모습은 강건너 일본 침략자들을

좌 • 두만강 강양동
우 • 봉오동 전투
유적지

일광산에서 바라본
두만강 삼둔자. 봉오
동 전투가 시작되었
던 마을

좌 • 일광산에서
바라본 두만강 모습
우 • 두만강 간평
(삼둔자)마을

향해 포효하는 듯 했다. 간평 즉 새불이 마을 앞을 휘감고 흐르는 두만강 건너편
에 자그마한 마을이 있는데 이곳이 함경북도 온성군 강양동이다.

　1920년 6월 4일 새벽이었다. 대한북로독군부 독립군 단체 중에 하나인 신민
단(新民團)의 강상모가 지휘하는 30명의 독립군이 삼둔자를 출발하여 두만강을

도문시 일광산
범진령

건너 함경북도 종성군 강양동의 일본군 부대를 습격하였다. 일본군 장교 후쿠에
산다로와 헌병들을 사살한 뒤에 부대 건물을 불태우고 두만강을 건너 돌아왔다.

　대한독립군의 국내진격작전으로 혼비백산한 일본군 패잔병의 보고를 받은
남양지역 일본군 수비대 아라요시 중위는 남양수비대 1개 중대와 헌병, 경찰중
대를 이끌고 두만강을 건너왔다. 독립군의 공격에 겁을 먹은 일본군은 삼둔자에
서 멀리 떨어진 두만강 하류쪽에서 두만강을 건너 들어온 후, 일광산 기슭을 돌
아 서쪽 골짜기에 이르러 대오를 정비하고, 조심스럽게 삼둔자를 포위하였다.
일본군이 포위망을 좁혀 마을로 들어왔을 때 강상모 부대는 이미 삼둔자를 떠난
뒤였다.

　독립군이 떠난 사실을 확인한 일본군은 무고한 마을주민들을 모아놓고 분풀
이를 했다. 독립군에 협조했다는 억지를 쓰며 민가에 불을 지르는 악행을 저지
른 뒤에도 돌아가지 않고 일광산 범진령 아래에서 야영을 하며 독립군 추격대를
편성하였다. 밤이 깊은 시각 독립군은 일본군 야영지를 습격하고 후안산촌 방면
으로 퇴각하였다.

봉오동 전투 유적지
답사(2015년 7월)

독립군 부대의 잇따른 공격에 막대한 피해를 입은 일본군은 다음날 아침 야스가와 소좌 지휘하에 보병 제73연대 소속 기관총 소대와 보병 75연대 보병 1개 중대로 월강추격대를 편성하였다.

6월 6일 밤 9시 해란강과 두만강 합수목에서 강을 건너서 후안산촌으로 이동하여 왔다. 일광산에서 숙영하던 아라요시 부대도 안산으로 진군하라는 명령을 받고 가야하를 건너 후안산 부근에서 야스카와 부대와 합류하여 봉오동으로 진군할 준비를 마쳤다.

야스카와 추격대가 안산 방면을 거쳐 고려령을 넘어서 봉오동으로 오고 있다는 첩보를 보고 받은 대한군북로독군부 사령관 홍범도와 부부장 최진동은 봉오동 주민들을 안전한 곳으로 대피시키고 6월 7일 아침 독립군 장병들을 연병장에 집합시켰다. 그리고 각 부대의 전투구역을 배치와 작전명령을 하달하였다.

봉오동 전투 유적지 댐

초모정자산(草帽頂子山) 줄기가 남쪽으로 뻗은 봉오동 계곡 입구를 향해 동산과 서산, 그리고 북산에 독립군을 매복시키고 전투준비를 마쳤다.

제1중대장 이천오는 부하를 인솔하여 봉오동 상촌 서북단에 잠복하고, 제2중대장 강상모는 동쪽 고지에, 제3중대장 강시범은 북쪽 고지에, 제4중대장 조권식은 서남단에 잠복하

였으며 홍범도 장군은 주력부대를 이끌고 남산기슭 진지에서 일본군이 봉오동 계곡으로 들어오기를 기다렸다.

최진동과 안무가 지휘하는 부대는 후방에서 지원작전을 준비하고, 연대장교 이원은 본부 및 잔여중대를 인솔하여 서북산간에 위치하여 병력과 탄약을 보충하고 양식보급을 담당하였다.

낯선 이름의 독립투사 홍범도 장군

2009년 8월에 연변의 날씨는 유난히 더웠다. 요녕성 관전현 조선혁명군 양기화 유적, 의병장 이진룡 유적 등을 답사하고 연길로 이동하여 항일독립전쟁 유적지(遺蹟地) 답사를 다니고 있을 때였다. 청산리 전투 유적지를 함께 답사했던 원로사학자 박교수로부터 전화가 걸려왔다. 서로 안부를 묻고 난 후에 봉오동 전투 유적지를 답사하러 갈 계획은 없느냐고 물었다. 그때만 하더라도 청산리 일대 북로군정서 유적지를 더 돌아본 뒤에 단동(丹東)으로 돌아갈 계획이었고, 남만주 일대 유적을 몇 군데 더 돌아보고 답사를 마무리할 생각이었다.

이번 일정에 봉오동에 갈 계획이 없다고 하자 그러면 저녁에 만나 차 (茶) 한 잔 나눌 수 있는 시간이 있느냐고 했다.

홍범도 장군

연변에서 오랫동안 역사를 연구하고 가르쳐왔던 원로교수의 제의를 계속 거절하는 건 예의가 아니어서 다음날 함께 점심 식사를 하기로 약속하고 전화를 끊었다.

그동안 두만강 일대를 답사하면서 봉오동 전투 유적지, 삼둔자, 일광산 등을 돌아본 적이 있었지만, 봉오동 전투에 대한 지식이 많지 않았기에 더 이상 관심을 갖지 않았던 것이다.

다음날 박교수와 약속한 장소로 나갔다. 날씨가 몹시 더운 탓에 가벼운 옷차림으로 나와 반갑게 맞아주는 그의 얼굴에서 동포애가 느껴졌고, 큰형님 같은 친근감마저 들었다. 연길지역 항일유적에 관해 많은 도움을 주었던 그였기에 나는 매사에 예의를 잃지 않으려고 노력하고 있었다.

홍범도 장군 부부
(러시아에서)

식사를 주문하고 잠시 기다리는 동안 박교수가 나에게 물었다.

홍범도 장군 친필

"작가 선생, 봉오동 전투 유적지는 그동안 답사를 몇 번이나 했습네까?"

"몇 군데 가봤습니다마는 아직 아는 게 별로 없습니다. 많이 가르쳐 주십시오."

나는 봉오동 전투에 대해 별로 관심이 없다는 말 대신에 예의를 차린답시고 지도를 부탁하고 있었던 것이다. 박교수가 따지듯 물었다.

"한국사람들은 왜 청산리 전투에만 그렇게 관심을 가지는 것입네까? 봉오동 대첩이나 동북항일연군 유적에는 별로 관심을 보이지 않으면서 청산리 전투에만 집착하듯 매달리는 이유가 뭡네까?"

갑자기 정곡을 찔린 나로서는 몹시 당황할 수밖에 없었다. 그의 말대로 봉오동보다 청산리 유적에 집중해왔고, 동북항일연군, 즉 중국공산당 계열의 항일투쟁에 대해서는 별로 관심이 없었던 것이다. 그러므로 박교수의 물음에 반박하거나 변명을 늘어놓고 싶지 않았다.

만주 일대에서 벌어진 항일독립전쟁에서 승리를 거뒀던 청산리 전투를 한국인으로서 긍지와 자부심을 느끼는 것은 당연한 일이다.

무적 황군을 자처하며 기고만장하던 일본군을 통쾌하게 격멸시켰던 김좌진, 나중소, 이범석, 강화린 등 청산리 영웅들과 유적을 자랑스럽게 여기고, 그 현장에 직접 가보고 싶어 하는 것은 당연하다. 연변지방을 여행하는 수만 명의 한국 관광객이 청산리 유적지를 찾는 것도 이러한 맥락과 무관하지 않을 것이다.

한국 사람들은 대부분 홍범도의 봉오동 전투나 이홍광, 최용건, 김책 등의 동북항일연군 역사유적에 대해서 잘 알지 못할뿐더러 관심도 별로 없다. 항일유적을 답사하는 필자 역시도 봉오동 전투나 항일연군 전투 유적보다는 청산리 대첩과 그 유적에 관심이 더 많은 것도 사실이었다.

"한국사람이 청산리 유적지에 많이 오는 건 좋은 일 아닙니까. 가장 치욕적이고 암울한 시대에 조국과 민족을 위해 목숨을 바치신 순국선열들을 엄숙하게 추모하는 것은 후손들의 도리니까요."

항일독립전쟁비
(독립기념관)

"그렇다면 봉오동 전투의 홍범도 장군과 병사들은 조국을 위해 싸운 사람들이 아니란 겁네까?"

"그런 뜻이 아니라….."

"한국인들이 보여주는 작금의 행태는 왜곡된 역사기록에만 맹종하는 어리석음을 범하고 있지요. 만약에 홍범도 장군의 협조와 지원이 없었다면 김좌진 부대가 어랑촌 전투에서 전멸했을 수도 있었단 말입네다. 연변학계에서는 이미 다 알고 있는 사실인데 남한 사람들만 아직도 모르고 있단 말입네다."

나는 갑자기 망치로 한 대 얻어맞은 느낌이었다. 그의 말대로 어랑촌 전투에서 위기에 몰린 북로군정서를 홍범도 부대가 지원하여 구출해냈다면, 지금까지 내가 알고 있던 사실(史實)은 왜곡되었거나 축소된 것이 틀림없다는 생각이 들었다.

청산리 전투의 영웅 이범석의 회고록 『우등불』에는 홍범도 장군이 청산리에서 그렇게 북로군정서를 지원하여 구했다는 이야기는 없었던 것이다.

박교수와 점심식사를 하고 가까운 찻집으로 자리를 옮겨 차를 마시면서 참으로 많은 이야기를 나눴다. 그동안 내가 가지고 있던 편협하고 옹졸한 이데올로기적 역사관을 버리지 않으면, 항일독립전쟁사를 제대로 볼 수가 없을 것이며, 자칫하면 또 다른 역사왜곡이 될 수 있다는 생각마저 들었다.

이제 모든 것을 끝내버리자

일본군은 약 700명 내외의 독립군 연합부대가 봉오동 계곡에서 치밀한 포위망을 펴놓고 기다리고 있는 줄도 모르고 7일 새벽부터 고려령을 타고 봉오동을 향하여 서서히 다가오고 있었다.

봉오동은 사방이 산으로 둘러싸이고 가운데 작은 평지가 있어 마치 삿갓을 뒤집어 놓은 것 같은 분지 지형을 이루고 있어 천연의 요새나 다름없었다. 봉오동은 가야하가 흐르는 수남동에서 동북방향으로 20여 리 들어간 곳에 있는 계곡을 말한다. 입구에서 안쪽까지 25리 정도 골짜기가 뻗어있고, 하촌 중촌 상촌 세 개의 마을에 60호 정도가 모여 사는 평화로운 마을이었다.

홍범도 장군은 이화일에게 약간의 병력을 주어 고려령 북쪽 고지와 마을에 대기하고 있다가 일본군이 나타나면 교전하는 척 하다가 봉오동으로 유인해 오도록 했다.

일본군은 전위중대를 앞세우고 고려령을 올라왔다. 이화일 부대는 적을 유인하기 위해 싸운다는 것이 너무 강하게 공격하여 전위부대를 거의 다 사살해 버렸다. 봉오동을 공격하러 가던 도중에 예상치 못한 습격을 당한 전위대는 몇 명이 도주하여 본부대에 독립군 공격을 보고하였다.

봉오동 전투 고려령 가는 길

일본군은 다시 대오를 정비하여 새로 편성한 전위대를 선두에 세우고 오전 11시가 될 무렵 독립군 포위망 안으로 들어왔으나 매복한 독립군은 공격하지 않았다. 독립군 공격이 없음을 확인한 일본군 본대가 안심하고 골짜기 안으로 들어섰다.

홍범도는 사전에 독립군 장병들에게 당부했었다. 실탄이 곧 목숨이라 생각하여 적들을 완전히 쓰러뜨릴 수 있는 거리에 들어오기 전까지 절대로 공격하지 말라고 했다.

고려령 해란강 호수

일본군은 하촌을 지나 중촌으로 진격하여 텅빈 마을에서 밥을 지어 먹고 상촌을 향해 진격해 왔다. 상촌에서 학교를 수색하고 나서야 독립군의 매복에 걸린 것을 알고 급히 중촌으로 후퇴하려는 일본군을 향해 홍범도의 총이 불을 뿜었다. 일본군 지휘관

봉오동 전투 고려령

이 말에서 굴러 떨어졌다. 홍범도 장군이 총공격을 알리는 신고였다.

그동안 일본군의 행동을 지켜보며 숨죽여 기다리던 독립군들은 삼면 고지에서 일제히 집중사격을 퍼부었다. 거의 두배가 되는 700여 병력의 독립군이 유리한 고지를 선점하고 엄폐물로 가려진 진지에서 사격을 가하니 아무리 우수한 장비와 훈련으로 다져진 일본 정규군이라도 당해낼 수가 없었다.

불의의 기습을 받은 일본군 추격대는 가미다니 중대와 나까니시(中西) 중대를 전방에 내세워 응사하였고, 기관총대를 앞세워 난사하며 포위망을 벗어나고자 했으나 독립군의 집중공격을 벗어날 수 없었다. 일본군은 약 세 시간에 걸친 전투에서 악전고투하며 막대한 손상을 입고 비파동(琵琶洞) 방면으로 퇴각하지 않을 수 없었다. 이 때 독립군 제2중대장 강상모는 부하들을 이끌고 쫓겨가는 적을 추격하여 다수의 적들을 사살하였다.

이제 모든 것을 끝내버리자
너희들은 죽어 마땅한

섬나라 오랑캐들
한 놈도 살려 보내지 마라.

고려령 홍진촌
(고려촌)

봉오동 전투가 한창이던 오후 4시
20분경 갑자기 천둥 번개가 치고 비
와 우박이 폭풍과 함께 거세게 쏟아
졌다. 상대를 구분할 수 없을 정도로
비바람이 몰아치는 기상 이변이 일어
났다.

이런 상황에서 홍범도 장군은 신호용 나팔을 불어 독립군 철수를 명령하였다.
억수로 퍼붓는 우박과 비, 그리고 뿌연 우연(雨煙) 속에서 독립군은 더 이상 적을
공격하지 않고 날씨를 이용하여 왕청 방면으로 철수하였다. 왕청현 대감자촌에
이를 무렵 일본군의 추격이 없는 것을 확인한 독립군은 대한독립만세를 외쳤다.
그리고 서로 얼싸안고 다 함께 독립군가를 불렀다.

나가세 독립군아 어서 나가세
기다리던 독립전쟁 돌아왔다네
이때를 기다려 십 년 동안에
갈았던 날랜 칼을 시험할 날을

나가세 독립군아 어서 나가세
자유, 독립, 광복함이 오늘이로다
정의의 태극깃발 날리는 곳에
적의 군사 낙엽같이 쓰러지리라

천둥 번개가 점차 약해지고 비가 멎자 야스가와는 다시 부대를 정비하여 동산
을 공격하기 시작했다. 그런데 독립군들의 그림자도 보이지 않자 다른 고지를
공격하였지만 역시 독립군은 없었다. 마치 구름을 타고 하늘로 올라가 버린 듯
자취도 없이 사라져 버렸던 것이다.

두만강 너머 북한
농촌

　독립군이 철수한 것을 알게 된 일본군이 상촌으로 달려갔지만, 사람 그림자도
없는 텅빈 마을이었다. 화가 머리끝까지 치밀어 오른 야스가와는 집집마다 불을
지르며 분풀이를 해댔다. 그러나 날이 어두워지기 전에 봉오동에서 철수할 수밖에
없었다.

봉오동에서 일본 정규군을 대파하다

　봉오동 전투에서 대패를 당한 야스가와는 이를 바득바득 갈며 패잔병과 부상
병을 데리고 두만강으로 향했다. 남양수비대로 돌아가서 정예부대를 이끌고 다
시 쳐들어올 작정이었다.
　어둠이 내리기 시작하는 비파동을 야스가와 부대가 지나갈 무렵이었다. 반대
편에서 일본군 75연대 증원군이 비파동으로 들어오고 있었다. 독립군에게 호되
게 당한 뒤 잔뜩 겁을 집어 먹었던 야스가와 부대는 증원군을 독립군으로 오인

봉오동 전투 당시
일본군 도강지점
두만강

해서 총격을 가하기 시작하였다. 증원군은 갑자기 날아오는 총탄을 피할 겨를도
없었다. 이제야 승기를 잡았다고 생각한 야스가와는 더욱 거세게 총격을 퍼부
었다. 증원군도 겨우 전열을 정비하여 바위절벽 밑으로 피신하고 응사하기 시작
하였다. 한참 동안을 전투를 벌이던 일본군은 날이 어두워져 전투가 소강상태에
들어간 뒤에야 자국군끼리 벌어진 전투였다는 걸 깨달았다. 그들은 독립군에 대
한 증오로 부들부들 떨었지만, 패잔병을 이끌고 다시 전투를 벌이는 것은 자살
행위나 마찬가지였다. 야스가와는 눈물을 흘리면서 두만강을 넘어 퇴각하고 말
았다.

　홍범도 장군은 봉오동 전투에 대해 훗날 카자흐스탄에서 기록한 자신의 일지
에서 다음과 같이 적고 있다.

　봉오골 최진동 부대와 연합하여 1920년 4월 초 3일(음력) 일병(日兵)과 접전하여
일병 310명을 죽이었다. 저녁이 될 무렵에 소낙비가 막 쏟아지는데 운무(雲霧)가 자
욱하게 끼어 사람이 보이지 않게 되었을 때 일본후원병 100여 명이 외성으로 그 높

대한독립군 주둔지
왕청현 대감자촌

은 산 뒤로 영상(嶺上)에 올라서자 봉오골서 싸움하던 남은 군사 퇴진(退陣: 철수)하
여 오던 길로 못 가고 그 산으로 오르다가 신민단 군사 80명이 동쪽 산에 올랐다가
일군이 저희 있는 곳으로 당진(도착)하니까 내려다 총질하니 일병은 갈 곳이 없어
맞총질한즉 일병이 수백 명 죽고 서로 코코(나팔)소리 듣고 총소리 끊어졌다. 그 때
왔던 일병이 오류백 명이 죽었다.

　한국독립운동사에 기록을 보면 일본군 사살 157명 중상 200여 명 경상 100여
명의 전과를 올렸으며 독립군 피해는 전사 장교 1명 사병 3명 중상 1명에 지나
지 않았다. 세계 막강의 전투력을 자랑하며 무적황군을 자처하던 일본군은 독립
군에게 치욕적인 패배를 당했던 것이다. 일본군은 패배를 복수하기 위해 시도하
였지만 독립군의 교묘한 전술에 성공을 거두지 못했다.
　봉오동에서 대패한 일본군 수뇌부는 그동안 독립군의 전력을 너무 얕보았던
것을 후회하며 이를 갈았다. 하지만 이미 처참한 패전을 겪은 뒤라 땅을 치고 통
곡해도 소용없는 일이었다. 1920년 10월에 청산리 전투에서 독립군 부대와 다시
전투를 벌이기 전까지 일본군은 두만강 지역 독립군을 감히 공격하지 못했다.

보느냐 반만년 피로 지킨 땅
오랑캐 말발굽에 짓밟히는 모양
듣느냐 이천만 단조의 혈손
원수의 칼 아래서 우짖는 소리

양만춘 을지문덕 피를 받았고
이순신 임경업의 후손 아니냐
나라위해 목숨을 터럭과 같이
싸우던 네 조상의 후손 아니냐

    대한독립군은 왕청 마반산 아래 대감자촌 동포들과 승전의 축제를 벌이고, 왜놈들을 물리친 기쁨을 함께 나눴다. 며칠 후 전열을 정비하기 위해 본영이 있는 명월구(현재 조선족자치주 안도현)를 향해 진군하였다.
    누군가 아리랑을 부르기 시작했다. 빼앗긴 땅, 고향에서 왜놈들이 부르지 못하게 했던 노래를 마음껏 부르며 대한독립군은 험한 노호령(老虎令)을 넘어갔다.

아리랑 아리랑 아라리요
아리랑 고개를 넘어간다.

좌 • 대한독립군
이동로 안도현 가는 길
우 • 대한독립군
주둔지 길림성 안도현

후안산 전투 유적과
두만강 일출

　대한독립군은 본영으로 가는 도중 몇 차례 일본군 수색대와 맞닥뜨렸으나 커다란 전투는 벌어지지 않았다. 독립군은 명월구로 가는 도중에 봉오동 승전 소식을 전해들은 동포들로부터 열렬한 환영을 받았다. 봉오동 전투를 승리로 이끈 홍범도 장군은 동포들의 사회에서 영웅이 되었다. 그렇지만 그는 늘 겸손하게 행동하였고 검소하고 소박한 품성을 잃지 않았다.

국토를 회복하야 자손만대에 행복을 여(與)함이
아(我) 독립군의 목적이오, 민족을 위하는 본의라.

　홍범도는 노년으로 접어드는 53세의 나이로 봉오동 전투를 승리로 이끌었으며, 병사들 앞에서는 언제나 겸손하였지만 적들을 공격할 때는 비호처럼 날쌨다. 그는 큰 키는 아니었으나 언제나 당당한 모습이었다. 그는 봉오동 전투 내내 계급장도 없이 일반 병사의 차림으로 지휘도나 권총대신 장총을 휘두르며 최전선에서 전투를 지휘하였다. 그는 독립군의 존경을 한몸에 받았지만, 언제나 최진동과 안무 등 다른 간부들에게 모든 공을 돌리곤 했었다.
　봉오동 전투는 대한북로독군부로 연합한 독립군 부대가 일본군을 물리치고 큰 승리를 거둔 항일독립전쟁의 첫 번째 대첩이었다. 그러므로 봉오동 전투의 역사적 의의는 일본군 몇 명을 사살했다는 단순한 전과보다 독립군 각 부대가 연합하여 간도에 침입한 대규모 일본군을 상대로 승리를 거뒀다는 사실이다. 그리고 이를 계기로 독립군의 사기가 크게 높아졌으며 우리 손으로 일본군을 물리치고 독립을 성취할 수 있다는 자신감을 갖게 된 항일독립전쟁의 쾌거이며 승전보였다.

또한 봉오동에서 거둔 위대한 승리는 온 민족이 하나로 굳게 뭉치면, 그 어떤 침략자라도 격퇴할 수 있다는 진리를 깨우쳐주었으며, 일제치하 억압 아래 신음하던 동포들에게 조국광복에 대한 희망과 용기를 북돋아 주었다.

봉오동 전투와 숨은 영웅들

홍범도의 대한독립군, 최진동 부대, 안무가 대한북로독군부가 결성된 봉오동(鳳梧洞)은 어떻게 항일무장투쟁의 중심지가 될 수 있었던 것일까. 봉오동은 우선 지리적으로 초모정자산 줄기와 고려령의 줄기가 뻗어 내리는 곳에 깊고 험한 골짜기가 이어지는 천혜의 요새였다.

봉오동은 1908년 최진동 3형제가 당시 청나라 간도성의 지방관청으로부터 토지를 사들여 개간하면서부터 점차 마을이 형성되기 시작하였고, 하촌, 중촌, 상촌에 수십여 가구가 거주하는 한인촌이 되었다.

최진동 장군 3형제(최명록, 최명길, 최명순)는 1910년 한일강제병합으로 국권을 상실하자, 백초구(百草溝) 보안대에서 나와 본격적인 독립운동을 전개하기 위하여 봉오동으로 돌아왔다. 그들은 중촌에 민족학교를 꾸려 항일독립사상을 고취하는 한편, 봉오동 일대 주민들을 모아 자위단(自衛團)을 조직하고 무기를 구입하여 무장하였다.

최진동 3형제는 두만강을 넘어와 중국으로 귀화한 조선인이었다. 당시 일본군이나 일본영사관 경찰들은 최진동 3형제가 항일무장투쟁을 준비하고 있다는 첩보를 입수했지만, 중국인 신분으로 취득한 개인사유지 봉오동에 함부로 침입할 수가 없었던 것이다.

3형제 중에 둘째인 최명길(崔明吉: 이명 최운산, 최문무, 최풍 등)은 간도성 왕청현(旺淸縣) 보안대에서 사직한 뒤 조직한 조선인 부대를 이끌었으며, 당시 중국 관

봉오동 전투 유적
(고려령과 봉오동)

청의 관리들과 장작림의 북벌군 군관들과도 교류를 이어가고 있었다. 그는 자신의 재산을 처분하여 마련한 자금으로 러시아, 연해주 등지로 다니며 무기를 구입했다. 그리고 다가올 항일독립전쟁을 위하여 만주지역의 일본군의 동향과 주변 정세 등의 정보를 입수하는 활동을 하고 있었다.

대한북로독군부가 주둔했던 봉오동 일대는 최진동(최명록), 최운산(최명길), 최치흥(최명순) 3형제가 막대한 토지와 재산을 독립군 자금으로 내어놓았기에 항일무장투쟁을 준비할 수 있었고, 수백 명의 독립군을 훈련시켜 봉오동 전투에서 대승을 거둘 수 있었다고 볼 수 있다.

최운산(崔雲山)은 넓은 토지를 소유하고 수많은 공장도 경영하고 있었다고 한다. 성냥, 비누, 기름, 제면 공장 등 생활용품을 생산하였고, 주류 제조와 대규모 축산업을 병행하며 농산물, 산림목재 등의 무역을 통해 큰 재산을 모은 거부였다. 그는 항일독립전쟁을 준비하기 위해 봉오동에 3천 평 규모의 성곽을 쌓아 독립군 기지를 건설하였고, 4대의 대포가 엄호하는 난공불락의 요새를 구축하였다. 그리고 수백 명의 독립군을 훈련하고 숙식을 제공하는 비용 등 초기의 군자금을 자신의 재산으로 조달하였다.

지금까지 알려졌던 봉오동 전투는 홍범도, 최진동, 안무가 결성한 대한북로독군부가 두만강을 건너 간도로 침입한 일본군을 맞아 대승을 거둔 전투라는 것뿐이었다. 봉오동을 개척하고 많은 재산을 독립운동에 소진한 최진동 3형제의 업적과 국민회군과 신민단의 활동에 대한 연구는 미흡하기 이를 데 없다.

대한북로독군부가 봉오동 전투에서 승리를 쟁취하기까지 준비과정, 연합부대 결성의 배경, 무기 구입과 군수품 지원 등에 관해서 더 많은 연구를 필요로 하고 있다. 왜냐하면 지금까지 역사학자들 사이에서 홍범도를 중심으로 봉오동 전투를 기록하는데 그쳤고, 그리고 전투에 공헌했던 인물 중에서 유독 홍범도에 관한 연구가 집중되어 왔기 때문이다.

그동안 봉오동 전투사(戰鬪史)에서 알려지지 않았던 최운산, 최치흥 형제를 비롯하여 강상모, 이화일 등의 업적과 활동, 국민회군, 신민단, 광복단 등의 역할에 대해서 역사학계의 많은 관심과 연구가 있어야 한다고 생각한다. 그것이 봉오동 전투를 새롭게 조명하는 길이며, 역사를 올바로 기록하는 길이라 믿기 때문이다.

봉오동 전투는 항일독립전쟁사에서 영원히 기록될 위대한 승리였다. 또한 암울한 시대에 항일의 횃불을 들고 불굴의 투쟁을 전개하여 이천만 동포들에게 조국의 독립을 쟁취할 수 있다는 신념과 희망을 안겨준 역사적 쾌거였다.

봉오동 전투의 영웅 홍범도 장군

홍대장 가는 길에는 일월이 명랑한데
왜적군대 가는 길에는 눈과 비가 내린다.
에헤야 에헤야 에헹 에헹 에헹야
왜적군대가 막 쓰러진다.

오연발 탄환에는 군물이 돌고
화승대 구심에는 내굴이 돈다.
에헤야 에헤야 에헹 에헹 에헹야
왜적군대가 막 쓰러진다.

홍범도 장군 출신지인 함경도와 북간도에서 민중들 사이에서 불려졌던 노래이다. 봉오동 전투 이후 한인사회의 기쁨과 통쾌함을 반영한 노래였다.

홍범도 장군은 1868년 평안북도 평양에서 출생하였다. 그의 호는 여천(汝千)이다. 홍범도는 태어난 지 일주일 만에 어머니가 돌아가셔서 아버지가 동냥젖을 얻어 먹여서 키웠다. 아홉 살 되던 해에 아버지마저 세상을 떠나 천애고아가 되어 남의 집 머슴살이 노릇을 하며 살아야 했다.

온갖 어려움을 겪으며 자란 홍범도는 러시아에서 온 포수에게 포수술을 배웠

고, 그를 따라다니며 함경도 삼수(三水)·갑산(甲山)·북청(北靑) 일대에서 포수생활을 하였다.

일제의 흉계로 1895년 명성황후(明成皇后)가 시해되자, 함경도 일대 포수들을 모아 의병을 일으켰다. 1907년에는 차도선(車道善)과 의병부대를 연합하여 갑산·삼수·북청 등지에서 친일주구 단체인 일진회(一進會) 회원들을 처단하고, 일본군의 전화선을 끊고, 우편물을 탈취하고, 보급대를 공격하는 등 항일투쟁을 전개하였다. 의병토벌을 나온 함경도 일본군과도 여러 차례 전투를 벌였다.

1908년 5월 차도선이 일본군의 포로가 된 뒤에도 5백여 명의 부하를 지휘하며 전투를 계속하였고, 항복을 권유하는 일본군을 조롱하며 국내진격작전을 감행하면서 항일투쟁을 계속하였다.

일본군은 야비하게 홍범도의 아내와 아들을 잡아놓고, 홍범도에게 귀순을 종용하였다. 그러나 홍범도는 그들의 협박에 굴복하지 않았다. 일본군 앞잡이 노릇을 하던 임재덕은 홍범도의 아내 이옥녀를 잔혹하게 고문한 뒤 강압적으로 편지를 쓰게 하였다.

"네가 서방한테 글을 쓰되 당신이 일본천황 앞에 귀순하면 백작 벼슬을 준다고 하니 항복하세요 라고 써라. 만약에 홍범도가 거절하면 너희 모자는 살아남지 못할 것이다."

홍범도의 부인은 잠자코 있다가 필을 들어 글을 썼다. 그녀가 써놓은 글을 보던 임재덕의 얼굴이 부들부들 떨렸다.

"나같은 계집의 실오라기 같은 목숨은 없어지면 그뿐이다. 계집의 글자로 영웅호걸의 마음을 움직이려 하니 망상이로다. 마음대로 해라!"

임재덕은 남편을 위해 충절을 꺾지 않는 이옥녀에게 반죽음이 될 때까지 가혹하게 고문을 했다. 이옥녀는 왜놈들의 고문에 의해 처참하게 죽임을 당했다.

아내와 아들이 일본군에게 잡혀 있다는 소식을 들었을 때 홍범도는 가슴이 찢어지는 아픔과 분노를 느꼈지만 전혀 내색하지 않으려 이를 악물었다. 아내 이옥녀가 일본군 고문으로 죽은 후 아들이 귀순을 종용하는 편지를 가지고 의병본부로 찾아왔다. 그는 아들을 만나지도 않고 일본군 심부름이나 하는 놈은 이미 내 아들이 아니라고 호통을 쳐서 쫓아 보냈다.

일본군 북청수비대의 병력이 점차 증강되고 의병부대 토벌이 점점 심해지자 홍범도는 러시아로 망명하였다. 1919년 3·1운동이 전국적으로 일어났다. 수년 동안 소련 연해주에서 갖은 풍상을 다 겪으면서 군자금을 마련하고 무기와 탄약을 구입하여 재기의 기회를 노리고 있던 홍범도 장군은 연변으로 돌아와 항일무장투쟁의 깃발을 세웠다.

3·1운동 직후 홍범도는 연변 안도현 명월구(明月溝)에서 의병과 포수를 모아서 대한독립군을 창설하였고 대원은 400명이 넘었다.

1919년 8월 홍범도가 이끄는 대한독립군은 장백현의 압록강을 건너 평안북도 혜산의 일본수비대를 공격하였다. 혜산진은 일본군의 중요한 기지 중에 하나였다. 수십 명의 왜놈을 사살하고 주재소 등 군경 시설을 불태우고, 마치 철수하는 듯 압록강 건너다가 다시 군사를 돌려서 함경도 갑산 수비대를 공격하였다. 갑사 수비대를 쳐부순 뒤에 수많은 무기와 탄약 등 군수물자를 노획하여 무사히 압록강을 건너 철수하였다.

그해 10월에는 평안북도 만포를 공격하여 70여 명의 일본군을 사살하고 만포를 점령하였다. 홍범도는 만포 주민을 모아놓고 독립정신을 고취시키고 일본 앞잡이 노릇하는 주구들을 처단할 것을 천명한 뒤에 본부로 돌아왔다. 이어서 최진동이 지휘하는 독군부와 연합하여 함경북도 회령, 종성, 온성지방을 공격하여 일본군을 사살하고, 철도를 파괴하고, 노획한 군량미와 무기를 싣고 유유하게 철수하였다.

홍범도 부대의 승전보는 1920년 2월 독립신문에 실렸다.

좌 ● 자유시 사변
유적지 흑룡강성
흑하시 국경
우 ● 흑룡강 밀산과
러시아 국경

불은 이미 붙었도다!

이 불은 반드시 산하를

애국의 열혈로 태우고

동추의 소도국을

복수의 맹염으로 태울 것이다.

홍범도의 대한독립군은 김좌진 장군의 북로군정서와 연합하여 청산리 전투에서 대승을 거둔 후 일본군의 추격을 따돌리기 위해 흑룡강의 국경지대 밀산(密山)에 집결하였다. 홍범도는 항일무장단체들의 통합을 강력히 주장하여 대한독립군단을 조직하고 총재에 서일, 부총재에 김좌진과 함께 임명되었다. 그들은 1921년 러시아령인 흑하자유시(黑河自由市)로 이동하였다.

1920년 북만주 일대에서 독립군이 자유시(自由市)로 이동한 뒤에 일본군은 청산리 전투에서 패배한 분풀이로 한인마을을 기습하여 무고한 백성들을 살해하고 방화, 강간 등을 일삼았다.

북간도 한인들이 혹독한 고초와 시련을 겪고 있는데 독립군은 왜 북만주로 다시 돌아오지 않았던 것일까. 그들은 자신들의 안위를 위해 한인촌에서 벌어지는 참혹한 사태를 외면하고 있던 것은 아닐까.

불굴의 항일영웅 홍범도를 다시 생각한다

2009년 7월 25일 단동과 환인현 일대, 남만주 지역을 답사한 뒤에 연길로 이동하여 청산리, 봉오동 유적 등을 답사하는 동안 내 머릿속을 떠나지 않는 의문이 있었다. 경신참변(경신년 한인 대학살) 유적을 찾아가 1920년 당시 한인촌의 피해를 취재하며 그동안 가슴에 간직했던 김좌진, 홍범도 등 독립군 지도자들에 대한 존경과 추모의 마음이 무척 약화되고 흐트러졌다.

경신대참안으로 수많은 동포들이 일본군의 총칼에 죽어갈 때 대한독립군은 어디서 무엇을 하고 있었는가. 1921년 김좌진과 북로군정서가 항일전쟁을 수행하기 위해 북만주로 다시 돌아올 때에 홍범도는 끝내 만주로 돌아오지 않았다. 그는 왜 만주로 돌아오지 않았던 것일까.

홍범도의 업적과 생애에 대해 많은 지식을 가지고 있지는 않았지만, 작가적 통찰과 가치판단에 따라 그의 생애를 평가하는 것에 유보적이었다. 봉오동과 청산리에서 전공을 세웠다해도 러시아에서 공산당에 가입하고 돌아오지 않았으니 결과적으로 그가 조국을 버렸다고 생각했기 때문이다. 또한 항일애국지사들이 일본에 대항하여 싸우기 위해 중국국적을 취득한 것과 다른 의도가 있었다면 당연히 비판받아야 할 것이라 생각했다.

나는 반공(反共)을 국시(國是)의 제일로 삼았던 박정희 정권 시절에 청소년기를 보냈고, 남북대립이 첨예하게 전개되던 70년대 중반에 군대생활을 했다. 아침 조회 때마다 무찌르자 공산당을 외쳐야 했고, 공산주의자들을 증오하는 교육까지 철저하게 받아왔다. 그러므로 홍범도의 항일투쟁의 업적이 뛰어난 것이었다 하더라도, 공산주의자로 소련국적을 취득한 그를 존경받을 인물로 선뜻 선정하

좌 ● 왕청현 대감자
경신 참안지
우 ● 용정 노루바위골
경신 참안지

기가 어려웠다.

또한 홍범도가 공산주의자였다는 이유로 남한 사회에서 그의 업적이 거의 다뤄지지 않았기에 그에 대한 자료를 접할 수 있는 기회가 없었다. 만주지역 항일유적답사를 계획하고 자료를 수집하고 공부하기 전까지 필자 역시도 홍범도에 대해 아는 것이 별로 없었다.

나중에야 알게 된 사실이지만 극우반공사학자들에 의해 홍범도의 업적은 왜곡되거나 축소되었고, 그로 인해 봉오동 전투는 한동안 역사 속에 묻혀버리게 되었던 것이다.

반공중심의 역사, 반공을 생명처럼 떠받들던 사회에서 오랜 세월을 살아왔던 나로서는 내 의지와 상관없이 한 눈을 감고 세상을 보고 있었던 것이며, 절름발이 역사를 전부로 알고 살아왔던 것이다.

연변에서 항일유적을 답사하다가 만난 원로사학자 박교수의 논문, 한국학자들의 논문, 그리고 연변작가 강영권 선생이 집필한 홍범도 전기를 읽으며 많은 생각을 하게 되었다.

북간도의 겨울

박교수의 주장대로 홍범도가 북로군정서를 위기에서 구해냈고, 마지막까지 청산리 일대에서 일본군과 싸웠으며, 독립군 부대 개편을 위해 북로군정서와 함께 협의하여 러시아로 갔다는 것은 사실이었다. 그리고 홍범도가 항일독립전쟁을 수행하기 위한 방편으로 공산당에 입당하여 소련

어랑촌 전투 유적지

의 지원을 받으려 했다는 사실(史實)을 알게 된 후부터 홍범도에 대한 고정관념
이 많이 바뀌게 되었던 것이다.

　　그리고 항일유적을 답사하겠다고 멀고 먼 만주까지 달려온 사람으로서 더 이상
이데올로기적 편협한 역사관에 갇혀 그의 행적을 외면하거나 왜곡된 시각으로 바
라볼 수만은 없었다. 특히 그의 항일정신과 민족애를 소홀히 생각하거나 지나칠
수는 없었다.

어랑촌 항일 기념비

　　분단국의 지폐처럼 한쪽에서만 통
용되는 역사, 반공이데올로기로 편향
되고 경색된 역사의식을 버리고 보다
넓은 시각으로 항일독립전쟁 역사를
살펴보아야 한다는 생각을 더욱 굳히
게 되었다.

　　홍범도는 1921년 레닌 정부의 협조
를 얻어 고려혁명군관학교를 설립하

봉오동 전투 유적지
에서 필자

고, 독립군의 양성에 힘썼으나, 같은 해 6월 소련 당국의 한국독립군에 대한 무장해제로 빚어진 자유시사변(自由市事變)을 겪은 뒤 이르쿠츠크로 이동하였다.

연해주에서 콜호스(집단농장)를 차려 농사를 지으며 한인들에게 민족의식을 고취시키고, 청년들을 훈련하여 만주로 돌아가 항일투쟁을 지속하려 준비했으나, 1937년 스탈린의 한인이주정책에 의하여 카자흐스탄으로 강제이주 당하게 되었다. 이곳에서 극장 야간수위, 정미소 노동자로 일하다가 1943년 76세로 사망하였다.

1982년 카자흐스탄의 한글신문 레닌기치의 기자들과 한인들이 중심이 되어 그의 묘를 크슬오르다 중앙공동묘역으로 이장하였으며, 홍범도 장군의 흉상과 3개의 기념비를 세웠다. 또 말년에 거주하던 집은 크슬오르다의 역사기념물로 지정되었고, 집 근처의 거리는 홍범도 거리로 지정되었다.

항일독립전쟁사(抗日獨立戰爭史)에서 홍범도와 대한독립군, 봉오동 전투가 차지하는 비중은 매우 높다. 뿐만 아니라 만주로 침입한 일본 정규군을 상대로 대승을 거둔 첫 번째 전투였다. 그럼에도 불구하고 그동안 올바른 평가와 주목을

좌● 대한독립군단
결성 유적지 흑룡강성
밀산 봉밀산
우● 흑하시 옛모습
(1920년)

받지 못했던 것은 홍범도가 공산주의자로 소련에서 살았다는 사실과 무관하지 않을 것이다.

  물론 홍범도가 봉오동 전투를 대승으로 이끌고, 청산리 전투에서도 혁혁한 전공을 세울 당시 공산당에 입당했던 것은 아니다. 대한독립군단과 함께 러시아 스보보드니(자유시)로 진출한 이후에 소련공산당의 지원을 받아 독립군을 양성

두만강 삼둔자(겨울)

하려는 의도에서 공산당에 가입한 것이라 하더라도 그의 공산주의 이력은 봉오동 전투에 대한 역사적 평가에 영향을 끼칠 수밖에 없었을 것이다.

  그러나 봉오동 전투가 독립전쟁의 정당성을 만방에 알리고, 이천만 동포들에게 독립에 대한 희망을 안겨준 쾌거였다는 사실에 대해서 부정할 사람은 없을 것이다. 그러므로 이제라

도 봉오동 전투에 대하여 올바른 역사적 평가가 내려져야 한다고 생각한다.

공산당에 가입했다는 기록만으로, 광복 후 북한으로 갔다는 사실만으로, 조국으로 돌아가지 않고 중국에 남았다는 사실만으로 항일투쟁사에서 제외되었거나 거의 형식적으로 다뤄졌던 항일투사들이 얼마나 많은가.

그동안 한국사회에서 이들에 대한 업적이 거의 알려지지 않았던 것은 그동안 권력의 눈치만 살피며 알아서 기는 일부 사학자들의 반공이념과 정치지향성과도 결코 무관하지 않았을 것이다.

이제는 그들에 대한 업적을 자유롭게 연구할 수 있는 풍토를 조성하고, 국가적 차원에서 지원하여 올바른 평가를 받을 수 있도록 해야 한다.

남북분단, 이데올로기로 인해 왜곡되거나 축소된 항일투쟁사, 정치적 논리로 변질되어 이념대립과 갈등을 부추겼던 근현대사, 그러한 논리에 길들여진 경직된 사고와 맹신으로 역사를 기록했던 잘못에서 벗어나 역사의 진실과 올곧은 역사정신을 민족화합과 통일의 초석으로 삼도록 해야 할 것이다.

항일독립전쟁의 성지, 봉오동 유적을 찾아가다

청산리 유적이나 용정 일대 항일유적 답사에만 많은 시간을 보내면서 아쉬웠던 것이 봉오동 답사를 제대로 하지 못했던 점이었다. 연길시를 중심으로 볼 때 청산리와 용정은 서쪽에 위치해 있고, 도문과 봉오동은 동쪽에 있어 봉오동 답사를 자꾸만 미뤄왔던 것이다.

일광산 화엄사

한 때는 이데올로기 문제로 답사를 유보했고, 다른 일정을 핑계로 봉오동을 찾지 못했으니 늘 마음이 무거웠던 것이다.

오래 전부터 마음에 담아두었던 답사 계획에 따라 두 코스를 나눠 진행하기로 했다. 두만강변 일광산에서 삼둔자를 거쳐 봉오동까지 가는 코스와 후안산과 고려령, 초모정자산에서
대감자촌까지 가는 일정이다. 봉오동
전투와 관련이 있는 곳들을 다 돌아
볼 생각이다.

   그동안 연변대학 역사학 교수들에
게 자문을 받았고, 지리에 관한 준비
도 끝났다.

   2012년 7월 25일 도문시내 호텔을
출발하여 일광산으로 향했다. 오랜만
에 등산도 할 겸 일광산을 넘어 삼둔
자를 답사하고 봉오동으로 갈 생각이
었다. 두만강 조각공원을 지나 화엄
사입구에서 일광산으로 접어들었다.

도문일광산 화엄사
대웅전

하늘에 구름이 낮게 드리웠지만 싱그러운 숲 내음이 와락 안겨 온다. 이따금 불
어오는 바람은 땀을 식히기에 알맞을 정도였다.

   화엄사를 지난 지 30여 분 만에 일광산 정상에 올랐다. 일광산에서 몇 번을 보아
도 굽이 굽이 흘러가는 두만강 줄기는 멋진 풍경이 아닐 수 없다. 강 건너 북한땅 민
둥산이 눈에 걸리고 마음을 무겁게 했지만, 언제나 상쾌하고 기분 좋은 곳이었다.

   일광산(日光山) 정상은 신년 해맞이 장소로 유명하다. 도문시민들 뿐 아니라 멀
리 연길, 왕청에서도 정월 초하룻날 이곳에 올라 해돋이를 감상하며 한 해의 소
원을 빈다고 한다.

   정상에서 내려와 범진령 표지석을
지나 내리막길로 접어들었다. 산새
소리 바람소리도 정겹고, 나무 하나
잎새 하나도 사랑스럽게 느껴졌다.
동남으로 길게 뻗은 일광산 줄기를
타고 내려와 도문에서 개산툰으로 가
는 길과 만나는 곳에 삼둔자(三屯子)
마을이 있다. 지금은 이곳을 간평(間

도문두만강 나루터

도문시와 북한 국경
다리

坪)이라 부르고 있었다.

간평 마을을 돌아본 뒤에 두만강 변으로 나가 땀에 젖은 얼굴을 닦고 발을 담그고 앉았다. 여름철답게 수량이 많아져 혼탁하기는 했어도 땀을 식히며 시원하게 앉아있기는 강변이 최고였다. 오랜만에 두만강에 발을 담가본다. 강 건너 자전거를 타고 가는 북녘동포에게 손을 흔들어주고, 간평 주민들 물고기 잡는 것도 구경하며 오랜 만에 가져보는 여유와 평화를 마음껏 즐겼다.

간평마을을 돌아보고 나오는데 마침 개산툰에서 도문으로 가는 버스가 오기에 손을 들어 타고 도문으로 돌아왔다.

다음 날 아침 일찍 수남촌으로 가기 위해 버스터미널에 나가 왕청행 버스를 탔다. 10여 분 달려가 수남촌 입구에서 내렸다. 수남촌(水南村)은 이웃동네인 신선촌, 고려촌(현재 홍진촌), 토성리와 더불어 1900년대 초에 세워진 조선족마을이다.

수남촌은 봉오동 골짜기에서 흐르는 시내 남쪽에 있다고 하여 수남이요. 토성리는 만주국 시대 일본인들이 산골에 떨어져 있는 인가들을 모아 집단부락을 만들고 주위에 토성을 쌓은 뒤에 붙여진 이름이었다.

신선촌은 산허리에 있는 마을로 언제나 시원한 바람과 따뜻한 햇살이 내리쬐는 동네라 하여 신선더기라고도 불렀는데 더기라는 말은 조금 높고 평펴짐한 둔덕, 언덕을 뜻하는 말이다.

홍진촌은 1910년대에는 살구나무가 많다고 하여 행화촌이라 불렸으나 중국인들이 이 지역에 들어오면서 조선족들만 산다고 하여 고려촌(高麗村)이라고 불렀다. 중국정부가 들어선 뒤에 흥성하게 나아가는 동네라는 뜻으로 홍진촌으로 바꾸었다고 한다.

일제치하 왜놈들의 억압과 수탈을 피해 함경북도 온성에서 두만강을 넘어온 사람들 두만강변 양수천자(현재 양수향)에서 고려령을 넘어 고려촌, 수남촌으로 이주했다고 한다.

고려촌에서 봉오동 저수지 입구로 돌아나온 나는 수남촌을 지나 큰길에서 버스를 타고 도문으로 나갔다. 봉오동 전투지 중에 하나인 후안산촌(后安山村)으로 가기 위해서였다. 후안산촌은 등산하는 지인들과 몇 번 갔던 기억이 있지만, 그때는 일행들이 있어 마을을 잠깐 돌아보고 지나갔던 것이다.

고려령과 고려촌

후안산촌에서 산길을 따라 고려령으로 올라갔다. 도문시와 봉오동이 한눈에 들어온다. 1920년 6월 그 무덥던 날, 그렇게 피를 흘리며 싸웠던 역사는 이제 많은 사람들의 기억에서 멀어져 가고 있는 것이다.

그동안 봉오동 전투 유적을 답사하면서 다시 한 번 가슴에 깊이 새기게 된 것은 항일독립전쟁에서 산화하신 무명용사들을 위한 위령비를 건립해야겠다는 약속이었다. 아무도 알아주지 않는 무명용사들, 찌는 듯한 무더위, 영하 30도를 오르내리는 강추위 속에서 오로지 조국의 독립을 위해 싸우다가 이름 없는 골짜기에서 순국한 수많은 영령들을 위해 반드시 해야 할 일이었다.

봉오동에서 고려령으로 불어오는 바람을 맞으며 나는 고개 숙여 무명용사들에게 묵념을 올리고 명복을 빌었다.

후안산 두만강

나라를 팔아먹고, 조국을 배신한 자들이 권력과 부귀를 누리고 사는 나라가 어디 있습니까. 조국과 민족을 위해 산화하신 영령들 앞에 너무나 부끄럽고 송구한 마음으로 이 자리에 섰습니다. 부디 역사의 정의를 바로 세울 수 있도록 도와주시고, 진정으로 조국과 민족을 사랑하는 사람

도문시와 남양의
두만강(겨울)

들이 존경받고 사랑받는 나라가 되게 하소서!

봉오동 골짜기를 맴돌다가 고려령으로 솟아오르는 뜨거운 바람이 나그네의
간절한 기도에 응답하듯 온몸을 감싼다. 해란강 굽어보고 후안산 돌아보는 나그
네의 발길에 눈부신 햇살이 내려앉는다. 동방의 빛, 인류의 광명으로 빛날 대한
(大韓)의 미래를 약속했던 땅, 백두산 줄기가 동쪽으로 뻗어내린 북간도에서, 분
단의 비극을 품은 채 흘러가는 두만강에서 올리는 나그네의 간절한 기원은 고려
령을 너머 봉오동 골짜기를 울리고 있었다.

얼마전 조선족자치주 창설 60주년을 맞이하여 연변 일대 열사기념탑을 재정
비하면서 봉오동 전투 기념비를 새롭게 단장하였다.

2015년 9월 3일 중국 베이징 천안문 광장에서 항일전쟁 전승기념 70주년 행
사가 열렸다. 박근혜 대통령이 국빈자격으로 참석했다. 한국과 중국의 항일전쟁
의 의미를 다시금 깊이 새기는 자리가 되었으며 나아가 한·중간 우의를 더욱 돈
독하게 만드는 기회였다. 한·중 정상이 머리를 맞대고 우호협력 증진과 함께 항
일정신 계승을 만방에 표명하는 뜻깊은 행사였다고 생각한다.

그동안 불행했던 과거사를 털어내고, 항일정신 계승과 긴밀한 협력으로 남북
평화통일의 문이 활짝 열리게 하는 역사적인 날로 한·중 외교사에 기록되길 바
란다.

청산리 전투 유적을 찾아서

연변 일대 항일독립전쟁 유적 답사를 시작했을 때 가장 먼저 찾아간 곳이 청산리 전투 유적이었다. 청산리 전투는 어렸을 때부터 학교에서 배우며 자랐고, 항일독립투쟁에서 가장 자랑스럽게 생각했던 기억 때문이었다.

조국독립에 대한 염원과 항일정신으로 무장한 대한독립군의 애국심愛國心, 서일, 홍범도, 김좌진, 안무, 이범석 등 항일명장抗日名將들의 치밀한 전술, 북만주 한인사회의 전폭적인 지지와 성원으로 일본군을 격퇴시킨 청산리 전투는 항일독립전쟁의 횃불을 높이 들고 침략자들을 응징했던 역사적인 전투로 기록되어야 할 것이다.

청산리 대첩 기념비와 청산리 마을

[청산리대첩 전투도]

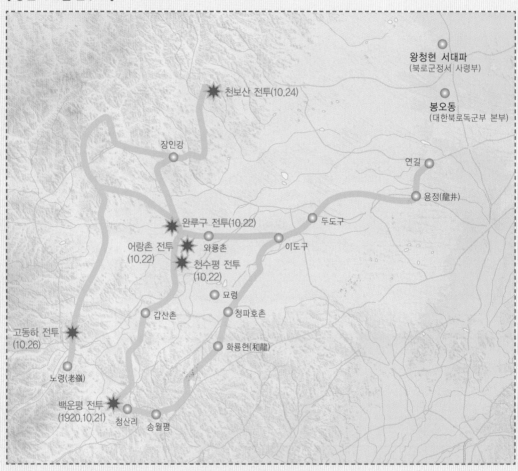

왕청현 서대파
(북로군정서 사령부)

봉오동
(대한북로독군부 본부)

천보산 전투(10.24)

장인강

연길

용정(龍井)

완루구 전투(10.22)

두도구

어랑촌 전투
(10.22)

와룡촌

이도구

천수평 전투
(10.22)

묘령

갑산촌

청파호촌

고동하 전투
(10.26)

화룡현(和龍)

노령(老嶺)

백운평 전투
(1920.10.21)

청산리

송월평

청산리 전투

　항일독립전쟁(抗日獨立戰爭) 역사에서 가장 위대한 승리로 기록된 청산리 전투는 서일(徐一)과 김좌진(金佐鎭)이 지휘하는 대한군정서(大韓軍政署: 북로군정서)와 홍범도(洪範圖), 안무(安武)가 지휘하는 대한북로독군부(大韓北路督軍府) 연합부대가 북만주 화룡현(和龍縣) 삼도구(三道溝) 백운평(白雲坪) 직소폭포 일대, 천수평, 어랑촌, 천보산, 고동하 등지에서 1920년 10월 21일부터 26일 새벽까지 6일 동안 두만강을 넘어 북만주로 침입한 일본군 보병연대를 섬멸하고 대승을 거둔 전투이다.

청산리대첩 기념비

두만강 북중 국경에서

한민족(韓民族) 오천 년 역사에서 초유의 사변으로 기록된 경술국치(庚戌國恥)의 치욕을 안고 만주로 건너온 항일투사들이 북간도(北間島) 일대에서 일본정규군과 벌인 항일독립전쟁(抗日獨立戰爭) 40년, 막강한 화력과 군사력을 앞세우고 두만강을 건너온 일본군과의 처절한 전투의 연속이었다.

세계사에서 유례를 찾아볼 수 없을 정도로 악랄하고 잔인한 일본군을 맞아 목숨을 걸고 싸웠던 독립군의 전투기록은 항일독립전쟁사 뿐 아니라 세계전쟁사에 길이 빛날 역사이다.

또한 조국독립에 대한 염원과 항일정신으로 무장한 대한독립군의 애국심(愛國心), 서일, 홍범도, 김좌진, 안무, 이범석 등 항일명장(抗日名將)들의 치밀한 전술, 북만주 한인사회의 전폭적인 지지와 성원으로 일본군을 격퇴시킨 청산리 전투는 항일독립전쟁의 횃불을 높이 들고 침략자들을 응징했던 역사적인 전투로 기록되어야 할 것이다.

항일독립전쟁사 抗日獨立戰爭史

연변 일대 항일독립전쟁 유적 답사를 시작했을 때 가장 먼저 찾아간 곳이 청산리 전투 유적이었다. 청산리 전투는 어렸을 때부터 학교에서 배우며 자랐고, 항일독립투쟁에서 가장 자랑스럽게 생각했던 기억 때문이었다.

북로군정서 김좌진(金佐鎭) 장군은 언제나 우리들의 가슴 속에 살아있는 영웅이었고, 조국애와 민족애의 화신이었다. 그리고 청산리 전투는 민족긍지를 드높인 승리였으며, 일본의 강압통치 36년 동안 결코 굴종과 치욕의 역사만이 아니었다는 사실을 일깨워준 전투였던 것이다.

연변지역 항일유적을 답사하기 위해 청산리 전투의 자료를 수집하는 동안 나는 견딜 수 없는 부끄러움을 느꼈고, 심한 자책과 좌절을 경험해야 했다. 그동안

청산리 유적지
가는 길(연변 화룡시)

내가 알고 있던 지식이 얼마나 보잘 것 없고 단편적이었던가. 김좌진, 이범석의 북로군정서에 대한 단순한 지식만으로 항일유적을 답사하려고 했던 것이 얼마나 무모한 발상이었는가를 깨달았던 것이다.

1920년 10월 21일 베개봉 아래 청산리(靑山里: 당시 지명 평양촌(平壤村))에서 벌어진 백운평 전투를 비롯하여 천수평, 어랑촌 등 수많은 지역에서 6일 동안 전투가 벌어졌고, 지역이 워낙 광범위하고 험한 산중에 있어서 며칠 동안 돌아볼 수 있는 곳이 아니라는 사실을 알게 되었다.

청산리 전투로만 알려진 시월 항일독립전쟁은 북로군정서, 대한독립군, 의민단, 대한국민회 등이 참전했고, 화룡 일대 한인촌의 지원이 커다란 힘이 되었다는 사실도 알게 되었

청산리 마을과
베개봉

제4장 | 청산리 전투 유적을 찾아서 • 203

좌 ● 청산리 터널
우 ● 청산리 전투 유적지
　　가는 길

을 때 연변지역 항일유적 답사 계획은 늦춰질 수밖에 없었다.

　　그동안 항일투쟁사를 연구해본 적이 없었던 평범한 작가에 불과했고, 한국독
립운동사 관련서적과 논문 몇 편을 읽었던 것이 청산리 전투에 대한 지식의 전
부였던 것이다.

　　그러나 늦었다고 생각할 때가 가장 빠른 때라고 했던가.

　　김좌진 장군과 북로군정서에 대한 단순지식으로 청산리 유적을 답사할 생각
을 당분간 미루고 관련 서적을 탐독하고, 논문을 구해서 읽으며 시야를 넓혀나
갔다. 연변일대 지도를 보며 유적과 관련된 지명을 메모하고, 교통편 등을 일일
이 확인하고 점검했다.

　　청산리 전투에 참전했던 독립군 단체에 관한 자료를 읽고, 강영권의 항일유적
답사기『죽은자의 숨결 산자의 발길』, 김춘선의『발로 쓴 청산리 전쟁의 역사적
진실』, 독립기념관의『해외독립운동 유적』등을 자세히 읽어갔다.

청사靑史에 길이 남을 전쟁

　　청산리 전투 유적을 처음 답사한 후 깨닫게 된 나의 무지와 어리석음에서 벗
어나기 위하여 참으로 많은 시간을 보내야 했다. 북만주 항일독립전쟁사에 대한
지식을 어느 정도 갖추었다고 생각한 뒤부터 다시 시작한 유적답사는 2014년
10월까지 이어졌으며, 그동안 일곱 차례에 걸친 답사에서 눈으로 보고 귀로 들
었던 사실들을 기록한 것이 청산리 전투 유적 답사기이다.

　　북로군정서의 전신이었던 중광단, 대한정의단 창설지인 왕청현 덕원리로부터

북로군정서 본부가 주둔했던 서대파(西大坡), 연성사관학교 십리평(十里坪), 화룡 청산리(靑山里), 어랑촌, 고동하에 이르기까지 대부분의 유적지를 답사했다.

청산리 전투와 관련이 있는 유적들을 거의 돌아보았다고 생각하지만 그래도 부족한 부분이 많으리라고 생각한다.

항일유적 답사기를 쓰면서 항일독립전쟁에 대한 나의 무지(無知)와 어리석음을 먼저 밝혔던 이유는 역사에 대한 무관심 속에 살다 보면 점점 무지해질 수밖에 없음을 말하고 싶었던 것이다.

청산리촌 전경

중등학교 교육과정이 국어, 영어, 수학 등 입시과목 위주로 바뀐 지 오래되었다. 역사교육이 실종되면서 역사적 사실(史實)이나 인물에 대한 지식을 습득할 기회가 없어졌다. 거

화룡시 버스터미널

기다가 독서를 통해 역사를 배우고 익힐 수 있는 시간도 거의 없다. 어린 시절부터 고등학교까지 입시에 매달리며 초중등 과정을 마치는 경우가 대부분이기 때문이다.

언제부턴가 우리사회는 역사를 배우고, 역사를 통해 민족의 긍지와 자존을 키우는 교육보다 출세와 명리를 위한 수단으로서의 점수따기 학습 요령만 가르치는 풍토가 만연하게 되었다. 올바른 역사교육을 통해 민족의 자부심을 키우기보다 사대주의 식민사관에 의해 왜곡된 역사만을 주입식으로 가르쳐왔다. 끊임없는 외세의 침략, 항복과 조공(租貢), 분열과 당파의 역사를 확대 재생산하여 가르침으로써 젊은 세대들에게 역사무용론 같은 그릇된 인식을 심어주었고, 민족문화와 역사를 경시하고 비웃는 풍조까지 생겨나게 만들었다.

친일사학자들이 교육계 주류로 등장하면서 길러진 식민사학자, 그 추종자들은 우리민족의 역사에서 미래의 지혜를 찾아내는 올바른 길을 가르쳐주지 않았다. 그러한 흐름이 한 세대를 넘어가자, 우리민족 역사에 대해 조롱하고 경멸하는 언행마저 서슴지 않는 젊은이들이 생겨나게 되었다. 심히 우려할 지경에 이르렀다고 할 수 있다.

그렇다. 현실을 똑바로 인식하는 것만이 보다 나은 내일을 만들어가는 강력한 에너지이다. 더 이상 세태를 비판하면서도 바꾸려는 노력이나 행동을 보이지 않는 무기력한 지식인의 구태를 답습하면서 살 수는 없다.

역사를 잊은 민족에게 미래가 없다. 미래를 열어가는 지혜는 역사에서 찾아야 한다는 말을 다시 한 번 가슴에 새긴다.

비록 작고 보잘것 없는 지식을 가지고 떠났던 길이라 할지라도, 역사현장에서 더 찾아내고 정성들여 가꿔서 후대들에게는 자랑스런 항일독립전쟁 역사를 전해야 한다는 신념을 가져본다.

북로군정서 유적을 찾아서

연변에서 자료를 수집하고 서적을 탐독하며 지내는 동안 조선족 원로 사학자 한 분을 알게 되었다. 항일투쟁사를 오랫동안 연구해 왔고, 대학강단에서 은퇴한 뒤에도 항일유적 답사를 계속하고 있는 원로 사학자였다.

그와의 만남은 연변일대 항일유적에 대한 새로운 사실을 많이 알게 되었을 뿐 아니라 그동안 잘못 알고 있었던 사실(史實)들을 바로 잡을 수 있었던 귀중한 시간이었다.

북로군정서 발자취를 박교수와 함께 찾아가기로 약속하고 돌아온 날 밤에 나는 쉽게 잠을 이룰 수가 없었다. 누가 뭐래도 북간도 독립운동의 상징은 북로군정서였고, 그 중심에는 늘 김좌진과 이범석이 있었다. 그들의 발자취가 서려있는 역사의 현장을 전문가와 함께 답사할 수 있다는 것은 얼마나 감격스러운 일인가.

조국과 민족을 무참히 짓밟은 왜놈들에게 패배의 쓴맛을 통쾌하게 안겨주었던 북로군정서는 나로 하여금 북간도 답사의 열망을 불러일으키게 만들었던 핵심이었다. 나는 이미 북로군정서의 일원이 되어 그곳을 찾아가는 듯한 기분에 휩싸인 채 몹시 들떠 있었던 것이다.

우리민족의 독립의지를 만방에 알렸던 역사의 현장에서 조국과 민족을 사랑했던 독립군의 발자취를 하나하나 찾아내 기록하리라. 그동안 미천한 지식에서 오는 두려움과 부끄러움은 부르하통하에 던져버리고, 이제 내 눈으로 직접 역사의 현장을 돌아보며 발견하는 기쁨을 가슴으로 마음껏 느끼리라.

북로군정서 활동지, 왕청현에서 서대파 가는 길

그동안 북간도 일대를 배경으로 소설을 집필하기 위해 한국독립운동사에 수록된 내용과 지명(地名)을 들고 연변지역 항일유적을 찾아다녔었다. 어려움이 많았고 시행착오도 있었다. 중광단, 대한정의단, 북로군정서의 유적을 찾아 왕청현 덕원리와 서대파를 답사했지만, 기껏해야 동네를 한 바퀴 돌아보고 오는 정도였다.

북로군정서 총재
유적지 왕청현 덕원리
전경

이번 답사에서는 대종교인들 중심으로 창설되었던 중광단(重光團), 대한정의
단 유적지인 연변조선족자치주 왕청현(旺淸縣)을 시작으로 북로군정서 본부가
주둔했던 왕청현 동광진 서대파촌(西大坡村), 북로군정서 사관연성소가 있었던
십리평 잣덕 등을 돌아볼 예정이다.

그동안 지리에 대한 무지함으로 헤매던 시간들은 깨끗이 잊고, 역사적 사실에
따른 정확한 위치를 파악할 것이다. 그리고 항일유적에 대한 박교수의 해박한
지식을 들을 수 있는 기회를 최대한 이용할 것이다. 나는 박교수와의 동행만으
로도 모든 것을 얻은 듯이 가슴이 벅차올랐다.

박교수의 인적 사항이나 정확한 이력에 대해 말하지 못하는 점을 독자들이 이
해해 주기를 바란다.

북로군정서 유적지,
길림성 왕청현 시내

매년 연변지역을 찾아와 고구려, 발해유적의 답사를 다니는 한국 학자들이
있다. 그들의 안내를 맡았던 교수들
이 당국으로부터 징계를 받은 경우가
있었고, 항일유적 취재를 돕다가
커다란 불이익을 당했던 일이 있
었다.

이러한 상황이 계속 일어나자 한국
사람과 함께 항일유적 답사를 다니는
걸 꺼리게 되었던 것이다. 그럼에도
불구하고 함께 동행해준 박교수의 용

기와 배려가 고마울 뿐이다.

박교수와 약속한 장소로 가기 위해
새벽 5시 숙소를 나섰다. 그동안 혼자
서 답사를 다닐 때는 주로 대중교통
을 이용했다. 그러나 이번 답사만은
시간을 절약하고 더 많은 곳을 보고
싶고, 연로하신 박교수에 대한 배려
로 조선족 동포의 차량을 빌려서 답
사를 다니기로 했다.

연길 도문 고속도로

박교수 자택 앞에서 그를 태운 후 연길과 도문시(圖們市)를 잇는 고속도로를
들어서 30여 분을 달렸을 때 날이 서서히 밝아오고 있었다. 도로변으로 길게 뻗
은 도문강의 물안개가 산등성이를 타고 피어오르고 있었다. 나는 차창으로 스
쳐가는 아름다운 풍경에 연신 감탄사를 쏟아내고 있었다.

새벽에 일어난 탓인지 운전기사는 연신 하품을 하며 운전대를 잡고 있었다.
잔뜩 힘이 들어간 팔에서 무척 긴장한 것을 느낄 수 있었다. 그렇다고 대신 운전
을 해줄 수도 없는 처지인지라 그냥 창밖의 풍경을 바라보고 있었다.

한 시간 조금 지나자 도문 톨게이트를 빠져나가 왕청현(旺淸縣) 방향으로 달리
기 시작하였다. 도문에서 왕청까지의 거리는 40여 킬로미터로 30분 정도면 도
착하는 거리였다. 좁은 산길을 돌아 도착한 왕청현 시내를 지나 대흥구 방향으
로 들어섰다. 도로공사를 하려는지 포장이 되어 있지 않은 길을 5킬로미터 정도

연길시 부르하통하
풍경

달려가자 왕청하(旺淸河) 옆으로 작은
언덕이 나타났다. 눈에 익숙한 들판
이 한 눈에 들어온다. 중광단 창설 유
적지였다.

차에서 내려 언덕으로 올라갔다.
북동쪽 언덕 아래로 왕청하가 흐르
고 북쪽으로 바라보면 산 아래 넓은
옥수수밭이 보이는데 그곳이 유적지
였다.

1919년 백포(白圃) 서일(徐一)을 중심으로 대종교 신도가 주축이 되어 창설되었던 중광단이 자리잡았던 역사의 현장이었다.

마치 오랫동안 떠나 있던 고향이라도 돌아온 듯이 감회에 젖은 얼굴로 들판을 바라보고 있는 나에게 박교수가 다가와 들녘을 향해 손으로 가리키며 그 당시의 유적들의 위치를 자세히 알려주었다.

1919년 중광단이 창설되고 정의단으로 확대 개편된 후 북로군정서가 설립되었을 당시 총재부가 덕원리에 있었다. 청산리 전투에서 패한 일본군이 덕원리 마을을 습격하여 불을 지르고 주민들을 학살했다. 그런데다가 1932년 동북항일연군의 근거지를 없애기 위해 비행기까지 동원한 일본군의 대토벌로 마을이 완전 폐허가 되었고, 그 후 사람이 살지 않는 폐촌으로 변해버렸다고 한다.

섬나라 잔악한 무리들에게 쫓겨 모두가 떠나간 덕원리에는 우뚝 자란 옥수수들만 바람에 일렁이고 있었다. 지금은 폐촌이 되어버린 현장의 옥수수들이 그 옛날의 참상을 쓸쓸히 증언하고 있었다. 역사를 증언해 줄 사람이 떠나간 자리

왕청현 가는 길

에는 그날의 참혹한 모습을 지켜보았던 산과 들이 말없이 자리를 지키고, 언덕 아래로 유유하게 흘러가는 왕청하를 바라보는 눈시울은 뜨거워지고 가슴은 저려온다.

1919년 3·1운동으로 촉발된 독립의 열기가 북만주 지방까지 확대된 직후 압록강, 두만강을 건너 만주로 망명하는 젊은이들이 많아졌다.

그리고 북간도 지역에 설립된 학교를 졸업한 젊은이들이 덕원리로 모여들자 서일은 중광단을 확대조직하여 대한정의단(大韓正義團)을 결성하였다. 조국의 독립을 위해 몸과 마음을 바치는 정의로운 단체라는 의미로 지었다고 한다.

대한정의단은 만주지역 한인 동포들의 호응으로 세력이 점점 커져갔고, 만주 각지에 5개 분단과 70여 개 지단을 설치했다. 같은 해 7월 항일무장투쟁을 위해 대한군정회(大韓軍政會)를 조직하여 인재들을 모집하고 군사훈련도 실시하였다. 당시 대한군정회를 이끌었던 인물은 서일, 현천묵(玄天默), 계화(桂和), 이장녕(李章寧) 등이었다. 이들은 같은 해 8월 신민회(新民會)에서 활동하다 옥고를 치른 김좌진(金佐鎭)을 영입하였고, 러시아 등지에서 무기를 대량 구입하여 서대파 십리평 언덕에 사관연성소를 열고 항일무장투쟁을 위한 군사훈련에 돌입했다.

백야 김좌진

청산리 전투의 영웅 김좌진 장군

북로군정서 총사령관 김좌진은 충청남도 홍성의 부유한 명문 출신으로 15세가 되던 해 대대로 내려오던 집안의 노비를 해방하고, 토지를 소작인에게 분배한 뒤 서울로 올라와 육군무관학교에 입학했다.

1907년 고향으로 돌아와서 호명학교(湖明學校)를 세우고, 대한협회 지부를 조직하는 등 계몽운동을 전개했고, 한성순보 이사를 역임하는 한편, 안창호(安昌浩)·이갑(李甲) 등과 서북학회를 조직하여 산하교육 기관으로 오성학교(伍星學校)를 설립하여 교감을 역임하였다. 1911년 군자금 모금혐의로 일제경찰에 체포되어 2년 6개월간 서대문형무소에 투옥되었다.

1916년 노백린, 신현대 등과 함께 박상진, 채기중 등이 중심이 되어 결성한 대한광복단에 가담하여 활동했으며, 1918년 만주로 건너가 대종교

김좌진 장군 생가
(충남 홍성군)

대한독립선언서(大韓獨立宣言書)

우리 대한 동족 남매와 온 세계 우방 동포여!

우리 대한은 완전한 자주독립과 신성한 평등복리로 우리 자손 여민에 대대로 전하게 하기 위하여, 여기 이민족 전제의 학대와 억압을 해탈하고 대한 민주의 자립을 선포하노라.

우리 대한은 예로부터 우리 대한의 한(韓)이요, 이민족의 한이 아니라, 반만년사의 내치외교(內治外交)는 한왕한제(韓王韓帝)의 고유권한이요, 백만방리의 고산여수(高山麗水)는 한남한녀(韓男韓女)의 공유 재산이요, 기골문언(氣骨文言)이 구아(歐亞)에 뛰어난 우리 민족은 능히 자국을 옹호하며 만방을 화합하여 세계에 공진할 천민(天民)이라, 우리나라의 털끝만한 권한(韓一部의 權)이라도 이민족에게 양보할 의무가 없고, 우리 강토의 촌토(韓一尺의 土)라도 이민족이 점유할 권한이 없으며, 우리나라 한 사람의 한인(韓一個의 民)이라도 이민족이 간섭할 조건이 없으니, 우리한(韓)은 완전한 한인(韓人)의 한(韓)이라.

- 중략

1. 일본의 합방 동기는 그들의 소위 범일본주의를 아시아에서 실행함이니, 이는 동아시아의 적이요,
2. 일본의 합방 수단은 사기강박과 불법무도와 무력폭행을 구비하였으니, 이는 국제법규의 악마이며,
3. 일본의 합병 결과는 군경의 야만적 힘(蠻權)과 경제의 압박으로 종족을 마멸하며, 종교를 억압하고 핍박(抑迫)하며, 교육을 제한하여 세계 문화를 저지하고 장애(沮障)하였으니 이는 인류의 적이라,

- 중략

장하도다 시대의 정의여. 이때를 만난 우리는 함께 나아가 무도한 강권속박(強權束縛)을 해탈하고 광명한 평화독립을 회복함은, 하늘의 뜻을 높이 날리며 인심을 순응시키고자 함이며, 지구에 발을 붙인 권리로써 세계를 개조하여 대동건설을 협찬하는 소이로서 우리 여기 2천만 대중의 충성을 대표하여, 감히 황황일신(皇皇一神)께 분명히 알리고 세계 만방에 고하오니, 우리 독립은 하늘과 사람이 모두 향응하는 순수한 동기로 민족자보(民族自保)의 정당한 권리를 행사함이요, 결코 목전의 이해에 우연한 충동이 아니며, 은혜와 원한(恩怨)에 관한 감정으로 비문명한 보복수단에 자족한 바가 아니라, 실로 항구일관(恒久一貫)한 국민의 지성이 격발하여 저 이민족으로 하여금 깨닫고 새롭게 함이며, 우리의 결실은 야비한 정궤(政軌)를 초월하여 진정한 도의를 실현함이라.

아! 우리 대중이여, 공의로 독립한 자는 공의로써 진행할지라, 일체의 방편으로 군국전제를 삭제하여 민족 평등을 세계에 널리 베풀지니 이는 우리 독립의 제일의 뜻이요, 무력 겸병(武力兼倂)을 근절하여 평등한 천하의 공도(公道)로 진행할지니, 이것이 우리 건국의 기치(旗幟)요, 나아가 국제불의(國際不義)를 감독하고 우주의 진선미를 체현(體現)할 것이니 이는 우리 대한민족의 시세에 응하고 부활하는 궁극의 의의니라.

아! 우리 마음이 같고 도덕이 같은(同心同德) 2천만 형제자매여! 우리 단군대황조께서 상제(上帝)에 좌우하시어 우리의 기운(機運)을 명하시며, 세계와 시대가 우리의 복리를 돕는다.

정의는 무적의 칼이니 이로써 하늘에 거스르는 악마와 나라를 도적질하는 적을 한 손으로 무찌르라. 이로써 5천년 조정의 광휘(光輝)를 현양(顯揚)할 것이며, 이로써 2천만 백성[赤子]의 운명을 개척할 것이니, 궐기하라 독립군!

아! 우리 마음이 같고 도덕이 같은 2천만 형제자매여! 국민본령(國民本領)을 자각한 독립임을 기억할 것이며, 동양평화를 보장하고 인류평등을 실시하기 위한 자립인 것을 명심할 것이며, 황천의 명령을 크게 받들어(祇奉) 일절(一切) 사망(邪網)에서 해탈하는 건국인 것을 확신하여, 육탄혈전(肉彈血戰)으로 독립을 완성할지어다.

건국기원 4252년 2월 1일

김교헌(金敎獻) 김규식(金奎植) 김동삼(金東三) 김약연(金躍淵) 김좌진(金佐鎭) 김학만(金學滿) 여 준(呂 準) 유동열(柳東說) 이 광(李 光) 이대위(李大爲) 이동녕(李東寧) 이동휘(李東輝) 이범윤(李範允) 이봉우(李奉雨) 이상룡(李相龍) 이세영(李世永) 이승만(李承晩) 이시영(李始榮) 이종탁(李鍾倬) 이 탁(李 拓) 문창범(文昌範) 박성태(朴性泰) 박용만(朴容萬) 박은식(朴殷植) 박찬익(朴贊翼) 손일민(孫一民) 신 정(申 楨) 신채호(申采浩) 안정근(安定根) 안창호(安昌浩) 임 방(任 邦) 윤세복(尹世復) 조용은(趙鏞殷) 조 욱(曺 煜) 정재관(鄭在寬) 최병학(崔炳學) 한 흥(韓 興) 허 혁(許 爀) 황상규(黃尙奎)

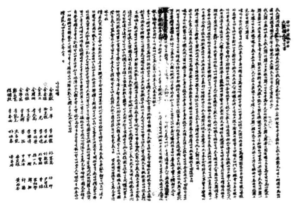
대한독립선언서

에 입교하고, 3·1독립선언보다 앞선 대한독립선언서(大韓獨立宣言書: 일명 무오독립선언서)에 39명의 민족지도자 가운데 한 사람으로 서명했다.

김좌진은 1919년 서일(徐一)이 창설한 대한정의단(大韓正義團)에 가담했고, 같은 해 8월 대한군정부(大韓軍政府) 조직으로 개편되자 본격적인 활동에 들어갔다. 1919년 12월 상해임시정부의 요청을 받아들여 대한군정부가 명칭을 북로군정서(北路軍政署)로 개칭했을 때, 김좌진은 총사령관에 임명되어 독립군 편성에 주력하는 한편 십리평(十里坪)에 연성사관학교를 세우고 사관양성과 무기구입에 노력했다.

1920년 10월 일본군 대부대가 독립군 토벌을 목적으로 만주로 출병하자, 북로군정서를 백두산으로 이동시키던 도중 청산리에서 일본군과 만나 전투를 벌였다. 10월 21일부터 6일 동안 계속된 10여 차례의 전투에서 나중소(羅仲昭), 박영희, 이범석 등과 함께 일본군을 격퇴하고 대승을 거두었다.

북로군정서 본부 유적으로 향하다

우리 일행은 다음 일정인 서대파(西大坡)로 가기 위해 차를 돌려 왕청현 시내로 다시 돌아와 아침 식사를 하였다. 왕청현에는 조선족 동포들이 많이 살고 있어서 조선족 음식점을 찾는데 별로 어려움이 없었다. 구수한 된장찌개와 김이 모락모락 피어오르는 쌀밥으로 아침식사를 할 수 있다는 사실만으로도 북간도는 고향 같은 곳이었다.

동쪽 산등성이를 넘어온 햇살이 눈부시게 빛나는 아침이다. 왕청현 시내에서 도문쪽으로 향한 길을 따라 내려가면 도문과 서대파로 갈라지는 갈림길이 나온다. 그곳에서 좌측 길로 접어든 지 얼마 지나지 않았을 때 동광향 마반산(磨磐山)이 눈앞에 펼쳐진다. 산 정상부근이 평평하게 생겨 마치 커다란 맷돌을 엎어 놓은 형상이라하여 붙여진 이름이라고 한다.

왕청현 이정표대로라면 서대파까지는 약 40킬로미터 거리에 있다. 명월구(明月溝)를 지나 서대파 가는 길로 접어들었을 때부터 도로를 정비하지 않아 울퉁불

통한 길을 달려가느라 거의 속도를 낼 수가 없었다. 그래도 처음 이곳에 왔을 때 비포장 도로보다는 형편이 좋아진 편이라 생각하며 흔들리는 차에 몸을 맡겼다.

30여 분을 달려가자 서대파촌 이정표가 보였다. 가슴이 두근거린다. 북로군정서 그 말만 들어도 가슴이 벅찬데 그 역사의 현장에 내가 다시 왔다는 사실만으로 억제할 수 없는 기쁨과 희열에 상기된 얼굴로 서대파 마을에 내렸다.

서대파촌을 감격의 눈으로 둘러보았다. 몇 년 전 무작정 이곳으로 달려왔을 때 보았던 마을모습조차 생각이 나지 않는다. 이곳에 사는 중국인들의 집은 모두 똑같다. 붉은 벽돌에 붉은 지붕, 그리고 부엌을 중심으로 방 하나와 창고, 동네마다 거의 차이가 없이 규격이 일정하고 일렬로 늘어선 집들이라 구분하기 힘들었다.

서대파촌 남쪽과 북쪽에는 산줄기가 동서 방향으로 길게 뻗어 있고, 50여 호가 옹기종기 모여 사는 조용한 동네이다. 박교수는 동서로 길게 뻗은 산줄기 아래 자리 잡은 서대파촌 뒷산을 가리키며 말했다. 북로군정서 총재부는 아침에 답사했던 덕원리에 있었지만, 저 산 골짜기에는 여러 개 병영이 세워져 북로군정서 정예군대가 주둔하였고, 군사업무를 관장하는 사령부도 있었다며 이곳을 찾아올 때마다 감회가 남다르다고 말하는 그의 얼굴이 왠지 어둡게 느껴졌다.

수천리 길을 마다하지 않고 한국에서 찾아온 나는 기쁨으로 들떠 있는데 어째서 그는 얼굴이 밝지 않은 것일까. 나는 남만주 일대를 답사하며 가슴에 품었던 답답하고 서글픈 마음을 떠올리며 그의 마음을 조금은 읽을 수 있었다.

그렇다. 이곳을 찾아오는 내내 북로군정서 유적지를 알리는 이정표를 보지 못했을 뿐 아니라 이곳에는 기념비커녕 안내표지 하나 서 있지 않았던 것이다. 이

북로군정서 활동지역
서대파 만하촌

곳에서 오랫동안 역사를 연구하고 역사를 가르치며 살아온 노학자의 얼굴에서 아직도 우리민족의 항일역사가 올바로 평가받지 못하고 있다는 사실에서 오는 자책을 느낄 수 있었다.

남만주, 즉 서간도 일대 항일유적을 답사하면서 언제나 가슴 아프게 느꼈던 것은 항일역사가 제대로 된 평가를 받지 못하여 기념비와 위령탑

등이 세워지지 않았다는 사실이었다.

새벽부터 서둘러 연길을 떠났기에 해는 아직 동편 산마루에 걸려 있다. 내가 박교수의 마음을 헤아리고 이해하면서도 가슴이 벅차오르는 것은 아마도 한민족의 피를 이어받은 사람 중에 하나라는 걸 증명하는 것이리라.

지금은 조선족들이 모두 이곳을 떠나고 산동반도 등지에서 이주한 한족

서대파 백암촌

들만이 살고 있었다. 그러므로 이 동네 사는 중국인들이 서대파 일대에서 항일투쟁이 어떻게 전개되었으며, 얼마나 많은 사람들이 일본과 싸우기 위해 피와 땀을 흘렸는가를 알 리가 없었다. 그들은 저 산과 들은 볼 때마다 가슴이 뛰지 않을 것이다. 그들에겐 이곳이 다만 먹고 사는 삶의 현장이지만 나는 민족의 역사와 숨결이 서린 그야말로 민족의 성지로 느껴지는 곳이다.

내가 연길에서 버스를 타고 왕청현에 내려서 다시 택시를 잡아타고 서대파로 왔던 때는 이곳으로 오는 길이 비포장길이라 택시 운전사가 몹시 짜증을 내던 기억이 난다. 갑자기 모여든 동네 사람들의 따가운 눈초리도 생각난다. 사람들이 별로 찾아오지 않는 농촌이었기에 외지에서 온 사람에 대한 호기심이었던 같다, 나는 혼자 동네사람들 눈치를 살피며 어색하게 동네를 돌아다니다가 돌아가야 했던 아픔이 있었다. 아무도 기억하고 있지 않는 역사, 그 누구도 들려주지 않았던 서대파촌 항일투쟁의 역사였다.

서대파 장영촌

1920년 항일독립전쟁 역사의 현장, 가끔 이곳을 찾는 사람들이 있는데 대부분이 한국에서 온 역사관련 학자와 그와 관련된 공무원들이었다고 한다.

다음 일정상 산 골짜기까지 가지 못하고 십리평(十里坪)을 향해 다시 차

북로군정서
사관연성소 유적
태평촌 가는 길

에 올랐다. 잠시 후면 북로군정서의 사관연성소가 있었던 장소를 정확하게 가볼 수 있다는 생각에 서대파를 돌아보지 못한 아쉬움을 달랬다. 서대파를 출발하여 십리평으로 향하며 차창으로 스쳐가는 산과 마을들이 정겹게 다가온다. 그리고 항일투사들의 피땀이 서려 있다는 생각에 조용히 고개 숙여 감사를 드린다.

장흥촌, 만하촌, 백암촌, 장영촌을 지나갈 무렵 깨끗하게 정비되어 있는 길이 나타났다. 그야말로 비단길을 달리는 기분이었다.

북로군정서 사관연성
소 유적지

장영촌(長榮村)은 원래 지명이 십리평이었는데, 중국 항일영웅 등장영(邆長榮)이 이곳에서 순국한 뒤 장영촌으로 바뀌었다고 한다. 장영촌을 지나자 곧바로 태평촌(太平村)이란 이정표가 서있다.

태평촌 마을은 5년 전보다 훨씬

깨끗하게 정돈 되어 있었다. 북로군정서가 들어오기 전까지는 길도 없었다고
한다. 북로군정서가 이곳으로 옮겨 오면서 길을 닦은 뒤부터 비로소 우마차가
다닐 수 있게 되었다고 한다.

　태평촌 마을은 뒤 산줄기가 동쪽으로 뻗어 있고, 그 아래 평탄한 구릉이 넓게
펼쳐진 곳이었다. 북로군정서가 이곳에 사관연성소를 짓기 위해 개척하기 전까
지는 잣나무 수림이 울창하개 우거진 언덕이었다고 한다. 1945년 중국으로 들
어온 소련군이 이곳을 지날 때 일본군과 전투를 하지 않고 무사히 지나갔다고
해서 붙여진 이름이 태평촌이다.

　나는 태평촌 입구에서 차에서 내리자마자 박교수에게 물었다.

좌 ● 북로군정서
사관연성소 졸업식
(1920년 9월 17일)
우 ● 북로군정서
출정식 기념사진
(서대파)

"사관연성소 자리가 정확하게 어딥니까?"

"급하시기는…"

박교수는 담배를 한 대 피워물더니 마을 뒷산을 바라보았다. 그의 시선을 따라 산등성이를 바라보았다.

"여기 태평촌을 옛날에는 십리평이라 부르고 있었고, 저 뒷산이 사관연성소가 있었던 잣덕이오."

갑자기 눈물이 핑 돌았다. 이 깊은 골짜기까지 들어와 오로지 조국독립만을 생각했던 사람들. 만리 타국땅에서 굶주린 배를 움켜쥐고 훈련에 임했을 그들을 생각하며 잣덕을 향해 두손을 모으고 조용히 머리를 숙였다.

차를 운전하고 왔던 조선족과 박교수의 눈이 휘둥그레졌다. 동네 사람들도 울타리 너머로 신기한 듯 바라본다.

그들의 심사를 헤아리는 것보다 조국광복을 염원하던 독립영웅들에게 감사의 절을 올리는 것은 당연한 것이리라.

박교수의 설명을 들으며 주위를 둘러보았다.

그리 높지 않은 산이 병풍처럼 펼쳐져 있고, 그 아래 평탄한 구릉을 십

북로군정서 사관
연성소 유적지에서

북로군정서
사관연성소 터

리평이라 불렀으며 그 지리적 여건을 활용하여 북로군정서 사관연성소가 자리
잡았다는 것이다.

나는 눈을 감았다.
잣덕에서 불어오는 바람이 얼굴을 스친다.
함성이 들린다.
사관생들의 군가 소리가 들려온다.

하느님, 저희들 이 후에도
만천대 후손의 행복을 위해
이 한몸 깨끗이 바치겠으니
빛나는 전사를 하게 하소서.

"이곳에 온 감회가 무척 깊은 모양입니다."

북로군정서 이동로
(왕청현 마반산)

박교수가 잣덕을 향해 발걸음을 옮기기 시작했다. 나는 그를 따라 올라갔다. 동네 뒤쪽 지역은 공동묘지로 변해 있었다. 십리평이란 팻말이 눈에 들어왔다.

나는 그곳에서 한참 동안 눈을 뗄 수가 없었다. 박교수가 먼저 산 아래로 내려 간다. 조용히 눈을 감고 잣덕에서 불어오는 바람에 몸을 맡긴다. 조국독립을 위해 이역만리 타국땅에서 젊음을 바쳤던 이들에게 고개 숙여 묵념을 올렸다. 나는 산 아래로 내려가 기다리고 있는 박교수에게 미안한 마음이 들어서 언덕을 내려가면서도 몇 번이고 잣덕을 다시 돌아보았다. 아쉬운 마음으로 다시 올 기약을 남겨 놓은 채 무거운 발걸음을 돌려야 했다.

북로군정서, 백두산을 향해 대장정을 떠나다

북로군정서는 상해 대한민국임시정부 국무총리 이동휘(李東輝)의 무장투쟁론에 대한 지지를 선언하였다. 이동휘는 민족의 자력으로써 독립을 쟁취하는 날까지 우리의 무장투쟁을 멈춰서는 안 된다고 역설했었다. 이러한 무장투쟁론을 행동으로 옮긴 사람이 북로군정서 총재 서일이었다. 그는 북로군정서를 창설하고 사관연성소를 세워 다가올 항일독립전쟁을 준비하였다. 김좌진, 나중소, 강화린 등을 영입하고 독립군들에게 군사훈련을 시키는 한편, 독립전쟁 물자를 조달하기 위해 수차례 직접 러시아로 가서 총포와 탄약을 구입하여 돌아오기도 했다.

북로군정서 이동로
(왕청현 신흥촌)

봉오동 전투에서 패한 일본군은 중국정부를 압박하기 시작했다. 일본의 압박에 굴복한 동국군벌 장작림은 1920년 9월에 연길지역 중국군 맹부덕의 군대를 서대파까지 보내 북로군정서가 다른 곳으로 이동할 것을 요구했다. 이에 김좌진, 현천묵은 맹부덕과 담판에서 다른 곳으로 이동을 거부했다. 잠시 물러갔던 중국군은 일본군의 엄중한 항의가 계속 되어 더 이상 토벌을 미룰 수 없다는 입장을 재차 전달했다. 장작림을 중심으로한 중국 군벌들은 일본군이 독립군을 토벌하러 만주로 쳐들어올까봐 노심초사하고 있었다. 그래서 독립군 부대 이동을 강력하게 압박하였던 것이다.

북로군정서는 이러한 중국군의 처지를 외면할 수만은 없었다. 독립군의 훈련과 항일무장투쟁을 위해 러시아로 무기구입을 떠났던 서일 총재가 서대파 본부로 돌아온 뒤 9월 9일 제 1기 사관연성소 졸업식을 거행하고 부대이동 준비를 시작하였다.

사관연성소 졸업생 300명을 연성대로 편성하고 대장에 나중소, 부관 최준형,

좌 • 북로군정서
이동로(의란구 신광촌)
우 • 북로군정서
이동로(연길시 팔도구)

좌 • 북로군정서
이동로(연길 동불사)
우 • 북로군정서 이동
유적(안도현 석문진)

중대장 이범석, 소대장 이민환, 이탁, 김훈 등이 임명되었다.

북로군정서는 1920년 9월 17일 서대파 본영을 떠나 백두산을 향해 대장정을
시작했다. 선발대는 경비대 560명 연성대 300명 부대장비 운반대 와 본부직원
100여 명을 두 대대로 나눠 9월 17일 아침 보무도 당당하게 독립군가를 부르며
대장정길에 올랐다.

하늘은 미워한다 배달족의
자유를 억탈하는 왜적들을
삼천리 강산에 열혈이 끓어
분연히 일어나는 우리 독립군

백두의 찬 바람은 불어 거칠고
압록강 얼음 위엔 은월이 밝아
고국에서 불어오는 피비린 바람
갚고야 말 것이다 골수에 맺힌 한을

하느님 저희들 이후에도
천만대 후손의 행복을 위해
이 한 몸 깨끗이 바치겠으니
빛나는 전사를 하게 하소서

화룡시 송월평 전경
(북로군정서 집결지)

북로군정서 대장정, 그 역사적 현장을 찾아가다

북로군정서 독립군들이 백두산을 향해 이동하기 위해 90여 년 전에 걸었던 대장정(大長程) 길을 따라가 보기로 했다. 비록 대부분의 거리를 승용차로 가는 것이지만 북로군정서 대장정을 답사하는 마음은 무엇과도 비교할 수 없을 정도로 가슴이 벅차고 뿌듯했다.

사관연성학교 졸업식을 끝내고 대장정에 돌입한 북로군정서가 십리평에서 출발하여 서대파를 지나 마반산(磨盤山) 자락을 타고 넘어가 신흥촌에 도착했다는 기록대로 승용차를 타고 15킬로미터 정도를 달려 서대파를 지났다. 그런데 마반산으로 넘어가는 도로가 없어 할 수 없이 왕청현 방향으로 돌아 신흥촌(新興村)에서 도착하였다.

북로군정서는 대감자(大坎子)에 이르러 하루를 숙박하였다. 대감자촌에 머무는 동안 독립군을 지원하는 젊은이들 50명을 선발하고, 일본군에게 빼앗아 묻어

두었던 총과 탄약을 꺼내 수레에 실었다. 대감자는 이범윤의 광복단이 창설되어 주둔하던 곳이었다.

십리평을 떠난 지 사흘이 지났다. 새벽 2시 대감자를 떠나 용부촌(현재 도문시 석현진)에서 아침 식사를 하고 위자구(현재 도문시 장안진)에 도착하여 숙박하였다. 위자구를 떠난 군정서군은 남양촌(현재 연길시 의란진 신광촌)에 도착하였다. 신광촌은 연길시에서 북쪽으로 11킬로미터 떨어져 있는 곳이다.

북로군정서는 신광촌에서 부대를 다시 정비하고, 동불사 북촌을 거쳐 팔도구(현재 용정시 팔도구진)를 지나서 안도현 석문 차조구(현재 안도현 석문진 중평촌)에 도착하였다. 석문은 1900년대 초에 생겨난 마을로 토문자라고 불렸다.

차조구는 안도현에서 동남쪽으로 10킬로미터 정도 떨어진 곳으로 동네 앞쪽으로 차조구하가 흘러 연길 부르하통하와 합수(合水)한다. 석문산 줄기가 뻗어 있어 토문령이라고 부르는 곳이다. 북로군정서가 차조구를 떠난 것은 10월 5일

북로군정서 주둔
유적지(송월평
저수지)

이었다. 차조구에서 천보산(天寶山)을 넘어 화룡현 이도구(二道溝)에서 숙영한 뒤
묘령을 거쳐 10월 18일 송월평에 집결하였다.

청산리 6일 전쟁이 시작되다

북로군정서 부대는 왕청현 서대파를 떠난 지 한 달이 된 10월 18일에 삼도구
(현재 화룡 시내) 송림평에 도착하여 나월평(현재 화룡시 부흥향 송월촌)까지 부대를 주
둔시키고 있었다. 북로군정서 부대는 충신장(현재 화룡시 시내) 아래 토산자에 주
둔하면서 뒤따르는 일제침략군을 일망타진하려다가 그 일대 일반 백성들이 피
해를 입어서는 안 된다고 판단하여 평양촌(지금의 청산리) 방향으로 돌리었다.

청산리 전투에 참전했던 철기 이범석, 김훈이 남긴 기록과 한국독립운동사,
박은식의 독립운동지혈사 등에 기록된 백운평 전투를 한 번 살펴보도록 하자.

김훈은 독립신문에 기고한 북로아군실전기(北路我軍實戰記)에서 이렇게 기록하

좌 • 송월 저수지
우 • 송월평 유적지
전경

고 있다.

청산리(靑山里)는 남으로 함경도 무산(茂山)에서 약 100리 거리의 충신장(忠信場)으로부터 60리 되는 긴 계곡이며 그 사이에 대진창(大進昌), 송리평(松里坪), 송림평(松林坪), 평양촌(平壤村) 등 촌락이 계속에 연이어 자리잡고 있고, 이도구(二道溝)는 청산리 이북에 위치하여 두도구(頭道溝)를 거쳐 용정시가 동으로 약 100리 떨어져 있는 어랑촌(漁郞村)을 비롯하여 봉미구(鳳尾溝), 갑산촌(甲山村), 천수동(泉水洞), 만록구(萬鹿溝) 등의 촌락이 연이어 자리잡고 있는 긴 계곡이다. 이상에 청산리와 이

백운평 마을터

1. 대한독립군 사령관 홍범도 / 2. 북로군정서 참모장 이장녕 / 3. 대한국민회군 사령관 안무 / 4. 북로군정서 대대장 김규식 / 5. 북로군정서 연성대장 이범석 / 6. 북로군정서 중대장 김훈

도구는 백두산을 서남쪽에 천보산(天寶山)을 북쪽에 끼고 있고, 남북 3면이 천연으로 험지로서 방어의 우려가 없고 오직 동남쪽 일면이 열려있다. 방비를 완실(完實)히 하면 일고의 우려가 없다. 군정서가 왕청현 서대파로부터 이동해온 것이 이 험지를 지키고자 함이오. 적이 무산으로부터 충신장으로 오고, 회령에서 용정을 거쳐 어랑촌으로 진(進)함도 그 허(虛)로를 충(衝)하려함이었나이다.

그들은 화룡현의 대진창에서 점심을 먹고 수십 리 서쪽골짜기에 들어섰는데 삼도구(三道溝) 일대에 살고 있던 국민회 소속의 한인들이 북로군정서군에게 짚신, 의복, 마차 등을 전달하고 식량을 거두어 부대 주둔지로 운반하였다.

송월평 사람들은 북로군정서 독립군을 위해 소를 한 마리 잡았다. 그때 일본군들이 계속 뒤쫓아오자 서일과 김좌진은 민중들에게 피해를 입게 해서는 안된다면서 부대를 이끌고 해란강을 거슬러 올라가게 하였다. 송월평을 떠난 북로군정서는 백운평 마을에 잠시 머물렀다.

백운평은 지나가는 구름이 머무르는 평탄지란 뜻으로 화룡시 소재지에서 20여 킬로미터 거리에 있다. 송하평 마을이 있는 곳을 제외하고는 수십 리에 길게 뻗어있는 좁은 골짜기가 이어지고 있었다. 이 골짜기에 있는 송월평, 라월평, 십리평, 평양평, 백운평 등의 마을에는 평안도와 함경도에서 이주한 한인들이 살고 있었다.

해발 1676미터의 베개산에서 약 2킬로미터 떨어진 곳에 있는 백운평은 좁은 골짜기 양쪽으로 장백산에서 이어져 온 남강산맥 줄기가 뻗어 내리는데 1500미터가 넘는 고봉들로 이어져 있었다.

백운평 전투 白雲坪 戰鬪

한배검님 저희 이후에도
천만대 후손의 행복을 위해
이 한 몸 깨끗이 바치겠으니
빛나는 전사(戰死)를 하게 하소서

북로군정서 군가를 부르며 청산리 계곡을 향해 진군하였다. 백운평에서 전열을 정비한 뒤에 베개봉 아래 공지(空地)로 이동하였다. 백운평 마을과 주민들에게 피해를 주지 않기 위해서였다.

백운평 전투 유적

김좌진은 나중소에게 부대를 전투 태세로 전환시키라고 명령하였다. 그리고 병사들에게 총탄이 지급되었다.

시월의 바람이 골짜기를 타고 흐르는 소리, 총탄을 나눠주는 소리, 직소 폭포에서 떨어지는 물소리. 병사들은 말이 없었다. 북로군정서 총사령관 김좌진은 전투준비를 끝낸 독립군 병사들 앞에 섰다. 참모 나중소, 중대장

이범석, 강화린, 이민화 등의 간부들이 그의 옆에 섰다. 김좌진은 천천히 입을 열었다. 그의 표정에는 전투에 임하는 강한 의지가 서려 있었다.

　북로군정서 대원들이여! 왜 우리는 만주로 와야 했는가를 잊지 않고 있을 것이다. 우리가 서대파에서 왜 땀흘려 훈련했는가를 알고 있을 것이다. 우리민족을 짓밟는 원수들이 지금 이곳으로 몰려오고 있다. 우리는 적들과 결코 피할 수 없는 일전을 치르게 될 것이다. 민족의 원수들에게 분노의 총탄을 퍼부어라. 단 한 놈도 살려보내서는 안 된다. 섬 나라 오랑캐들이 다시는 북간도에 들어올 수 없도록 응징하라!
　이 계곡을 그들의 피로 흐르게 하라! 위대한 독립전쟁의 승리를 쟁취하라!

　북로군정서 독립군들은 총칼을 높이 들고 대한독립만세를 외쳤다. 그리고 숙영 준비를 하고 있을 무렵 일본군의 동향을 살피던 연락병이 돌아와 보고를 했다. 지금 일본군들이 청산리에 도착하였다는 것이다. 김좌진은 백운평 공지 입구에 경계병을 세워 놓고 부대원을 배치했다.
　김좌진은 비전투원과 훈련이 부족한 병사를 제1제대에 포함시켜 직접 지휘하고, 사관연성소(士官練成所) 학생들을 중심으로 한 정예병력은 제 2제대로 편성하여 연성대장인 나중소와 중대장 이범석이 지휘하게 하였다.
　김좌진은 사방정자산 동쪽 등성이에 이민화(李敏華)가 지휘하는 중대를 매복시켰다. 산의 경사가 60도나 되는 산등성이였다. 김훈(金勳)이 지휘하는 중대가 매복한 중앙은 경사가 90도나 되는 깎아지른 절벽 위였다. 이러한 절벽 위에서 소나무가지와 잣나무가지로 위장을 하고 널려진 밀림의 나무등지를 천연적 엄폐물로 하여 두껍게 쌓인 낙엽 속에 전신(全身)을 파묻으면 어떠한 적들도 발견하기가 어려웠다. 약 800미터 떨어진 곳에서 김좌진이 지휘하는 제1제대도 동일한 전투준

청산리대첩
기념비에서

백운평 전투 유적지
(청산리 베개봉 계곡)

비를 했음은 물론이다. 북로군정서(軍政署) 독립군은 완전히 엄폐된 상태에서 매복하여 절벽아래의 공지(空地)를 향해서 총구(銃口)를 모았다.

때는 늦가을이라 군정서 독립군들은 저마다 한기에 시달려야 했다. 아직 겨울옷을 준비하지 못하여 홑옷을 입고 있었지만, 적의 대부대를 지척에 두고 우등불(모닥불)을 마음놓고 피울 수도 없었던 것이다.

새벽이 밝아오자 백운평 마을 사람들이 아침밥, 짚신, 의복 등을 가지고 몇 리 떨어진 계곡의 부대 주둔지를 찾았다. 식사가 끝난 후 마을사람들은 골짜기를 내려가다가 일본군과 마주치기도 했다. 일본군이 검문하면서 독립군을 보았는가 묻자 모르쇠를 댔다. 그들은 안도(安圖)에 갔다가 온다고 둘러대기도 했다.

10월 21일 오전 9시 적군은 독립군이 매복하고 있는 지역으로 들어섰다. 김좌진의 권총 신호와 함께 기관총과 박격포가 불을 뿜었다. 야스가와(安川) 소좌가 말에서 떨어졌다. 지휘자를 잃은 일본군은 갑자기 날아온 총탄 앞에 방향을 잃고, 이리저리 도망치기 시작했다. 그러나 계곡이 워낙 좁고 험하여 산등성이에 매복한 채 쏘아대는 총탄을 피할 수가 없었다.

일본군은 도망을 치며 응사를 시도했으나 독립군이 어디에 은폐하고 있는지를 정확히 알지 못했고 총탄이 날아오는 방향을 향한 막연한 응사도 아무런 효력이 없었다. 약 30분간의 교전 후에 일본군 전위부대(前衛部隊) 200명은 섬멸되었다.

뒤이어 도착한 일본군 산전(山田) 토벌연대는 전위부대가 전멸한 것에 크게 당황하여 대포와 기관총으로 응전해 왔다. 그러나 일본군은 목표와

백운평 전투 유적비

青山里大捷
之 白云坪战斗遗址

조준을 명확히 할 수가 없어서 막대한 화력만 허비하였다. 반면에 나라를 빼앗기고 설욕의 날을 기다리던 독립군은 사기가 충천하여 정확하게 조준해서 모든 화력을 퍼부었으므로 시간이 흐를수록 일본군의 사상자만 늘어갔다.

청산리 전투
유적지에서

　일본군은 다시 보병 2개 중대와 기병(騎兵) 1개 중대로 부대를 편성해서 매복한 대한군정서 독립군의 옆면을 우회하여 제 2제대를 포위해 보려고 시도하였다. 그러나 절벽 위에서 정확하게 조준하여 사격하는 북로군정서의 공격에 막대한 희생만 내고 패주하였다. 일본군은 대오(隊伍)를 다시 정돈해 가지고 매복한 대한군정서 독립군 제 2제대의 정면과 측면을 대포와 기관총으로 반격해 왔다. 그러나 독립군은 절벽 위에서 완전히 은폐되어 있으므로 일본군이 아무리 중화기로 반격을 해도 아무런 효과가 없었다. 반면에 대한군정서 독립군은 계속 조준 사격을 정확히 했으므로 일본군은 여기서도 계속 사상자를 냈을 뿐이었다. 일본군 산전부대의 본대(本隊)는 자기편의 시체를 쌓아 은폐물을 만들고 필사적 반격을 시도했으나 모두 200~300명의 전사자만 낸 채 더 견디지 못하고 숙영지로 패주하였다. 이것이 유명한 청산리 백운평(白雲坪) 전투로 독립군이 쟁취한 완벽한 승리였다.

　청산리 전투가 벌어졌던 베개봉 직소(直沼)는 노일령(해발 1496미터)에서 발원한 해란강이 계곡 사이로 흘러가다 칠팔 미터의 높이의 폭포를 이루는 곳이다. 여름에는 떨어지는 물소리가 십리 밖에까지 들렸고 그 아래 커다란 연못이 만들어졌다고 한다. 직소는 청산리 계곡에서 가장 험준한 곳으로 남북 양쪽에 경사도가

백운평 전투 장소
베개봉 계곡

청산리대첩 유적지
갑산촌 전경

급한 절벽을 이루는 산들이 솟아 있어서 계곡은 아주 좁고 험했다.

1920년 당시에는 우마차나 겨우 다닐 수 있을 정도의 좁은 길 옆으로 노령에서 발원하여 해란강으로 흘러가는 계곡물이 작은 개울을 이루고 있었다. 지금은 그 때 모습을 찾아보기 힘들다. 1935년 만주를 차지한 일본군이 군용도로를 내고 목재를 운반하기 위해 직소를 폭파해 버렸다고 한다. 그래서 현재에는 폭포라고 할 수도 없는 물줄기가 흐르고 있다.

필자가 청산리 전투에 대하여 자세히 서술하는 것은 많은 독자들이 청산리 전투가 한 곳에서만 벌어진 전투로 알고 있기에 역사적 사실들을 자세히 기술하여 축소되거나 잘못 전해졌던 사실(史實)을 바로 잡으려는 뜻이 있다.

백운평 전투에서 대승을 거둔 북로군정서는 퇴각하는 일본군을 더 이상 추격하지 않고, 해발 1,600고지가 넘는 노령 능선을 타고 동쪽으로 이동하여 갑산촌(甲山村)방향으로 행군하였다. 이는 야마다의 별동 기병연대가 청산리를 향하고 있었기에 독립군의 행로가 차단당하거나 포위되는 것을 방지하기 위해서였다.

북로군정서에게 패배한 일본군은 대오를 정리하여 다시 백운평으로 쳐들어

왔으나 독립군은 이미 떠난 뒤였다. 그들은 독립군이 사라진 것을 알고 미쳐 날뛰기 시작하였다.

그들은 독립군의 추격을 포기하고 돌아가려는 순간 후면에서 들어가던 일본군과 교전이 벌어졌다. 백운평에서 일본군이 고전하고 있다는 소식을 듣고, 후방에서 지원을 나왔던 일본군은 독립군의 철수 사실을 까맣게 모른 채 서로 독립군으로 오인하여 총격전을 벌였던 것이다.

일본군끼리 벌어진 전투에서 무려 6백여 명의 사상자가 생겼으니, 백운평 전투에서 패할 때보다 더 많은 피해를 입게 되었던 것이다. 그야말로 남의 나라를 침략하고 수탈한 죄로 하늘의 징벌을 받았다고 할 수 있을 것이다.

백운평 계곡에서 대패한 일본군은 독립군이 떠난 계곡에 헛총질을 하며 분을 삭이려 했지만 화가 풀리지 않았는지 돌아가는 길에 백운평 주민들에게 화풀이를 해댔다. 아무 죄도 없는 마을사람들을 몽땅 집안에 가둬놓고 불을 지르는 만행을 저질렀다. 심지어 뜨거운 불길을 헤치고 나오는 사람은 칼로 찌르거나 총격을 가해 살해하였다.

백운평 마을에서 시작된 불길은 베개봉 계곡을 태우며 시커먼 연기가 하늘을 덮었다. 마을 뒷산에 피신하여 백운평에서 피어오르는 연기를 바라보는 청산리 주민들의 가슴도 까맣게 타들어가고 있었다.

이범석의 『우등불』에는 백운평 전투 당시의 상황을 이렇게 기록하고 있다.

일진의 광풍폭과 같은 총소리가 사방에서 쏟아져 나왔다. 철풍철우(鐵風鐵雨) 그것은 수천수만 마리 호랑이떼의 포효소리보다도 더 무시무시한 쇳덩이의 아우성이었다. 6백여 정의 보총, 4정의 기관총, 2문의 박격포. 우리가 가지고 있는 전화력이 일시에 적의 머리 위에 집중되었다. 총알은 혹은 번개처럼 혹은 별똥처럼 공지(空地) 위를 날아다니고 공지 위에서 춤췄다.

가로세로 수없이 교차하는 쇳덩어리는 가장 빽빽하고 삼엄한 불의 그물을 이루었다. 포탄은 하산에서 녹아내리는 바위같이 이글거리며 산산이 부서지는 돌조각처럼 공지를 두드리고 산천초목을 진동시켰다.

적들은 바람에 휘날리는 나뭇잎과 같이 뚝뚝 떨어져 땅바닥에 쓰러졌다. 시체는 겹겹이 쌓이고 선혈은 사방에 뿌려져 주변 송림을 물들였다. 한잎 두잎 푸른솔은 검붉게 물들어갔다.

총소리와 만세 소리가 한데 합쳐서 어루러지니 만약 그 함성에 리듬을 붙일 수 있다면 원한 교향곡이라 부르고 싶다.

완루구 전투完樓溝 戰鬪

완루구 전투(完樓溝 戰鬪)는 백운평 전투와는 달리 대한독립군, 대한국민회, 의군부(義軍府), 한민회, 한국광복단, 의민단, 신민단(新民團) 등의 부대가 연합하여 수행한 전투로 10월 21일 오후부터 22일 새벽까지 어랑촌(漁浪村) 서북방 완루구 우거진 산림 가운데에서 벌어졌던 전투이다.

완루구 전투 유적지
와룡촌 전경

아즈마(東彥)가 지휘하는 일본군 주력부대가 완루구로 쳐들어왔다. 아즈마는 홍범도의 독립군 연합부대를 일거에 소탕하기 위해 각 요지마다 기관총을 걸어놓고 독립군이 매복해 있으리라 추측되는 산마다 불을 질렀다. 산골짜기 도처에서 화염이 솟아오르고 연기가 하늘을 덮었다.

아즈마의 부대는 두 지대로 나뉘어 홍범도 부대를 공격하였다. 사태는 홍범도 연합부대가 불리하고 위태

로운 상황이었다. 그러나 적들의 흐름을 파악한 홍범도는 주력부대를 측면에 매복시키고 중앙에 예비대를 배치하였다. 왜놈들은 중앙을 공격 방향으로 삼고 산마루로 기어오르기 시작했다. 홍범도 부대는 중앙 고지를 향해 오르는 적들을 측면에서 총격을 가했고, 중앙 예비대도 사력을 다해 적을 향해 총탄을 퍼부었다. 적들이

완루구 와룡

잠시 산 아래로 후퇴하여 진용을 정비할 무렵 날이 어두워졌다.

홍범도는 예비대 장병들에게 고지를 타고 적의 측면을 돌아 중앙고지를 협공할 건너편에 가서 대기하라고 명령하였다. 홍범도 장군의 생각대로 적들은 야음을 틈타 중앙고지를 공격하기 시작하여 쉽게 진지를 점령했다. 이 사이 독립군은 적의 측면을 돌아 건너편 산에 도착하자 먼동이 트기 시작하였다.

홍범도 부대는 중앙고지를 점령하고 잠시 승전에 도취한 적을 양쪽에서 협공하여 거의 전멸시켰다. 일본군 패잔병 몇 명이 산을 넘어 겨우 도망을 쳤을 뿐이다. 완루구 전투는 불리한 전투가 예상되는 상황에서 철저한 매복 작전을 전개했던 홍범도연합부대의 작전에 의한 승리였다.

홍범도 장군이 기록한 일지(日誌)에 완루구 전투에 대한 회고는 다음과 같이 기록하고 있다.

그날 밤으로 말리거우에서 날 밝기를 기다리면서 나의 심정이 난솔하여 밤중에 군사를 취군하여 말리거우 제일 높은 산에 올라가 밤새 엎드려있었다.

날이 금시 밝자 대포소리 한 방 나더니 사방으로 사격소리가 그치지 않고 단박에 말리거우 민간촌에 일본군이 달려드니 나의 군인 520명이 사방으로 둘러싸고 벼락치듯 막 사격하니까 적들이 혼란에 빠져 헛총질을 해댔다.

밤이 삼경되도록 진을 풀지 못하고 답세우며 공격을 감행하여 일본군을 거의 다 잡았다. 총 240정과 탄환 500발을 받아가지고 조선인 사복하고 빠져 나가는 놈 여섯 놈을 붙잡아 사살하였다.

필자가 2012년 9월에 완루구(일명 만리구) 전적지를 답사하러 갔을 때 그 마을에서 느꼈던 것은 동남쪽으로 난 좁은 길을 제외하고는 그야말로 첩첩산중이라 홍범도의 매복작전에 일본군이 속수무책으로 당할 수밖에 없는 지형이라는 걸 금방 알 수 있었다. 일본군이 왜 고지를 점령하고 그렇게 기를 쓰고 달려들었는지 주위 산세를 보면서 느낄 수 있었다.

90여 년 전 격렬한 전투가 벌어졌던 완루구는 역사적 사실조차 모르는 사람들이 버섯과 산나물을 채취하며 살아가는 초라한 동네로 변해 있었다.

천수평 전투泉水坪 戰鬪

천수평 전투는 백운평에서 승리한 북로군정서군이 일본군 기병대와 벌인 두 번째 전투였다. 백운평 전투 승리 후 철수를 시작한 북로군정서군은 22일 새벽 2시 백운평에서 60여 킬로미터 떨어진 이도구 갑산촌에 도착하였다.

백운평에서 격렬한 전투를 치르느라 지친 몸을 누이고 설익은 감자 몇 알로 허기를 채우고 있을 무렵 동네주민으로부터 일본군 1개 기병대가 천수평 마을에 머물고 있다는 정보를 입수하였다. 북로군정서 지휘관들은 천수평에 주둔하고 있는 일본군 기병대에 대해 선제공격을 감행하기로 결정하고, 독립군 병사들을 독려하여 다시 전투준비에 돌입하였다.

이범석은 천수평으로 출발하기 전에 군사를 모아놓고 말했다.

청산리 산맥은 백두산이 주맥이요 우리 조상의 발상지이다. 지금 이 순간 수천

수만의 눈동자가 우리를 주시하고 있을 것이요 자손의 눈동자가 우리를 주시하고 있을 것이다. 만약 우리의 혈관속에 아직도 단군의 피가 말라붙지 않았다면 우리는 마땅히 한 몸을 희생의 제단에 올려놓고 삼천 만 동포의 원한을 풀어야 할 것이다.

1월 22일 새벽 4시 30분경 이범석이 지휘하는 연성대를 선두로 북로군정서군은 천수평 마을이 바라보이는 능선에 도착하였다. 이때 일본군 도전(島田) 중대장이 지휘하는 기병중대는 독립군이 아직도 백리 밖 청산리 부근에 있을 것으로 생각하여 토성 안에 말을 메어놓고 민가에서 잠에 곯아떨어져 있었다.

이범석은 연성대의 김훈 중대에게 북쪽 산을 타고 가서 마록구(馬鹿溝)를 점령하여 일본군의 퇴로를 차단할 것을 명령하였으며, 이민화 중대에는 천수평 남방고지를 점령하게 하였다. 또한 이범석은 한근원, 이교성과 함께 2개 중대를 이끌고 동쪽에서 일본군에 대한 정면공격을 시도했다.

김훈·이민화 중대가 작전대로 예정한 지점에 도달하였고, 이범석이 이끄는 2

천수평

개 중대가 냇물을 타고 천수평 동쪽에 이르렀을 때, 일본군 기병순찰대 보초가 독립군을 발견하고 사격을 가하였다.

북로군정서 연성대도 일본군 기병 중대가 자고 있는 촌락과 토성 안으로 집중사격을 가하며 돌격전을 감행하였다. 전투가 시작되자 총소리에 놀란 일본군은 허둥대며 전열을 정비하고자 했으나, 북로군정서군의 공격에 효과적으로 대응할 수 없었다. 이 전투에서 일본군 4명이 말을 타고 탈출한 이외에 27연대 소속 기병중대 전원이 몰살당하였다.

어랑촌 전투漁浪村 戰鬪

어랑촌 전투는 청산리 독립전쟁에서 독립군 연합부대가 거둔 승리 가운데 규모가 가장 큰 전투였다. 10월 22일 아침부터 해가 질 때까지 이도구 어랑촌 서남방 874고지 남측에서 김좌진 부대와 홍범도 연합부대가 일본군과 대격전을 벌인 전투이다.

어랑촌은 1910년 경술국치 이후 함경북도 경성군 어랑사의 주민 10여 호가 이주하여 개척한 마을로 이도구에서 서쪽으로 10리 가량 떨어져 있었다.

아즈마의 총지휘부가 있는 어랑촌은 천수평에서 20여 리밖에 되지 않았다. 천수평에서 도망친 패잔병들에게 급보를 들은 아즈마는 기병제 27연대, 포병 제25연대, 보병 1개 대대까지 출동시켜 공격해 왔다.

북로군정서군은 어랑촌 서남단의 고지를 점령하고 전투태세에 들어갔다. 기병을 앞세운 일본군이 고지를 향해 올라왔으나 고지는 이미 북로군정서 독립군이 점령하고 있었기에 일본군은 고지 밑에서 독립군을 공격하게 되었고, 독립군은 고지 위에서 일본군을 내려다보며 싸우게 되었다.

그러나 워낙 대부대의 공격인
데다가 화력이 집중되어 김좌진 부
대가 아즈마 대공세를 어렵게 막아내
고 있을 무렵 우측 산마루에서 요란
한 총소리가 나면서 왜놈들이 쓰러지
기 시작하였다.

완루구 전투를 마치고 안도현으로
이동하던 홍범도가 어랑촌에서 북로
군정서 전투 소식을 듣고 곧바로 부
대를 돌려 어랑촌으로 달려온 것이다.

어랑촌 전투 유적지

어랑촌 전투는 10월 22일 하루 종일 계속되었다. 북로군정서군 약 600명과 홍
범도연합부대 팔백 명이 아즈마 지대의 기병연대와 보병연대가 연합한 1,500명
내외의 병력과 치열한 접전을 전개하였다.

홍범도연합부대는 북로군정서가 있는 바로 옆 고지에 진을 치고 일본군의 배
후에서 기습적인 공격을 시작하였다. 이후 일본군과 독립군은 숫자상으로 대등
한 전력으로 전투를 수행했다. 독립군은 압도적으로 유리한 지형을 활용하여 일
본군에게 심각한 타격을 가할 수 있었다. 물론 전투 초기부터 격전을 치러야 했
던 북로군정서군은 일본군의 우세한 화력에 의해 피해를 입었지만, 전력을 보강
한 독립군은 일본군에게 커다란 타격을 가할 수 있었다.

좌 ● 어랑촌 전투
유적지 전경
우 ● 어랑촌 항일
기념비(동북항일연군)

어랑촌 전투 능선

독립군들은 보급이 부족한 상황에서 굶주림을 참아내며 격전을 감당해야 했다. 그러한 가운데 위험을 무릅쓰고 물심양면으로 독립군을 후원하는 동포들의 도움에 힘입어 어랑촌 전투를 승리로 이끌 수 있었다. 날이 어두워지자 야음을 틈타 북로군정서군은 산줄기를 타고 서북쪽으로 퇴각하였으며, 홍범도부대도 북로군정서의 일부 부대와 합세하여 안도현 방면으로 철수하기 시작함으로써 치열했던 어랑촌 전투가 막을 내리게 된 것이었다.

어랑촌 전투에서 일본군 연대장 가납(加納) 대좌 이하 5백여 명을 사살하고 철수하였는데, 독립군측에서도 전사 1백여 명, 실종 90명, 부상 2백여 명의 고귀한 목숨들이 희생되었다.

이범석의 『우등불』에서는 어랑촌 전투를 이렇게 회고하고 있다.

적의 기관총과 모든 무기가 우리를 향해 불을 뿜기 시작하였다 점점 더 세차게 압력이 가하여졌다. 적군은 골짜기로 밀물처럼 밀려들어오고 총알과 포탄은 비바람 불 듯 쏟아졌다.

어랑촌과 와룡촌
전경

날카로운 적의 외침은 사람의 마음과 넋을 갈기갈기 찢는 듯했다. 그러나 우리는 교묘한 위장과 엄폐물을 이용하여 높은 곳에서 여전히 보총 기관총 박격포로 철십자 화망(火網)을 교차시키며 무수한 탄환을 적에게 퍼부었다.

북로군정서 독립군 장교 김훈이 독립신문에 연재했던 북로아군실전기(北路我軍實戰記)에는 어랑촌 전투에서 승리한 요인을 이렇게 적고 있다.

독립군이 어랑촌 전투에서 기선을 제압할 수 있었던 것은 무엇보다도 적보다 먼저 유리한 고지를 확보하여 선제공격의 기틀을 마련했기 때문인데 적은 4배가 넘은 병력에다 각종 최신 병기를 동원하여 여러 차례 걸쳐 파상공격을 감행했지만 결국은 우리들에게 패배하고 말았다.

천보산 전투 유적지

천보산 전투天寶山 戰鬪

천보산 전투는 이범석이 이끄는 북로군정서의 1개 중대와 홍범도부대의 일부가 10월 24일 저녁 8시와 9시경 두 차례, 25일 새벽 한 차례에 걸쳐 천보산의 서남쪽 부근에서 광산을 지키고 있던 일본군 1개 중대 병력을 공격하여 승리를 거둔 전투였다.

북로군정서 이범석이 이끄는 부대는 10월 24일 8시와 9시 두 차례에 걸쳐 천보산 부근의 일본군 1개 중대를 공격하였다. 이때 일본군은 국자가(局子街: 현재 연길 시내)에 주둔하고 있던 보병 1개 중대와 기관총 소대의 증파를 요청할 정도로 격렬한 전투가 전개되었다.

홍범도부대에 소속되어 있던 독립군 부대도 10월 25일 새벽 식량조달을 위해 천보산 부근에 나갔다가 현지에 주둔하고 있던 일본군을 습격하여 피해를 주었다. 독립군으로부터 모두 세 차례에 걸쳐 공격을 받고 패퇴한 일본군은 국자가에 있는 보병 1개 중대와 기관총 1개 소대의 병력을 보충하여 공격을 시도했으나 독립군은 이미 철수한 뒤였다.

고동하 전투古洞河 戰鬪

고동하 전투는 청산리 6일전쟁에서 마지막으로 치러진 전투였다.

10월 25일 밤부터 26일 새벽 사이에 일본군이 홍범도부대를 야간습격하였다가 오히려 반격을 당한 전투였다.

고동하는 노령(老嶺 1,457m) 동남쪽에서 발원하여 화룡향을 거쳐 안도현 명월구로 들어가는 하천으로 송화강의 지류에 속하는 강이다. 이 전투에는 홍범도연합부대와 국민회군 등 약 400명의 독립군 부대가 일본군 아스마 지대장이 직접 거느리는 150명의 일본군과 접전을 전개하여 2개 소대 100여 명을 섬멸하는 전

좌● 고동하 전투
유적 가는 길
우● 독립군 집결지
안도현 오호령

과를 거두었다.

　홍범도 부대를 찾아 산림 속을 헤매던 일본군은 10월 25일 밤 10시경에 고동
하 골짜기에서 홍범도부대를 발견하고 12시 정각에 지대장의 지휘를 받는 반야
(飯野) 소좌가 150명의 병력을 앞세워 기습적인 돌격전을 감행하였다. 그러나 용
맹하게 반격을 가하는 독립군 연합부대와 약 45분간 치른 전투에서 일본군은
100여 명의 사상자를 내고 화룡현 방향으로 도망치기 시작하였다.

　고동하 전투에 대해 일본군 보고서에서도 동쪽 하늘이 점차 밝아오자 일본군
장졸의 얼굴마다 기쁨이 나타났다고 회고할 정도였다. 그런데 이 전투에서 아스
마 지대장의 직접 지휘를 받던 장교 반야 소좌는 일본군이 처음 출정했을 때는
1개 대대를 지휘하는 대대장이었는데, 고작 150명 정도의 부대원만을 이끌고
전투에 참가하고 있었다는 사실은 청산리 6일전쟁에서 일본군이 받았던 피해가
상당했음을 짐작하게 해준다.

좌● 노령 고동하
(암하) 폭포 입구
우● 고동하 전투
유적지에서(암하)

고동하 전투 유적지

　어랑촌에서 승리를 거두고 안도현 황구령으로 이동하던 북로군정서는 홍범도 대한독립군과 천보산 광산을 공격하고 다음 날 안도현에 도착하였다. 전열을 정비하고 수뇌부 회의를 열어 백두산으로 가던 계획을 수정하여 러시아 국경지대인 밀산(密山)으로 이동하기로 결정하였다.

　북로군정서 총재 백포(白圃) 서일(徐一)은 임시정부에 보내는 보고서에 1920년 10월 항일독립전쟁의 승리 이유를 이렇게 말하였다.

　　"모든 병사가 생명을 불고하고 분용결투(奮勇決鬪)하는 독립에 대한 군민정신이 먼저 적의 지기(志氣)를 압도함이요, 양호한 진지를 선점(先占)하고 완전한 준비로 사격성능(射擊性能)을 극도 발휘함이요, 임기수변(臨機隨變)의 전술과 예민 신속한 활동이 모두 적의 의표(意表)에 출(出)함이라."

항일독립전쟁의 성지 청산리에 가다

2009년 10월 서간도 항일유적 답사를 마치고 청산리 일대를 답사하러 갔을 때였다. 함께 동행을 했던 연변의 지인들 중에 장사장이 내게 물었다.

"한국사람들에게 청산리 전투는 어떤 의미가 있습니까?"

조금은 장난끼 어린 질문이다. 논쟁 꺼리를 슬쩍 던져보는 것 같았다. 나는 웃으면서 그에게 담배를 한 대를 권했다. 그가 아주 진지한 표정으로 다시 내게 물었다.

"한국 사람들이 청산리를 많이 찾아오고 있는데 정말로 그렇게 항일유적지에 관심이 많은지 알고 싶거든요."
"관심이야 많지요."

웃으며 대답했지만, 금방 탄로 날 거짓말이었다. 겸연쩍은 마음을 감추려고 청산리 기념비를 향해 계단을 오르기 시작했다.

한국 사람들이 항일유적에 관심이 별로 없다는 건 연변에도 이미 알려진 사실이다. 만주 지방을 관광하러 오는 한국사람들의 목적지는 주로 백두산과 고구려 유적이었다.

좌 • 청산리대첩 기념비문
우 • 청산리 전투 기념비 헌화

청산리 일대 모습

　장사장은 한국에 유학해서 경제학을 전공하고 돌아와 연변에서 컨설팅회사를 경영하고 있는 기업인이다. 한국사람들이 항일투쟁에 별로 관심이 없다는 것을 잘 알고 있을 것이다. 그런데 그는 왜 그런 질문을 한 것일까.

　연변에서 역사에 관심이 있는 사람들은 민족주의 계열의 김좌진, 이범석, 이회영, 김구 등의 독립투사들보다 홍범도, 이동휘, 이홍광, 양 림 등의 사회주의 또는 공산당 계열의 항일투쟁 업적에 대해 한국에서도 관심을 많이 가져주기를 기대하고 있는 것이다.

　내가 연변지역에 와서 항일유적지를 답사 할 때마다 역사학자들이 지적하는 문제가 한국역사기록의 이념적 편향성이었다.

　나는 청산리 전투 기념탑 앞에 엄숙한 마음으로 섰다. 함께 간 일행들도 경건한 얼굴로 내 옆에 섰다. 시월의 태양이 화강암 탑신에 반사되어 눈부시게 빛난다. 기념탑을 둘러싼 소나무에서 풍기는 솔향이 바람에 실려온다. 이름모를 들꽃 향기가 그윽하게 탑을 감싼다. 백운평 골짜기에서 북로군정서와 대한독립군의 함성소리가 들려오는 듯하다.

나는 배낭에서 돗자리를 꺼내 기념탑 앞에 폈다. 미리 준비해온 막걸리와 과일을 꺼내 일회용 접시에 가지런히 올려놓았다. 일행들과 함께 묵념을 올렸다.

멀고 먼 길을 돌아서
다시 찾아왔습니다.

청산리 호국영령들이시여!
조국에서 가져온 음식들
칠 천만 민족의 사랑으로
흠향하소서

묵념을 마치고 백운평 골짜기를 바라보았다. 그곳엔 독립군들이 승리를 거두고 함께 외치던 만세소리가 아직도 남아있을 것만 같았다. 또한 남의 나라를 침략한 죄, 백성들을 억압한 죄, 삼천리 금수강산을 더럽힌 죄값으로 죽어가던 왜놈들의 처절한 비명소리들도 그곳에 남아 있을 것이다.

해란강이 발원하는 깊은 계곡에서는 왜놈들의 핏물이 흐르고, 분노의 총탄을 맞고 쓰러진 놈들의 신음 소리가 산천초목을 휘감던 그 날. 대한민족의 눈에서 눈물을 흘리게 한 죄로 잔악한 무리들에게 천벌이 내려진 것이리라.

항일유적답사단
청산리 유적 헌화
(2015년 7월)

왜놈들에게 퍼붓던 응징의 총소리, 분노하는 독립군의 외침들, 대한독립만세 소리, 직소폭포에서 떨어지는 물소리, 낙엽지는 소리마저 끊어져버린 백운평 골짜기에 고요하게 흐르는 정적, 그 무거운 정적에 새 한 마리 날지 않았으리라.

베개봉 골짜기에서 불어오는 시월의 바람이 머릿결을 흔들어댄다. 지금으로부터 90여 년 전에 청산리 계곡을 흐르던 바람도 이러했을까.

청산리대첩 기념비 주위에 이름 모

청산리대첩 기념비
(2014년)

를 꽃들이 피어있다. 그렇다. 저 꽃들은 기다림으로 핀 꽃들이다. 이 골짜기에 가을이 오면 이역만리 고국에서 찾아올 사람들을 기다리며 피어나는 기다림의 꽃들이다.

1920년 10월 21일. 이 골짜기를 울리던 총성은 90년이 지난 오늘도 멈추지 않고 있다. 현해탄 건너 섬나라에서는 극우로 치닫는 군화소리 날로 높아가고 있건만, 일제시대는 하나님의 축복이었다고 외쳐대는 정신 나간 놈들이 생겨나고, 친일매국행위로 받은 권력과 부를 이어받고도 부끄러운 줄도 모르는 철면피 후손들이 섬나라를 향해 돌아와요 부산항에를 합창하고 있으니 어찌 한심하지 않으랴. 언제나 삼천리 강산에 역사정의가 바로 서고, 조국과 민족을 사랑하는 사람들이 존경받는 세상이 올 것인가.

백운평 골짜기의 영령들은 친일파들의 망동을 보시면서 무슨 생각을 하실까. 울분처럼 치밀어 오르는 송구스러운 마음에 몇 번이나 고개 숙여 인사를 올리고 다시 찾아오겠다는 말 한마디 남긴 채 청산리 기념비를 벗어났다. 옆에 서서 내 모습을 말없이 지켜보던 장사장이 내게로 다가와 손을 잡는다. 오늘 유난히 그의 손길이 따뜻하게 느껴졌다.

연길로 돌아오는 차 안에서 한동안 말이 없던 장사장이 내게 담배 한 대를 권한다. 그리고 담배 연기를 깊이 삼켜 한숨처럼 뱉더니 입을 열었다.

"한국에 있을 때 사람들과 논쟁을 많이 했지요."
"무슨 문제로?"
"그들의 반공이데올로기에 많이 실망했거든요."
"반공이데올로기라니요?"
"한국에서는 아직도 중국공산당 계열의 항일투사들을 인정하지 않고 있잖습니까. 도대체 왜 그들이 항일역사에서 배제되었는지 이해가 되지 않습니다."
"그러셨을 겁니다. 한국은 아직도 분단된 국가기 때문에 이데올로기 문제에 자

유스럽다고 말할 수 없거든요. 그런 한
국의 상황을 조금은 이해해 줄 필요가
있지 않을까요?"

장사장과의 대화는 더 이상 이어지지
않았다. 서로 더 대화를 나눈다고 해도
평행선을 달릴 것이란 걸 잘 알고 있기
때문이다.

중국에서 항일유적 답사를 다니면서
언제나 부딪치는 문제가 중국공산당 계
열의 항일투사들이 민족주의 계열의 투
사들에 비해 엄청난 차별대우를 받고
있다는 문제였다. 언젠가는 그들의 업

1 ● 대종교 창시자 나철 / 2 ● 북로군정서
총재 서일 / 3 ● 대한독립선언서 대종교
대종사 김교헌

적이 자유롭게 논의되고 독립유공자 반열에 오르게 될 날을 기대하는 마
음뿐이다.

승용차는 어느새 화룡 시내를 벗어나 청파호(靑坡胡) 언덕을 달리고 있었다. 대
종교 삼의사 묘역이 눈에 들어왔다. 나는 차안에 흐르는 정적으로부터 벗어나고
싶었다. 장사장에게 삼의사 묘역을 참배하고 싶다고 말했다.

청산리 전투의 주역이며 북로군정서 총재였던 서일, 대종교 창시자 나철, 대

좌 ● 화룡시 청파호촌
서일, 김교헌, 나철
묘역

우 ● 대종교 삼의사
묘역 안내비

좌 ● 화룡 청호촌 전경
우 ● 나철 서일 김교헌
삼의사 묘역(화룡
청호촌)

한독립선언서의 주역이며 대종사였던 김교헌의 무덤이 있는 곳이다.

묘역으로 올라가 담배 한 대 피워놓고 고요히 머리를 숙였다. 아직도 이역만
리 타국에 묻혀 있는 세 분의 영령들에게 무능한 작가의 하소연과 부끄러운 세
태를 고백하였다.

고개를 들어 언덕 아래 청파호촌을 바라보았다. 북로군정서 독립군의 중심을
이뤘던 대종교의 총본사가 있었던 곳이다. 장사장에게 그곳에 들르고 싶다고 말
하려다 그만두었다. 언제부턴가 사람의 발길조차 끊어진 묘역을 관리하고 가꾸
는 분들을 만나 인사를 드리고 싶었지만, 꾹 눌러 참으며 다음을 기약해야 했다.

어느새 해가 기울어가고 있었고 동행해준 사람들을 생각해서 오늘은 그만 연
길로 돌아가기로 했다. 언제나 이곳을 떠날 때 가벼운 발걸음으로 언덕을 내려
갈 수 있을까. 동작동 국립묘지 애국자 묘역은 아직도 빈자리가 많은데 어찌하
여 여기 세분들은 만주의 비바람을 맞으며 이곳에 계셔야 하는 것일까. 언제나
그랬듯이 오늘도 몇 번이나 돌아보며 언덕을 내려와야 했다.

내가 동북지역을 답사하기 위해 중국으로 갈 때마다 배안에서나 비행기 안에
서 만나는 사람들이 있다. 백두산을 관광하러 가는 사람들. 고구려 유적을 답사
하러 가는 사람들이 대부분이었다.

백두산이나 고구려 유적을 보러 오는 길에 그저 중간에 끼워 넣은 일정으로
용정이나 청산리를 다녀간다. 그러한 현실이 말해주듯 한국인들은 항일투쟁사
에 대한 관심이 많지 않다는 걸 이곳 사람들도 잘 알고 있는 것이다.

중국의 역사교육에서 가장 중시하는 것이 항일투쟁사이다. 모택동을 비롯한
양정우(楊靖宇), 조상지(趙常志), 왕덕태(王德泰) 등 항일열사들의 업적을 기리는

기념관, 기념탑이 많이 있으며 중국인들의 항일열사에 대한 추모는 식을 줄 모르는 열기로 가득하다. 항일유적답사가의 눈으로 봐도 정말 부럽고 대단하다.

연변지방에는 산마다 진달래요 마을마다 열사탑이라는 말이 있을 정도로 곳곳에 그들을 기리는 탑과 기념비들이 서 있다.

이곳에 사는 조선족들은 그 열사탑들이 바로 연변 조선족의 정신의 표상이라고 말한다. 그들의 말속에는 너희 나라에서는 친일파들이 득세하고, 독립투사들이 재대로 대접받지 못해서 어렵고 힘든 생활을 하는 이해할 수 없는 나라라는 의미를 내포하고 있었다.

연변의 역사학자이며 작가였던 류연산은 '일송정 푸른 솔에는 선구자가 없다'는 글을 발표하여 한국과 연변 사학계에서 주목을 받았다. 그의 책은 한국에서 출판되기까지 했다. 나는 류연산이 출간한 혈연의 강을 읽고 얼마나 감동을 받았는지 모른다. 백두산을 중심으로 흘러가는 압록강, 두만강, 송화강 유역을 발로 답사하면서 우리민족의 이야기를 담은 불후의 명작이었다. 류연산의 고향인 화룡시 서성진에는 그의 문학비가 서 있다.

류연산이 쓴 일송정 푸른 솔에는 선구자가 없다는 말은 오늘도 유효하다.

광복 70주년을 생각한다

지난 십여 년 동안 만주지역의 항일독립전쟁의 유적을 찾아다니며 보고 듣고 느꼈던 기록을 모아서 서간도 일대 항일유적답사기 『압록강 아리랑』을 2012년 7월에 출간하였고, 이제 북간도 항일유적답사기 『두만강 아리랑』을 출간하는 것이다.

그동안 혹한설원(酷寒雪原)을 단기단의(單旗丹衣)로 헤치고 다니며 수많은 시련과 장애를 만나기도 했지만, 그 때마다 순국선열의 음덕(陰德)과 도우심으로 극복할 수 있었다. 차갑고 냉정한 세태에 좌절할 때마다 따뜻한 손을 내밀어 주었던 지인(知人)들과 독립유공자 후손들의 격려에 힘입어 오늘에 이르렀다.

2014년 10월 26일 안중근 의사 하얼빈 의거 105주년을 기념하여 하얼빈 안중근 기념관을 찾아 헌화하며 그 뜻을 기렸고, 남자현 열사 순국 81주년을 기리기 위해 하얼빈 공원을 찾았다. 그리고 김동삼 장군과 수많은 항일애국지사들이 투옥되고 고문을 받았던 하얼빈 일본총영사관을 찾아 선열들의 숭고한 의미를 가슴에 새겼고, 1932년 지청천 장군과 한국독립군의 쌍성보 전투 유적을 찾아 조국과 민족의 독립을 위해 일본군과 싸웠던 역사의 현장을 돌아보았다.

광복 70주년을 얼마 남기지 않은 2014년을 마무리하기 위해 항일독립전쟁의 횃불을 들었던 봉오동 전투와 청산리 전투의 유적을 다시 찾아가는 길에 해림시의 김좌진 장군 기념관과 길림시의 의열단 유적을 돌아본 다음에 연길을 거쳐 화룡(和龍)으로 왔다.

청산리대첩 기념비
(2007년 촬영)

아침 일찍 택시를 타고 화룡 시내에서 20km 떨어진 청산리대첩 기념비로 향했다. 화룡 시내에서 송월 저수지를 거쳐 청산리로 가는 길이 그동안 많이 넓어지고 좋아지긴 했지만, 아직까지도 비포장이라 40분 정도의 시간이 걸렸다. 오랫동안 비가 내리지 않은 늦가을이라 심하게 먼지가 나서 속도를 낼 수 없었다. 그리고 곳곳에 깊게 패인 웅덩이가 나타나 여러 번 속도를 늦출 수밖에 없었던 것이다.

북로군정서(北路軍政署)의 창설유적지 왕청현 서대파에서 청산리대첩 기념비까지 참으로 오랜 세월 동안 여러 차례 답사를 해왔다. 그러나 베개봉 기슭과 직소폭포만은 찾아보지 못하고 돌아가는 경우가 많았다.

어느 날은 함께 온 일행들이 장시간 산행을 할

수가 없어서 그냥 돌아가야 했고, 어떤 날은 날씨가 좋지 않아 등반이 불가능하거나 도착시간이 늦어 산행을 할 수가 없었다. 그렇게 몇 년이 흘러갔다.

　2009년 8월에는 베개봉 산행을 작정하고 화룡 시내에 호텔을 잡아놓고 며칠 동안 백운평 전투 현장과 베개봉을 돌아보았다. 험준한 산들이 즐비하게 늘어선 골짜기를 돌아다니며 북로군정서 독립군의 고초와 시련이 얼마나 많았는가를 뼈저리게 느낄 수 있었다. 돌이켜 생

각해도 배낭 하나 짊어지고 깊고 험한 산곡(山谷)을 혼자 헤매던 그날의 열정이 다시금 가슴을 울린다.

　백운평 계곡으로 가기 전에 청산리 대첩 기념비가 세워진 곳으로 올라가 헌화하고 묵념을 올렸다. 청산리 전투가 있었던 날로부터 90여 년 세월이 흐른 오늘도 일본인들은 우리민족

을 탄압하고 수탈했던 과거사를 인정하지 않고 있다. 아베를 비롯한 극우군국주의 일본인들은 교활하고 비겁한 변명으로 일관하면서 일제시대가 교육근대화와 경제발전을 시켜주었다며 오히려 큰소리를 치고 있는 상황이다. 참으로 철면피하고 구제불가능한 족속이라는 생각이 든다. 또한 불쌍하고 가련하다는 생각마저 떨쳐버릴 수 없다.

인간사(人間事)에 인과응보가 있어 정의가 승리하고, 그들이 저지른 죄악으로 하여 반드시 응징을 받을 날이 올 것이란 걸 나는 믿는다. 일본은 머지않아 세계인들의 외면으로 버림을 받을 것이며, 그 죄악으로 인하여 후손들마저 극우군국주의로 치닫다가 끝내 멸망을 자초하게 될 것이다.

청산리 기념탑 옆으로 난 작은 길을 따라 베개봉으로 향했다. 10여 분 걸어 올라가니 경사가 가파른 언덕이 나타나고 계곡은 점점 깊어지고 있었다. 북로군정서 독립군들이 이토록 좁고 험한 길을 걸어갔을 것을 생각하니 가슴이 메어온다. 북간도 시월은 이미 겨울로 접어들고 있었고, 헤어지고 얇은 군복을 입은 채 험한 골짜기를 올라가던 독립군의 모습이 눈물겹게 다가온다.

좁은 산길을 따라 팍팍한 다리를 두드리며 걸었다. 계곡은 더욱 깊어지고 산줄기는 급경사를 이루기 시작한다. 가파른 절벽에 안쓰럽게 서 있는 나무들은 낙엽을 떨군 채 차가운 바람을 맞고 있다.

얼마 전부터 임도(林道)가 베개봉 밑으로 나 있어서 트럭이나 지프차도 들어갈 수가 있지만, 그 당시에는 길도 없는 골짜기와 능선을 타고 올라가야 했으니 얼마나 힘들고 고통스러웠겠는가. 또한 얼마나 많은 병사들이 넘어지고 다치면서 이 골짜기를 올라갔겠는가.

백운평을 지나 베개봉을 향해 걸어 올라갔다. 해란강 발원지가 있는 노령(老嶺)에서 시작되어 계곡을 타고 내려가는 물줄기는 그날의 역사를 속삭이듯 흘러가고 있었다. 아직 작은 개천에 지나지 않지만 맑은 물줄기가 골짜기를 따라 흐르고 양쪽으로는 험준한 산들이 겹겹이 솟아 있었다.

청산리에서 출발한 지 한 시간 반쯤 지났을 때 베개봉 산줄기가 계곡으로 이어지는 곳에 도착하였다. 나는 가파른 언덕을 따라 나무줄기를 잡으며 계곡으로 내려갔다. 그리고 계곡을 따라 20여 분 정도 올라가니 직소폭포가 보였다. 해란강 발원지에 내려오는 물줄기가 바위절벽 사이로 흐르며 작은 폭포를 이루고 있

청산리 전투 백운평
계곡

었다. 폭포 옆으로 길게 누운 평평한 바위 위에는 언제 누가 써놨는지 해란강이란 글씨가 선명하게 보였다. 베개봉 줄기가 노령으로 이어지는 산등성이들을 하염없이 쳐다보다가 직소 옆 바위에 걸터앉았다. 하얀 물줄기로 거침없이 떨어지는 폭포를 보며 소리치듯 흘러가는 물소리를 들었다.

세월이 많이 흐른 탓일까. 아니면 세태에 시달리며 살아가는 인간들의 무심함 탓일까. 우리민족의 역사가 서린 이곳을 찾아 2시간이 넘게 걸어왔지만, 단한 개의 안내판도 서 있지 않았다. 그래도 골짜기 아래 서 있는 청산리대첩 기념비가 역사를 증언하고 있으니 기념비커녕 표지석조차 없는 항일유적에 비하면얼마나 감사하고 기쁜 일인가.

세계사에서 그 유례를 찾아볼 수 없는 잔악하고 비열한 일본군을 상대로 목숨을 걸고 싸워 지킨 조국이건만, 갈 길은 아직도 멀기만 하구나. 아직도 남북분단과 민족분열을 극복하지 못하고, 이념의 대립과 갈등으로 70년 세월을 허송으로 보내고 있는 서글픈 사회에서 무능하게 살아온 작가의 비애가 가슴을 적신다. 무심하게 불어오는 바람만 계곡을 울리고 있었다. 배낭 하나 둘러메고 북간도 골짜기를 헤맸던 날들이 외롭고 서글픈 몸짓으로 다가온다.

참으로 오랜 세월이었다. 몇 번이나 주저앉고 싶었던 날들이었다. 항일독립전쟁의 유적을 찾아 단기단심(單旗丹心)으로 달려왔던 지난날들이, 수많은 시련의 시간들이 눈물로 젖어오는 동공을 스쳐간다.

아직도 못다 이룬 무명작가의 꿈이 상처투성이 날개를 펴고, 서럽게 잊혀간 백운평 골짜기를 날아오른다. 못내 아쉬운 몸짓으로 북간도 베개봉 산등성이를 한 바퀴 돌다가 드넓은 창공을 향해 날아간다.

그렇다. 길은 보이지 않아도 언제나 길이었던 것처럼 꿈은 이루어지지 않아도 언제나 꿈인 것이다. 변한 것은 아무 것도 없다. 나뭇가지에 찢기고 세찬 바람에 휩쓸려, 천길 벼랑으로 떨어지고 깨어져, 한 조각 심장만 남을지라도 다시 날개를 펴고 하늘로 날아오르리라.

내가 걸어왔던 길은 내가 선택한 길이었으며 내가 꿈꾸던 길이다. 그 길은 모두에게 열려 있었으나 누구도 가려 하지 않았던 길이었다.

항일독립전쟁의 역사가 칠천 만 가슴마다 민족의 긍지로 살아나 조국애가 되고, 민족애가 되고, 역사 정의가 되는 날까지 그 누군가 걸어가야만 하는 길이다.

그동안 못다 이룬 꿈, 항일독립전쟁의 역사와 유적들이 수많은 국민들의 가슴에 영원히 기억되는 날까지 조국과 민족을 위해 목숨을 바치신 순국영령들 앞에 설 것이다. 항일독립전쟁에서 순국하신 선열들의 음덕과 도우심으로 밝게 웃을 날이 반드시 올 것을 나는 굳게 믿고 있다.

나는 몇 번이나 돌아보면서 백운평 골짜기를 지나 내가 걸어가야 할 길로 이어지는 청산리(靑山里)로 향했다.

제5장

북간도 한인대학살韓人大虐殺의 참상慘狀

일본군은 청산리 전투에서 커다란 손실을 입게 되었고, 만주지역에서 후퇴할 수밖에 없었다. 일본군은 패배의 분풀이로 독립군들이 떠난 지역의 한인촌으로 들어가 무고한 백성들을 무자비하게 살해하고 약탈과 방화를 일삼았다. 일본인들의 교활하고 야비한 근성이 여실히 드러난 것이다. 독립군에게 식량을 지원하고, 후원금을 납부하고, 의복과 신발을 제공했을 뿐 아니라 전쟁터에 뛰어 들어가 부상자를 치료하고, 탄약을 날랐던 한인들은 독립군이 떠나간 후에 처참한 복수극을 당하게 되었던 것이다. 1920년 시월은 항일독립전쟁에서 대승을 거둔 달이기도 했지만, 만주의 한인들이 비참하게 죽임을 당했던 경신대참안의 시작이기도 하다.

해란강 발원지

[연변조선족자치주 경신 참변유적지]

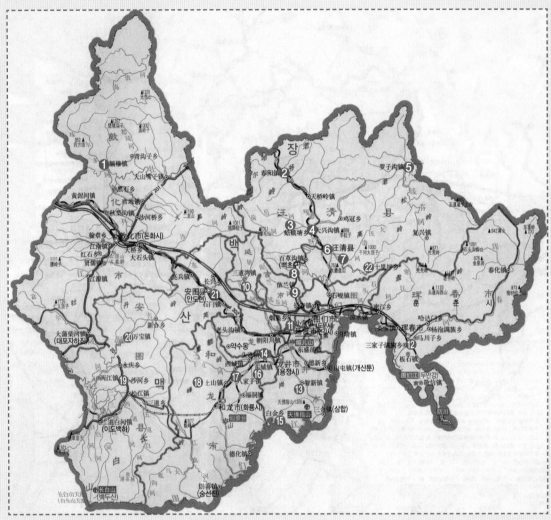

① 액목 참변유적 ② 춘양진 참변유적 ③ 하마탕 참변유적지 ④ 대흥구 참변 ⑤ 나자구 유적지 ⑥ 왕청현 참변유적 ⑦ 소왕청 유적 ⑧ 구룡평 참변
⑨ 의란진 참변지 ⑩ 팔도구 유적지 ⑪ 와룡동 참변유적 ⑫ 훈춘 참변유적 ⑬ 명동촌 유적 ⑭ 두도구 참변유적 ⑮ 백금향 참변지
⑯ 노루바위골 참변유적지 ⑰ 팔가자 참변유적 ⑱ 어랑촌 참변유적 ⑲ 소사하 참변유적지 ⑳ 만보향 참변유적 ㉑ 명월구 참변유적 ㉒ 십리평 참변

북간도 경신 대참변 庚申 大慘變

1920년(庚申年) 10월부터 이듬해 4월까지 중무장한 일본군(日本軍)이 북간도 지역의 한인(韓人) 마을을 습격하여 살인, 방화, 약탈, 강간 등 천인공노할 만행을 저지른 사건이 경신년 한인 대학살사건(大虐殺事件), 경신 참변(庚申慘變)이다.

일본제국주의자들에게 나라를 빼앗기고 두만강을 건너와 북간도에 살고 있던 한인들은 무자비하고 잔악한 일본군의 공격을 받아 어린아이부터 노인들까지 무참히 살해되었다. 모든 한인촌은 불태워졌고, 여성들은 강간을 당했으며, 수확한 농작물은 거의 대부분 강탈당했다. 망국민의 설움을 안고 북간도에서 피땀을 흘리며 일궜던 삶의 터전들이 모두 폐허로 변해버렸다.

1920년 6월, 봉오동(鳳梧桐) 전투와 그해 10월의 청산리(靑山里) 전투에서 독립군에게 대패한 일본군은 독립군을 토벌한다는 명목으로 북간도와 서간도 일대 무고한 한국인을 무참하게 학살했던 것이다.

만주로 침입한 일본군은 함경도에 주둔하고 있던 부대까지 합류시킨 대규모 정규군을 투입하였다. 그들은 세계사에서도 그 유례를 찾아볼 수 없는 만행을 저지르고 북간도 한인촌을 폐허로 만든 뒤에야 철수하였다.

경신 참변유적지
(연길 의란 구룡평)

북간도 한인 대학살의 유적지를 찾아서

항일독립전쟁사에서 위대한 승리로 기록되고 있는 봉오동 전투와 청산리 전투를 많은 사람들이 기억하고 있다. 그러나 그 승리 뒤에 가려진 경신년 대학살의 참상을 기억하는 사람은 거의 없다.

나는 북만주 일대 경신 참변유적을 답사하면서 잔인하고 비열한 일본군의 만행에 분노와 울분을 느껴야 했다. 그들의 잔혹한 행위에 대한 증오와 적개심으로 경신 참변 당시 일본군의 야만적 잔혹성을 고발한다.

눈보라가 몰아치는 한겨울에 만주에 가본 적이 있는가. 영하 30도를 오르내리는 만주의 겨울은 몹시 혹독하고 매섭다. 시베리아에서 불어오는 바람은 만주 산하를 꽁꽁 얼어붙게 만들고, 옷속을 파고드는 강추위는 견디기 힘들 정도로 가혹하다. 살점을 도려내는 듯한 강추위가 몰아치는 한겨울에 일본군의 공격을 받고 처참하게 살해되었던 사람들, 아무런 죄도 없는 가족을 잃고 터전을 잃었던 한인들의 고통과 울분을 어찌 다 말로 표현할 수가 있겠는가.

2009년 9월 봉오동과 청산리 전투 유적을 답사하면서 항상 머릿속을 떠나지 않았던 것은 경신 참변유적지를 답사하지 못하는 안타까움이었다. 북로군정서 유적을 찾아다니면서 왕청현 십리평이나 대감자촌 등을 답사했고, 윤동주 생가를 방문하면서 명동촌을 돌아보기는 했지만, 경신 참변에 대한 증언을 채록한 것은 아니었다.

나는 많은 사람들이 기억하고 있는 역사의 현장만을 답사하고 있는 것이 아닌가 하는 자책감에 사로잡히기도 했다.

2009년 12월 서간도 신흥무관학교 유적 답사를 마치고, 연길로 달려간 나는 경신 참변유적을 찾아다니기 시작했다. 그동안 연변지역을 여러 번 답사 다닌 덕분에 경신 참변유적지의 위치는 파악하고 있어서 유적을 찾는 데는 어려움이 없었다. 문제는 날씨였다. 연변지방의 날씨는 이미 영하 20도를 오르내리고 있었다. 용정시 명동촌과 서래촌을 돌아서 화룡 두도구(頭道溝)를 답사하던 날은 영하 15도였다. 그러나 바람이 불지 않아 답사를 다니는 데 어려움은 없었다.

다음날 경신 참변 당시 가장 많은 피해를 입었던 곳 중에 하나인 구룡평(九龍坪) 일대, 왕청현(旺淸縣) 십리평을 거쳐 훈춘시로 가서 며칠 동안 머물면서 답사

를 하고 돌아올 예정이었다.

　아침 일찍 호텔을 나섰다. 하늘이 잔뜩 흐려 있는 것이 몹시 마음에 걸렸다. 그러나 연변지역 겨울 날씨가 워낙 변덕스러운 것을 이미 알고 있었기에 연길북(延吉北) 버스터미널로 가서 구룡평행 버스를 탔다. 시내를 벗어난 버스가 의란진(依蘭鎭)을 지날 무렵부터 눈발이 날리기 시작하였다. 많은 양이 아니라 걱정할 수준은 아니었다. 춘흥촌을 지나 산길로 접어들 무렵부터 눈발이 거세지기 시작하였다. 차안에 있는 사람들이 여기저기서 웅성거리기 시작하였다. 오늘밤에 눈이 많이 내릴 것이라는 것이었다. 호텔에서 일기예보를 확인하지 않았던 것을 후회하였지만 때는 이미 늦었다.

　중국의 국토가 워낙 커서 그런지

왕청현 십리평 태평촌. 북로군정서 주둔지로 일본군의 공격으로 많은 한인들이 학살되었다.

경신 참변지 화룡 두도구

평소에 이곳 기상대의 일기예보가 날씨를 맞추는 경우는 별로 없었다. 그런 까닭으로 일기예보를 미리 살펴보지 않았던 것이었지만, 점점 굵어지는 눈발을 보면서 불안하지 않을 수는 없었다.

연길에서 구룡평까지 거리는 25km, 왕우구(王遇溝)는 구령평에서 6km, 유채구(榴菜溝)는 2km만 더 가면 되었기에 오전 중에 다 돌아볼 수 있으리라 생각했는데 아무래도 눈이 걱정이었다.

연길을 떠난지 한 시간쯤 지났을 때 구룡평에 도착하였다. 그런데 눈이 내리는 탓인지 거리에 사람들이 전혀 보이지 않았다. 참으로 난감한 상황이었다.

구룡평은 1920년 대한국민회 본부가 있었던 곳이고, 경신 참변유적지 중 하나이다. 구룡평 의란학교 앞을 서성거리며 오가는 사람들을 찾아보았지만 그림자도 보이지 않았다. 겨울답사는 추운 날씨가 문제되는 경우보다 사람들을 만나기가 어려운 점이 더 곤혹스럽게 하곤 했다.

구룡평을 돌아다니며 식당이나 편의점을 찾아보았다. 농촌 마을에서 가장 편하게 사람을 만날 수 있고, 동네 사정도 알아볼 수 있기 때문이다. 버스 정류장에서 멀지 않은 곳에 식료품을 파는 가게가 보였다. 문을 열고 안으로 들어갔다. 문 여는 소리에 방안에서 50대쯤 되어 보이는 여자가 나왔다. 음료수 한 병을 주문하면서 조선족이 사는 집을 물었다. 그녀가 의아한 눈으로 나를 쳐다보았다. 그리고 음료수를 내주며 고개만 흔든다. 이곳에 조선족이 살고 있지 않다는 뜻인지 모른다는 뜻인지 알 수가 없다.

눈이 많이 내리는 날 낯선 사람이 불쑥 들어와 대뜸 조선족의 집을 찾으니 그럴 수밖에 없을 것이라 생각하며 다시 물었다. 그 때였다. 방안에서 남자가 나오며 무슨 일로 그러냐고 물었다.

연길에서 왔는데 알아볼 것이 있어서 그런다고 말했다.

그가 신발을 신더니 의외로 가게 밖에까지 나와 친절하게 조선족이 사는 집을 가르쳐주는 것이었다. 눈발은 점점 더 굵어지고 있었다.

인사를 하고 그가 가르쳐준 집을 찾아갔다. 중국사람들의 집은 바깥대문이 없다. 집밖에서 눈을 털고 안으로 통하는 문으로 다가가 문을 두드렸다.

　"안녕하십니까? 연길에서 왔습니다."

　문을 열고 서 있던 아주머니가 나를 한 번 쳐다보더니 안으로 들어오라는 손짓을 했다. 집안으로 들어섰다. 방안에 있는 사람들의 시선이 한꺼번에 내게로 쏟아졌다. 동네사람들이 모여서 마작을 치고 있던 중이었다. 마작은 중국인들에게 가장 사랑받는 놀이다. 한국의 고스톱 열풍보다 더 하면 더했지 결코 덜하지 않다. 농사일을 하지 않는 겨울에 농촌사람들의 유일한 즐거움이라고 해도 과언이 아닐 것이다.

　"눈이 억수로 오는데 연길에서 무슨 일로 찾아왔습네까?"

　나이가 지긋한 남자가 마작패를 손에서 놓지 않고 조금은 짜증스런 얼굴로 물었다. 순간 잘못 찾아들어온 것을 직감했다. 한참 재미있게 노는데 찾아온 낯선 사람이 반가울 리 없기 때문이다. 그렇다고 쉽게 물러날 내가 아니었다. 캉(중국식 온돌)으로 올라앉으며 혹시 이 동네에 역사 이야기 잘하시는 분을 만나고 싶어 찾아왔다고 했다.

내가 어렸을 때 살던 동네에 독립군 이야기를 잘 하던 아저씨가 있어서 친구들과 모여 재미있게 들었던 기억이 있다. 만주에서 답사를 다니면서 만났던 사람들이 대개 동네 이야기꾼이라 불리는 분들로 향토사학자 역할을 하고 있었다.

하늘에서 구멍이라도 뚫린 듯 쏟아져 내리는 눈이 야속한 하루였다. 그들이 가르쳐 준 집을 찾아갔으나 별 신통한 이야기를 듣지 못했다. 몇 집을 더 찾아가 보았지만 경신 참변에 대해 아는 사람을 찾을 수는 없었다.

바람이 세차게 불어 눈보라가 치는 동네를 더 이상 돌아다닐 수도 없었다. 먼저 들렀던 가게로 가는데 도로는 이미 눈으로 덮여 있었다. 답사일정을 모두 취소하고 연길로 돌아오고 말았다. 한 시간이면 올 수 있는 거리를 두 시간이나 걸려서 호텔로 돌아와 눈보라가 그치기를 기다려야 했다.

경신 참변의 시대적 배경

1919년 3·1 항쟁의거 이후 만주지방에는 항일무장투쟁이 활발하게 전개되기 시작하였고, 수많은 항일무장독립군 단체들이 창설되었다.

대한독립단, 북로군정서, 광복군 사령부, 광복군 총영, 대한국민회군, 신민단 등의 독립군들은 압록강이나 두만강 국경을 넘어 국내로 진공하여 일제의 경찰 주재소, 군부대, 식민통치기관을 공격하여 막대한 피해를 입혔다.

독립군의 국내진격 작전에 놀란 조선총독부와 일본군부는 만주의 중국 군벌 (軍閥)을 끌어들여 합동으로 독립군 토벌작전을 벌이기 시작했다. 그러나 독립 군의 국내진격 작전은 멈춰지지 않았고, 서로 긴밀한 연락을 주고받는 단체들의 은밀한 저항은 계속 되었다. 거기다가 일본에 반감을 가지고 있는 중국 군벌의 비협조로 별다른 성과를 거두지 못하게 되자 일제는 정규군 대부대를 만주에 직접 투입하여 일거에 독립군을 소탕할 계획을 세우고 일본군의 만주 출병을 정당화할 사건을 조작하기 위한 음모를 꾸미기 시작하였다.

러·일 전쟁과 청·일 전쟁에서 승리했던 일본은 러시아를 협박하여 블라디보

화룡시 약수동
경신 참변유적지

스토크 등 연해주에 군대를 주둔시켰고, 청나라를 위협하여 대련과 봉천(奉天: 현재 심양시)에 일본영사관을 개설하고 경찰과 군대를 주둔시켰다. 그리고 만주침략을 준비하기 위해 만주에서 가까운 함경도 나남에 대규모 정규군을 배치하고, 침략의 기회를 호시탐탐 노리고 있었다.

좌 • 왕청 백초구
경신 참변유적지
우 • 왕청 왕우구
경신 참변유적지

훈춘 일본영사관 터
(현재 훈춘공안국)
앞 거리

훈춘사건을 조작하다

1920년 10월 일본군은 왕승동(王勝東), 왕사해(王四海), 쌍양(双羊) 등의 중국 마적단들과 은밀히 내통하여 마적들로 하여금 훈춘현(琿春縣: 현재 길림성 훈춘시) 일본영사관을 습격하도록 사주(使嗾)하였다.

10월 2일 400여 명의 마적단(馬賊團)이 훈춘을 공격하였고, 일본군 지시대로 오전 9시부터 4시간 동안 무차별 살인과 약탈을 자행하여 중국인 70여 명, 조선인 7명, 수십 명의 일본인을 살해하고 일본영사관에 불을 지르고 도주했다.

일본군부는 훈춘사건을 구실로 곧바로 일본군 경원수비대를 훈춘으로 출동시켰고, 그동안 만주를 삼키려는 야욕을 숨긴 채 은밀하게 출병을 준비하고 있던 일본군 제19사단, 만주파견군 3개 사단 6천여 명의 병력을 북만주로 출병시켰다.

그리고 일본관동군의 보병(步兵)과 기병(騎兵) 1천2백여 명, 조선주둔군 1만2천여 명, 이미 북만주에 파견돼 있던 안서지대(安西支隊) 1천여 명의 병력 등 2만 명이 넘는 일본군이 1920년 10월 12일부터 만주지방 독립군 주요근거지를 포위하고 대대적인 공격을 감행하기 시작하였다.

간도지역 불령선인 초토계획 間島地域 不逞鮮人 剿討計劃

만주지역 한국인들의 항일무장세력을 제거하기 위하여 1920년 5월 봉천(奉天: 현재 요녕성 심양시)에 도착한 조선총독부 경무국장 아카다케(赤岳) 일행은 중국 동북지방 군벌 장작림과 결탁하여 만주지역 독립군 부대를 소멸시킬 계략을 꾸몄다.

1910년 국권을 빼앗고 삼천리 방방곡곡 백성들에게 억압과 수탈의 무단정치를 일삼아 오던 그들이 이제 만주지역까지 마수를 뻗힌 것이다.

조선총독부 경무국장은 봉천일본총영사관 아카즈카(赤塚) 총영사, 길림독군 고문 사이토 등과 회동하고 장작림(張作霖) 동북삼성 순열사에게 봉천성과 길림성의 한국인 불령선인들의 검거를 요구하여 중·일 합동수색대를 창설하기로 합의했다. 일본이 장작림을 협박하고 회유하여 강압적으로 뺏어낸 것이나 다름없는 합의였다.

일본군의 만행, 탄압과 체포

그리하여 서간도(西間島) 봉천독군의 경찰고문으로 있던 우에다(上田)와 사카모토(坂本)를 대장으로 임명하였다. 그리고 일본헌병대 및 조선총독부 경찰대, 중국 경찰대, 일본 밀정으로 활동하는 한인을 총동원하여 수사반을 편성하고, 안동(현재 단동시)에서 관전현, 환인현, 집안현 등 남만주 일대에 출동하여 신흥무관학교, 서로군정서, 대한독립단, 대한독립군비단, 한족회 등에 속한 독립운동자들을 체포하고 무참히 살해하였다.

형장으로 끌려가는 독립운동가

일제의 간교한 술책에 대항하는 독립군의 신출귀몰한 무장투쟁, 중국 경찰들의 양심선언과 비협조로 궁지에 몰리자 일본군은 교활한 본성을 다시 드러내기 시작했다. 만주지역 독립군들을 몰살시키기 위한 간도지역불령선인초토계획(間島地域不逞鮮人剿討計劃)을 1920년 8월 작성하였다. 그리고 일본군의 간도침입의 구실을 만들기 위해 1920년 10월 2일 중국 마적단을 왕사해 등을 매수하여 훈춘 일본영사관을 습격토록 하였던 것이다.

만주출병과 독립군 토벌이라는 목적을 위해 초토화계획을 세우고, 훈춘사건을 조작하고, 중일합동수색대를 창설한 것은 모두가 일본군대의 간교한 술책이었다. 그들은 만주지역의 일본인을 보호

신흥무관학교 경신 참변유적지

경신 참변지 서대파 장영촌 십리평

경신 참변지 장백현 일대

왕청현 소왕청 참안비

한다는 명분을 내세워 일본군 대병력의 만주출병을 시작한 것이다.

북만주 독립군, 백두산으로 이동하다

1920년 6월 봉오동 전투에서 대승을 거뒀던 대한북로독군부는 일제의 간도침입 계획을 사전에 탐지하였다. 1920년 8월부터 일시적인 후퇴를 결의하고 백두산을 향해 근거지를 이동하고 있었다. 그리고 왕청현 서대파에 주둔하고 있던 북로군정서도 이러한 정보를 입수하고 백두산을 향해 연길현 의란(依蘭)을 거쳐 화룡지방으로 이동하기 시작하였다.

백두산으로 이동하던 북간도 독립군이 화룡 일대에 주둔하고 있던 중에 일본군 대부대가 추격하여 온다는 정보를 입수하였다. 홍범도가 지휘하는 대한독립군은 어랑촌에서 전열을 정비하고 있었고, 김좌진의 북로군정서는 적의 공격을 대비하며 화룡 삼도구에 주둔하고 있었다.

1920년 10월 20일 일본군 아즈마 소장이 지휘하는 19사단을 중심으로 두만강을 건너온 일본군 연합부대가 포위망을 좁혀오며 독립군 부대를 압박하기 시작하였다.

북로군정서 김좌진 부대가 한인촌 주민들에게 피해를 주지 않기 위해 백운평 계곡으로 이동한 후 일본군의 공격이 시작되었다.

청산리 전투에 대해서는 이미 설명하였으니 경신 참변이 일어나게 된 배경을 좀더 자세히 살펴보도록 하겠다.

청산리 전투 당시에 북로군정서와 대한독
립군 연합부대가 일본군을 맞아 격렬한 전투
를 벌이고 있을 때 화룡 일대 거주하는 한인들
은 주먹밥을 나르고, 부상자를 치료하고, 탄약
을 날랐다. 노인들은 독립군 병사를 위해 짚신
을 삼고, 감자를 캐서 망태기로 날랐다.

청산리 전투는 결코 독립군들만의 승리가
아니라 북간도 한인들과 함께 거둔 위대한 승
리라고 말할 수 있을 것이다.

경신 참변 화룡
약수동 마을

일본군이 눈엣가시처럼 여겼던 독립군 부대
를 초토화 시키기는커녕, 오히려 청산리 전투
에서 커다란 손실을 입게 되었고, 만주지역에
서 후퇴할 수밖에 없었다. 일본군은 패배의 분
풀이로 독립군들이 떠난 지역의 한인촌으로 들
어가 무고한 백성들을 무자비하게 살해하고 약
탈과 방화를 일삼았다. 일본인들의 교활하고

경신 참변 연길
의란구

야비한 근성이 여실히 드러난 것이다. 독립군에게 식량을 지원하고, 후원금을 납
부하고, 의복과 신발을 제공했을 뿐 아니라 전쟁터에 뛰어 들어가 부상자를 치료
하고, 탄약을 날랐던 한인들은 독립군이 떠나간 후에 처참한 복수극을 당하게 되
었던 것이다. 1920년 시월은 항일독립전쟁에서 대승을 거둔 달이기도 했지만, 만
주의 한인들이 비참하게 죽임을 당했던 경신대참안의 시작이기도 하다.

북간도 일대와 서간도 일대에서 경신대학살(庚申大虐殺)이 자행되던 시기에 만
주 전역에 퍼져나갔던 한인들의 통곡소리는 아직도 사라지지 않았다. 원한에 사
무친 영혼은 구천을 떠돌며 분노의 혼불이 되어 만주벌판을 떠돌고 있다.

청산리 전투 후 김좌진 장군은 일본군의 악랄한 만행에 대해서 북로군정서 격
문(檄文)을 발표하고 백성들을 위로했다.

청산리 마을

경신년 8월 이래로 적의 독균이 간도에 파급되어 슬프다!

우리 무고한 양민이 적의 독봉 아래 원혼이 된 자 얼마이며 그 많은 재물과 양곡이 화염 속에 사라진 것이 얼마며 이렇게 땅은 얼고 찬 기운이 뼈를 깎는데 옷 없고 집 없이 길에서 굶어 죽는 자 얼마인가. 종이조각에 대한(大韓)이란 두 글자만 나타나도 그 집은 잿더미가 되고 탄피의 빈 껍질 하나라도 드러나면 그 사람은 죽임을 당하니, 모든 사람이 입을 봉하고 서로 눈질만 하고 있다. 교회당에 불을 지르고 학교를 헐어 문명을 박멸하니 천인이 공노하고 있도다.

우리 군정서는 죽을힘을 다하여 혈전 4, 5일에 적의 연대장 이하 수십 명의 장교와 1천2백 명의 병졸을 죽였다. 그러나 부득이 험악한 산중으로 물러나 스스로를 지키면서 재기의 그날을 기약할 것이다. 이에 아래와 같은 격문을 포고한다.

정의를 보고 용감한 것이 우리 독립군의 정신이요, 싸움에 임하여 물러서지 않는 것은 우리 독립군의 기백이니 어찌 공로를 계산하고 이익을 도모하여 대의를 저버릴 것인가. 이 격문이 이르는 날부터 각기 정의를 분발하여 성패를 불문하고 다 함께 함몰되어 가는 민족과 조국을 건져내서 대한 광복의 대업을 조속히 완성합시다.

북간도의 비극

북간도는 일제의 잔악한 억압과 수탈에 두만강을 건너온 우리민족이 피땀으로 일궜던 생존의 땅이요, 희망의 땅이었다.

빼앗긴 나라를 되찾기 위해 눈보라 치는 압록강을 건넜던 사람들, 배가 고파 우는 아이를 등에 업고 눈물의 두만강을 건넜던 사람들, 모두가 일제의 억압과 착취에 항거하여 괴나리봇짐 하나 짊어지고 만주로 넘어왔던 가난하고 순박한 사람들이었다.

나라를 빼앗기고, 고향을 빼앗기고, 사랑하는 가족들과 헤어져 머나먼 이국땅으로 건너와 한인촌을 피땀으로 세우고 오순도순 모여 살고 있었다. 그러던 어느 날 완전무장한 일본군이 쳐들어왔을 때 얼마나 놀라 두려움에 떨었을 것인가. 무자비한 일본군이 사람들을 집안에 가둬놓고 불을 지르고, 약탈을 일삼을 때 얼마나 많은 사람들이 울부짖으며 간절하게 도움을 청했을까. 얼마나 많이 독립군들의 이름을 불렀을까. 그러나 그들을 도와줄 조국은 이미 사라졌고, 독립군들은 만주국경을 넘어 러시아에 가 있었던 것이다.

그토록 극악한 죄악을 저질렀던 일본은 경제대국이 되어 세계를 주름잡고, 처절하고 비통한 역사를 간직한 조국은 친일반역자들의 발호(跋扈)가 아직도 그치지 않고 있으니, 그 원한과 비통함을 어떻게 풀어줄 수가 있단 말인가. 이 원한을 갚을 날은 언제나 돌아올 것인가.

북간도에서 너무나 멀리 있는 조국은 아직도 남북분단의 구렁에서 헤어나지 못했고, 이념의 노예가 된 자들에 빌붙어서 권세를 휘두르고 있는 친일사대 후손들의 역겨운 짓거리는 아직도 끝나지 않고 있다. 그럼에도 불구하고 역사의 정의가 바로 서는 날은 반드시 돌아 올 것이다. 그 날이 오면 북간도를 떠돌던 원혼들이 비로소 고국으로 돌아와 평안히 안식을 취하게 되리라.

두만강 후안산

2010년은 경신 참변이 일어난 지 90년이 되는 해였다.

지난 겨울 눈보라치는 북간도의 날씨를 이겨내지 못한 채 경신 참변유적 답사를 멈추고 돌아가야 했던 아픔이 있었다. 2010년 여름, 단동에서 기차를 타고 열여섯 시간이 넘게 달려서 조선족자치주 연길시(延吉市)에 도착했다.

내가 연길을 찾아온 까닭은 경신년(庚申年) 대학살의 유적들을 또다시 답사하기 위함이다. 1920년 시월, 왜놈들의 무자비한 살인, 방화, 약탈로 숨진 동포들의 원혼(冤魂)이 떠돌고 있는 대학살의 현장으로 가기 위해 다시 배낭을 메어야 했다.

북간도 일대에서 벌어졌던 대학살의 진상을 밝히고, 무고한 양민들을 학살했던 일본군의 잔악성을 세상에 알려야 한다. 그래서 아베정권 이후 점차 극우군국주의로 치닫고 있는 일본의 위험성을 세계인들에게 경고해야 한다.

그러나 무엇보다 중요한 것은 1920년 당시 북간도에서 우리민족이 겪었던 참변의 역사가 잊혀가고 있는 안타까운 현실을 바꿔야 한다는 것이다.

극우군국주의로 치닫고 있는 일본은 언젠가 또다시 우리나라를 침범하게 될 것이다. 임진란과 경술국치를 거론하지 않아도 불 보듯 뻔한 일이다. 전쟁범죄를 한 번 저지른 나라는 언제든지 다시 저지를 수 있기 때문이다.

북간도에서 벌어졌던 경신 참변의 현장을 기록으로 남겨 우리 후손들은 일본에게 또다시 억압받고 착취당하는 비극이 일어나지 않도록 해야 한다는 신념으로 이 글을 쓴다.

연길 시내를 가로지르며 흘러가는 부르하통하 강변에 늘어선 아파트 위로 서서히 날이 밝아오고 있었다. 한바탕 비가 쏟아질 듯 잔뜩 찌푸린 하늘에 검은 구름이 낮게 깔려 있었다.

나는 동북아(東北亞) 버스터미널에서 버스를 타고 용정시로 향했다. 연길 시내를 벗어난 버스가 고갯길로 접어들 무렵에 빗방울이 떨어지기 시작하였다. 낡고 오래된 버스가 가쁜 숨을 몰아쉬며 모아산(帽兒山) 기슭을 넘어설 무렵에 빗줄기는 더욱 굵어지고 있었다.

항일독립전쟁 역사에서 가장 처절하고 가슴 아픈 사건이었던 경신년 한인 대학살의 유적을 찾아가는 마음을 하늘도 아는 듯이 통곡의 눈물을 흘리고 있는 것일까. 아니면 아직도 구천을 떠돌고 있을 경신 참변의 원혼들이 나를 반겨 흘

리는 눈물일까.

　용정을 향해 달려가는 버스는 안간힘을 다해 고갯마루를 넘는다. 모아산 자락을 간신히 넘어간 버스가 용정 시내를 향해 속도를 높일 때 빗줄기가 더욱 강하게 차창을 때렸다. 경신 참변으로 모든 것들이 불타버린 마을에서, 남편과 자식을 잃은 고통과 분노로 울부짖으며 땅을 치며 통곡하는 여인들의 절규가 빗물이 되어 차창을 타고 흘러내리는 듯했다.

　용정벌이 빗줄기 사이로 모습을 드러낸다.

　연변사람들이 세전벌이라 부르는 들판은 해란강(海蘭江)이 고요히 흘러가는

연길모아산과 세전벌

용정 세전벌(가을)

평야지대로 벼농사가 잘 되기로 소문
난 곳이다. 차창으로 흘러내리는 빗
물 사이로 광활한 자태를 드러낸 세
전벌은 요란한 빗줄기가 그려낸 우연
(雨煙)에 덮인 채 해란강가에 다소곳
이 누워있었다.

　버스가 용정 시내로 접어들자 빗줄
기는 더욱 강해졌다.

　연길을 떠난 지 삼십여 분만에 용
정 버스터미널에 도착하였다. 나는 버스터미널 안에서 비가 그치기를 기다렸지
만 검게 내려앉은 하늘은 좀처럼 개일 기색을 보이지 않았다. 그렇다고 대합실
에 앉아서 마냥 비가 그치길 기다리고 있을 수는 없었다.

　배낭에서 우산을 꺼내들고 터미널을 나서며 더욱 거세게 쏟아지는 빗줄기를
바라보며 잠시 생각에 잠겼다. 오늘 이 빗속을 뚫고 답사를 강행할 것인가 아니
면 그냥 돌아갈 것인가. 지난 겨울에 눈보라 때문에 답사를 멈췄지만 오늘은 비
때문에 답사를 멈출 수는 없다.

　우선 터미널에서 가까운 용두레 우물로 향했다. 비가 내리는 거리를 천천히
걸어가며 조상들의 삶을 떠올려보았다. 조선시대 말기 탐관오리들의 가렴주구
와 가난에 찌든 삶에서 벗어나기 위해 두만강을 건넜던 사람들이 낯선 땅에서의
생활은 얼마나 고단하고 힘들었겠는가.

용정시 버스터미널

　황무지를 개간하고 수로(水路)를 내
어 논밭을 일구며 두고온 고향을 생
각했을 것이다. 또한 청산리 골짜기
에서, 봉오동 산골에서 총대 잡은 손
에 힘을 주며 조국을 생각했던 사
람들의 눈물겨운 삶이 가슴을 파고
든다.

　용정의 기원이라 새겨진 석비를 지
나서 거룡석(巨龍石) 옆에 서 있는 정

자(亭子)로 걸어갔다. 정자에 모여앉아 쏟아지는 빗줄기를 바라보고 있던 노인들의 시선이 한꺼번에 낯선 나그네에게로 몰린다. 언제나 그래왔듯이 고개를 숙여 인사를 하고 그들의 옆에 앉았다.

"억수로 비가 쏟아지는데 어데서 왔소?"
"연길에서 왔습니다."
"옌벤사람 같지는 않소만."
"한국사람입니다."
"한국사람이 무시기 일로 여길 왔소."
"여행왔습니다."
"멀리서 왔는데 날을 잘못 잡은 것 같소."

노인의 표정에는 반가움이 배어 있었다. 옆에 앉아 있던 할머니가 빗줄기를 바라보며 한마디 거들었다.

"왠놈의 비가 이리두 내리붓노?"

그랬다. 이곳에 사는 조선족 노인들의 투박한 말투에는 언제나 잔정이 배어 있었고, 동포애를 느끼게 만드는 따뜻함이 스며있었다. 멀리 한국에서 여행을 왔는데 비가 억수로 내리니 안타까운 마음에서 쏟아지는 비를 탓하는 것이리라.

용정 용두레 거룡비석

연변에서 항일유적 답사를 다닐 때마다 이런 생각을 하곤 했었다. 만약에 연변에 조선족이 살지 않았더라면 항일유적 답사를 어떻게 다닐 수 있었을까. 아마도 거의 불가능했을지도 모른다.

1945년 광복이 되었고, 1949년 중국정부가 들어선 이후부터 1992년 한·중수교가 이뤄지기 전까지 조선

족이 이곳을 지키고 있지 않았더라면, 누가 항일유적을 기억하고 있었을 것이며, 누가 항일투쟁사를 연구했겠는가. 이런 생각을 할 때마다 조선족들이 이곳에 살고 있다는 사실이 고맙고 감사하게 느껴지곤 했었다.

비는 그칠 줄 모르고 계속 내리고 있었다. 노인들이 집으로 돌아간 정자에서 홀로 앉아 있노라니 한기가 느껴져서 용두레 우물가 옆에 있는 작은 찻집으로 들어갔다. 찻집 종업원이 반갑게 웃으며 맞는다.

"어데서 오는 길임네까?"

비를 맞고 돌아다니는 나의 행색이 낯설게 느껴졌는지 아니면 나의 차림에서 느껴진 것인지 대뜸 용정사람이 아니란 걸 눈치 챈 것 같았다. 어쨌든 메뉴판을 들고 서서 환하게 웃는 종업원의 표정이 따뜻하다.

뜨거운 녹차를 한 잔 시켜놓고 그칠 줄 모르고 내리는 빗줄기를 바라보았다.

중국어 발음이 이상하게 들려서 그런 것일까. 찻집 종업원들이 모여 앉아 연신 나를 흘끔거리며 훔쳐본다. 이방인에 대한 경계심이 발동한 그녀들의 표정이 부담스럽다. 중국을 여행할 때마다 느끼는 것이지만 어디를 가나 외부사람들을 경계하는 눈으로 쳐다본다. 공산주의 사회에서 오랫동안 살아온 사람들의 습성 탓이다.

용정시는 한국인 관광객들이 많이 찾아오는 곳이지만, 아직도 이곳에서는 한국 사람들은 경계의 대상이고 별로 반갑지 않은 존재라고 생각한다.

용정시에서 승용차로 한 시간만 달려가면 두만강 국경이다. 1995년부터 북한에서 많은 사람들이 중국으로 탈출하는 사태가 벌어지게 되었고, 그들을 돕는 한국인들이 이곳을 많이 찾아온 뒤로 이곳 사람들의 경계심이 더욱 높아졌다.

좌 ● 두만강에서 본
북한 회령시
우 ● 용정시 해란강변

나는 종업원들의 흘끔거림을 떨쳐내듯 창문으로 눈을 돌렸다.

차를 마시며 비가 그치길 기다렸다. 아무리 비가 많이 와도 현장답사가 불가능한 것은 아니었다. 대부분의 유적지들이 인적이 드문 산골이나 외딴 마을에 있어서 낯선 사람이 나타나면 동네사람들이 모여들곤 한다. 그들은 카메라로 촬영이라도 하면 공안에 신고하기 일쑤다. 항일유적을 답사하면서 갑자기 나타난 공안들에게 심문을 받은 적이 여러 번 있었는데 모두가 주민들이 신고를 해서 발생한 일이었다.

찻집 종업원에게 오늘 비가 하루 종일 내리느냐고 물었다. 그녀는 못 알아듣겠다는 표정이었다. 손짓으로 창밖을 가리키며 다시 물었다. 그제야 오후부터는 비가 그칠 거라고 했다.

기다린 보람이 있었다. 빗줄기가 약해지더니 하늘이 차츰 밝아오기 시작했다. 너무 오랫동안 찻집에 앉아 있던 미안함에 룽징차(龍井茶) 한 잔을 더 시켜서 마시고 찻집을 나섰다. 오늘 답사를 계획한 곳이 장암동과 명동촌, 두만강에서 가까운 서래동 등 세 곳이지만, 지금 출발하여 다 돌아보기에는 시간이 빠듯할 것 같았다.

동성용향 동명촌 장암동(獐岩洞)

나는 용두레 앞에서 택시를 잡고 요금을 흥정했다. 중국에서는 미리 요금을 정하지 않고 무작정 갔다가는 낭패를 당하는 경우가 많다. 도시에서 농촌으로 가면 택시미터기는 무용지물이고 부르는 게 값이다. 더구나 유적 답사를 다니다

제5장 | 북간도 한인대학살(韓人大虐殺)의 참상(慘狀) ● 281

좌 ● 용정시 동성용진
우 ● 용정시 장암동
(동명촌) 모란정과
노루바위골 표지석

보면 험한 산길이나 비포장 도로를 가는 경우가 많고, 유적을 돌아보는 동안 기다려야 하는 시간이 있기 때문에 미리 요금을 정하고 가야 어이없는 바가지를 쓰지 않는다. 첫 번째 목적지인 장암동 노루바위골 왕복요금을 100위안에 합의하고 택시를 탔다.

노루바위골은 두만강을 건너온 한인들이 개척한 마을인데 동네 뒷산에 노루처럼 생긴 바위들이 있어서 붙여진 이름이라고 한다.

노루바위골은 경신대학살의 피해가 가장 참혹했던 마을이다. 용정 시내에서 동남쪽으로 15km 정도 거리에 있는데 처음 갔을 때의 느낌은 무척 산골이었던 것으로 기억된다. 택시는 용정 시내를 벗어나 세전벌을 따라 달리고 있었다. 다행스럽게도 비는 그치고 구름만 잔뜩 드리워 있었다.

세전벌을 가로질러 흘러가는 해란강을 끼고 달리던 택시가 동성용향(東城踊鄕)에서 오른쪽 길로 접어들자 좁은 길이 나타났다. 그런데도 택시는 속도를 늦추지 않고 달려갔다.

옥수수밭 사이로 난 비포장길을 따라 십여 분 정도 들어가니 동명촌(東明村)이란 표지석이 보였다. 동명촌 마을 한가운데 자리잡고 있는 모란정 앞에서 내렸다.

택시기사에게 1시간 정도 기다리라고 말하고 나서 경신대참안비가 서 있는 곳의 방향을 가늠해 보며 동네 안으로 들어갔다. 마침 밖을 내다보는 사람이 있었는데 느낌이 조선족 동포 같아서 우리말로 기념비를 가려면 어떻게 가느냐고 물었다.

"이 길을 따라 올라가다 갈랫길이 나오면 오른편으로 올라가면 되우."

"고맙습니다."

그가 가르쳐준 대로 옥수수밭 사잇길을 올라가다가 갈림길에서 오른쪽 산길로 접어들었다. 이름모를 풀들로 뒤덮인 산자락 사이로 좁은 마차길이 꼬불거리며 다가선다. 언덕밑으로 붉은 벽돌집들이 옹기종기 모여 있는 마을이 한눈에 들어왔다.

십여 분쯤 걸어 올라가니 언덕위에 서 있는 기념비가 보였다. 그동안 가슴에만 간직한 채 찾아올 수 없었던 장암동. 북간도 하늘 아래 그 처절한 역사를 찾아 먼길을 달려온 것이다.

걸음을 재촉하여 노루바위골 대학살의 현장에 있는 장암동 참안비와 묘지 앞에 섰다. 처음 이곳을 찾았을 때 초라하게 서 있던 비석 대신에 거대한 석비로 바뀌어 있었고, 그 뒤에는 묘석으로 둘러친 묘지가 있었다. 여름철이라 그런지 아직 벌초를 하지 않아 풀들이 길게 자라 있었다.

배낭에서 막걸리를 꺼내 정성을 다해 따라놓고 담배에 불을 붙여 묘지 앞에 놓았다. 그리고 조용히 고개 숙여 묵념을 올렸다.

어디선가 이름 모를 산새들이 서글피 우짖는 소리가 들려왔다. 노루들이 떠난 자리에 산새들만 남아 천릿길 달려온 나그네의 심사를 돋우며 애절한 울음을 울고 있었다.

경신 참변지
노루바윗골

노루바위골 대학살

청산리 전투에 대패한 일본군은 미친 듯이 날뛰기 시작했다. 일본군의 자존심

장암동 참변유적터

이 여지없이 무너진 수치와 분노를 이기지 못하고 북간도 일대 한인촌을 습격하

며 화풀이를 하기 시작했다.

총 한 방 쏘지 않고 얻어낸 한일강
제병합 이후에도 양처럼 순하던 조
선민족이 아니었던가. 시키면 시키는
대로, 누르면 누르는 대로, 그저 엎드
려 눈치만 살피던 사람들이 1919년 3
월 1일 태극기를 들고 거리로 나섰다.
왜놈들이 얼마나 놀라고 두려움에 떨
었겠는가.

어찌 그뿐이랴. 총칼을 들고 압록강 두만강을 건너 국내로 진격하여 일본군을 사살하고 부대를 불태우는 것으로도 끝이 아니었다. 만주를 노리고 두만강을 넘어온 일본 정규군에게 치욕적인 패배를 안겨주지 않았던가.

일본군 소리만 들어도 줄행랑을 놓던 중국군벌은 만주를 버리고 북경으로 내려갔건만, 일본군 공격에도 굴하지 않고 일본군에게 총부리를 겨누고 있는 독립군들을 눈엣가시처럼 뽑아내고 싶었을 것이다.

왜놈들은 자신들의 패배가 도대체 믿겨지지 않았을 것이다. 아마도 살아남은 자들 중에 많은 놈들이 천왕만세를 외치며 할복자살을 했을 것이다. 군대병력이 훨씬 많았고 우수한 화력과 병기로 무장하고 철저한 군인정신으로 무장한 황군이 아니었던가. 어찌 독립군에게 무력하게 패할 수가 있단 말인가.

청산리에서 패한 일본군은 연길 국자가에서 전열을 정비한 후 독립군 토벌작전을 재개하려 하였으나, 그 어디에서도 독립군의 자취를 찾을 수가 없었다. 비겁하고 야비한 일본군은 독립군을 지원했던 한인부락을 초토화하기 위한 작전명령을 하달하였다.

1920년 10월 30일 일본군 75연대 쓰즈모토(涼元) 대위가 인솔한 일본군의 77명이 용정촌(龍井村) 동남쪽에 한국인 기독교 신도들이 살고 있는 장암동(獐岩洞)을 포위했다.

일본군은 마을 주민을 교회당에 집결시키고 40대 이상의 남자 28명을 포박지어 꿇어앉힌 다음 옥수숫대와 조짚단을 교회당 안팎에 세워 놓고 석유를 뿌려 불을 질렀다. 교회당 안에 갇힌 사람들의 비명소리가 들렸다. 뜨거운 불길을 견디지 못하고 불속에서 뛰쳐나오는 사람을 칼로 베고 총으로 사살했다. 교회당 안에 있던 사람들은 잔인한 일본군에 의해 무참하게 학살되었다.

1920년 당시 장암동의 주민들은 대부분 예수교신자들이었으며, 항일투쟁을 적극적으로 지원하거나 가담한 사람들이었다. 또한 대한국민회 동부지방회 소속으로 주민 대다수가 회원이었다.

1919년 장암동 주민들과 영신학교 교직원들은 3·13 항일의거 때 항일만세 시위에 적극 참가하였고, 동부지회장 양도헌(梁道憲)으로부터 총과 탄약을 얻어 경호대를 조직하였다.

봉오동 전투에서 혁혁한 전공을 세웠던 최명록의 군무도독부와도 연계를 갖고 있어 용정일본영사관에서는 장암동을 늘 주시하였고, 불령선인의 근원지로 낙인을 찍고 눈에 든 가시처럼 여기고 있었던 것이다.

일본군이 주민들을 무자비하게 학살하고 돌아간 뒤에 간신히 살아남은 가족들이 새까맣게 타버린 시체를 꺼내 이웃 주민들과 함께 장사를 지냈다.

그런데 며칠이 지난 후에 일본군이 다시 마을로 쳐들어와 유족들을 모아놓고 무덤을 파헤친 후 시체를 한데 모으라고 강요했다. 유족들은 위협에 못 이겨 시체를 모아놓았다.

천인공노할 만행을 저지르고도 전혀 양심의 가책을 느끼지 않았던 일본군이 옥수수 짚단을 시체 위에 쌓아놓고, 석유를 부어 불을 질러서 시체가 재가 될 때까지 태워 버렸다.

검은 연기가 피어오르는 장암동의 하늘이 울고 산천초목도 울부짖었다. 어찌 인간으로 이런 만행을 서슴지 않고 저지를 수 있단 말인가.

장암동 사람들은 일본군에 의해 두 번이나 처참한 죽음을 당했다. 시체는 한 줌의 재로 변해버려 누구의 것인지 가릴 수도 없었다. 장암동 유족들과 이웃마을 사람들이 30명의 합장 무덤을 만들어 다시 장사를 지냈다.

카나다 장로교회의 제창병원 원장 마틴은 용정에서 선교활동을 하고 있던 중에 목격했던 장암동 학살에 대한 처절한 기록을 남기고 있다.

10월 31일 일요일, 용정(龍井)에서 12마일 떨어져있는 장암촌을 향해 북경식 마차를 타고 출발했다. 10월 30일에 장암촌에서 벌어진 일본군의 만행을 조사하기 위해서였다.

내가 마을에 도착했을 때는 이미 사건이 난 뒤 36시간이 지난 뒤였지만, 집들은 계속 검은 연기를 내뿜으며 타고 있었다.

어제 용정에 있을 때 이곳에서 가옥을 전부 불태우는 연기가 마을을 뒤덮었고, 그 연기는 용정촌에서도 보였다. 아직도 사람 타는 냄새가 나고 집이 무너지는 소리가 나고 있었다. 알몸인 젖먹이를 업은 여인이 새 무덤 앞에서 구슬프게 울고 있었고, 큰 나무 아래의 교회당은 재만 남았고, 두 채로 지은 학교의 건물도 같은 운명이었다. 새로 만든 무덤을 세어보니 31개였다. 다른 두 마을을 방문하였다. 우리들은 불탄 집 19채와 무덤 또는 시체 서른여섯 구를 목격하였다.

이 마을 성년남자들은 한사람도 살아남지 못했다. 동네 부녀자들에게는 남자들이 학살당하는 광경을 옆에서 보도록 협박하여 끝까지 서있게 하였다. 그런 후 일본군은 유유히 돌아가 천장절(天長節)을 경축하였다. 나는 19채의 집이 불에 탄 것을 사진 찍고 총살당한 시체도 사진 찍었는데 이는 일본군이 방화한 지 36시간이 지난 후였다.

북간도 명동촌이 불타다

장암동에서 택시를 돌려 명동촌으로 향했다. 명동촌은 윤동주 시인의 생가가 있는 곳이라 여러 번 답사한 곳이지만, 경신 참변 당시 증언을 듣기 위해 명동촌으로 가는 것이다.

좌 • 용정시 명동촌과 명동학교
우 • 경신 참변유적 백운평 마을터

경신년 방화유실
(명동학교 복원,
2002년)

용정으로 가는 길로 20여 분 달리다가 갈림길에서 명동촌 방향으로 들어섰다. 낯익을 마을들이 차창으로 스쳐간다. 명동촌에 도착하여 촌장(村長)을 만나 경신년 참안 당시 이야기를 들을 수 있었다.

1920년 10월 21일 백운평 전투에 패배하고 돌아가던 일본군은 백운평 마을로 들어서자마자 집안을 뒤져서 여자들은 모두 밖으로 나오게 하고 남자들은 젖먹이까지도 빼놓지 않고 집안에 가두고 불을 질렀다. 그리고 밖으로 뛰쳐나오는 사람들을 총창으로 찌르고 기관총을 난사하여 죽이고는 시체를 불속에 집어넣었다. 백운평 스물 세 가구는 모두 불탔으며 남자들은 모두 참혹하게 살해당했다.

일본군이 백운평 마을에서 저지른 만행은 청산리에서 패배한 보복과 분풀이의 시작이었다. 미치광이처럼 날뛰는 일본군의 잔인함과 무자비함은 북간도 일대 한인촌으로 퍼져나갔고 그 비참한 광경은 말로 표현할 수 없을 정도로 참혹했던 것이다.

백운평에서 잔인한 살육을 저지른 일본군은 용정 시내에서 멀지 않은 장재촌, 명동촌으로 달려들였다. 명동촌일대는 북간도 항일투쟁의 중심지였으며 신교육의 산실이었다. 일본군 중위 우치다가 일본군 병력을 거느리고 명동촌(明東村)으로 들어와 마을을 포위한 뒤 모든 주민을 명동학교(明東學校) 교정에 모아놓았다. 그리고 애국지사 김약연(金躍淵)을 내놓으라고 윽박질렀다. 주민들이 이에 불응하자 학교를 없애서 항일의 화근을 없애겠다는 소리를 지껄인 뒤 명동학교, 명동교회, 가옥 등을 불태웠다.

명동촌은 일본인들에게 언제나 감시의 대상이었기 때문에 경신 참변의 화를 피해갈 수 없었던 것이다.

일본군이 돌아간 뒤에 명동촌 사람들은 기금을 모아서 학교가 불탄 그 자리에 다시 명동학교를 세우고 광복이 될 때까지 민족정신을 함양하는 교육을 계속 하였다고 한다.

용정시 서래동西來洞 대학살

두만강을 사이에 두고 북한 회령시(會寧市)와 마주하고 있는 용정시 삼합진(三合鎭)으로 향했다. 명동촌에서 삼합진까지 거리가 30km 정도 떨어져 있었는데 삼합에 가기 직전에 바로 서래동 마을터가 있다.

서래동에 도착했을 때 잡초들만 자라고 있는 마을터가 서럽고 을씨년스럽게 느껴졌다. 경신 참변의 참혹한 비극을 겪은 후에 동네사람들이 모두 떠난 후 아무도 살지 않는 폐촌이 되었다고 한다.

1920년 10월 23일 일본군 보병 74연대의 나루다(成田) 중좌가 거느린 회령수비대는 백운평 전투 패배에 대한 앙갚음으로 서래동 중촌에 들어가 대한국민회 서기 이운일을 총살하고, 민가(民家)를 모두 태운 뒤 마을 떠났다. 곧이어 75연대가 들어와 광복단 통신부장 김아남, 김영석을 살해하고, 북로군정서 간부 김명호의 조카 김덕현, 김상렬 등을 총살하였다. 그리고 혁성학교에 불을 질렀다.

며칠 후 두만강을 건너 다시 침입한 일본군이 서래동을 찾아와 마을 주민 14명을 살해하고 타다 남은 민간가마저 모두 불살라 버리고 떠났다.

어찌 인간의 탈을 쓰고 이토록 잔인하고 무자비할 수 있는가. 왜놈들은 아무 죄도 없는 민간인들을 학살하고도 양심의 가책도 전혀 느끼지 않았던 것이다. 그러지 않고서야 어떻게 세 번이나 찾아와 주민들을 살해하고 방화를 저지를 수가 있겠는가. 일본군의 악행과 무자비한 살육에 희생된 주민들의 원혼은 북간도

좌 ● 경신 참변 용정 서래마을터

우 ● 용정시 삼합 전경

서래동 하늘을 떠돌고 있다.

서래동 참안터에 홀로 서서 폐허가 된 마을을 바라보는 나그네의 가슴이 저려오고 눈시울이 젖어왔다. 언제나 이 천추의 한을 갚아 서래동 억울한 죽음들의 원한을 풀어줄 수 있겠는가.

화룡 두도구 약수동 참변

용정에서 화룡시 방향으로 18km 떨어진 두도구(頭道溝)를 찾아가던 날은 하늘에 구름이 끼어 있고 날씨는 몹시 무더웠다.

연길을 떠난지 30여 분 만에 도착한 두도구에서 찾아간 곳은 연길의 지인으로부터 소개를 받은 범(范)선생 집이었다. 경신 참변 당시에 일본군의 만행을 직접 목격했던 중국인의 아들이었다. 전날 저녁에 소개를 받으면서 전화통화를 했기에 어렵지 않게 집을 찾을 수 있었다.

범선생은 약속시간보다 조금 일찍 도착한 나를 반갑게 맞아주었다. 연길에서 사온 술 한 병을 그에게 주며 감사를 표시했다. 중국인의 집을 처음 방문할 때 빈손으로 가는 것은 결례라는 걸 알고 있었고, 중요한 증언을 들으러 가는 길이었기에 미리 준비한 것이다.

범선생과 인사를 나누고 덕담을 나누고 있을 때 통역을 해주기로 한 장명덕(張明德) 사장이 집안으로 들어왔다. 그는 화룡에서 사업을 하는 조선족인데 유적 답사를 다니다가 만난 연길사진 동호회 회원이었다,

장명덕의 통역으로 범선생에게 들었던 이야기는 너무나 충격적이었다. 일본군이 두도구에서 저지른 만행은 인간백정이 아니고서는 저지를 수 없는 잔혹한 학살이었다.

1920년 11월 2일 화룡시 두도구(頭道溝)로 일본 보병 74연대가 갑자기 쳐들어왔다. 집집마다 돌아다니며 한인들을 찾아내 한곳으로 모아놓고 무자비하게 기관총을 난사하였다. 그리고 미친 듯이 마을을 돌아다니며 닥치는 대로 불을 지르고 도망치는 사람들을 향해 총질을 해댔다. 순식간에 마을 전체가 아비규환으로 변

했다. 일본군의 무자비한 학살이 자행되고 있는 한편에서는 마을 곳곳에서 부녀자를 강간하는 일본군의 더러운 작태들을 차마 눈뜨고는 볼 수 없었다고 한다. 이에 항의하는 사람들을 향하여 무차별 사격을 가했다고 한다. 일본군의 잔인하고 무자비한 학살은 여기서 그치지 않았다. 전화선을 절단하였다는 혐의로 12살 아이를 붙잡은 후 마을 사람들이 보는 앞에서 일본도로 목을 잘라 전선줄에 꿰어 매달았다.

범선생의 이야기를 들으며 몇 번이나 창밖을 바라보며 심호흡을 해야 했다. 인간으로서는 저지를 수 없는 만행을 서슴지 않았던 일본군은 연약한 부녀자를 상대로 강간을 저질렀다. 그들이 과연 인간이었던가. 인간이기를 포기한 악귀들이었다. 그래서 중국인들은 그들을 칭할 때 꾸이즈(鬼子)라고 불렀다.

범선생으로부터 증언을 듣고 있을 때 이웃에 살고 있는 몇 사람이 찾아왔다. 그들은 본래 이곳에 살던 사람이 아니고 두도구에서 10여 킬로미터 떨어진 산간오지 약수동(藥水洞)에서 살던 사람들이라고 한다.

한국의 작가가 일본군이 저지른 만행을 취재하러 온다는 소리를 듣고 직접 증언을 해주기 위해 찾아왔다는 것이었다. 나는 그들에게 약수동에서 자행되었던 일본군의 만행도 들을 수 있었다.

약수동은 함경도 지방에서 건너온 한인들이 땅을 개간하고 건립한 한인촌이었는데 계곡에서 솟아나는 물이 약효가 있다고 소문이 난 후 동네 이름이 약수동이 되었다고 한다. 약수동에서 어린시절을 보낸 조선족 박씨는 어렸을 때 아버지로부터 들었던 이야기를 내게 들려주었다.

그의 증언에 의하면 두도구에서 살인과 방화, 강간을 저질렀던 일본군 74연대 병력이 약수동으로 쳐들어가 마을 사람들을 사살하고, 시체를 모아서 불에 태운 것으로도 모자라 타다 남은 시신까지 개울에 던져버렸다는 것이다. 그리고 부녀자들만 보면 여러 명이 강간을 하고 살해한 뒤에 시신들을 옥수수밭에 던져놓고 불을 질렀다고 한다. 부모가 살해당해 울고 있는 어린아이들을 창끝에 매어달고 행군하며 아이들의 비명소리를 들었다고 하니 정신 나간 인간들이 아니고서 어찌 그런 잔악한 행위를 할 수 있을까. 온몸이 떨려오고, 뜨겁게 치밀어 오르는 분노를 억제할 수 없었다.

연길 의란구 구룡평九龍坪

다음날 아침 연변대학교 김교수와 함께 아침 일찍 의란구 구룡평으로 출발하였다.

지난 겨울에 구룡평을 찾았다가 눈보라만 맞고 소득도 없이 돌아갔던 기억을 떠올리며 그곳의 역사와 지리에 대해 잘 알고 있는 김교수를 대동하게 된 것이다.

연길 시내에서 구룡평까지는 25km 정도 떨어져 있었고, 시내에서 북쪽으로 난 길을 20여 분 달려가면 도문시와 왕청현으로 가는 갈림길이 나온다. 그 갈림길에서 왕청현 가는 길로 들어서 조금 더 가면 대한국민회 의용군이 주둔했던 춘흥촌(春興村)을 지나게 되고 8km를 더 달려가 의란구 구룡평 마을에 도착했다.

일본군의 잔악무도한 학살이 끊임없이 일어났던 구룡평 일대는 그 당시 학살

좌 • 연길 의란 춘흥촌
우 • 연길 의란 구룡평

과 방화로 폐허가 된 마을이 대부분이었고, 산속으로 피신하였거나 구사일생으로 살아난 사람들은 그 후에 거의 다 마을을 떠났다고 했다. 현재는 1948년 중국 건국이후 산동반도에서 이주한 한족들이 많이 살고 있는 동네로 변해버렸다고 한다.

연길 의란구 구룡평
경신 참변유적지
(겨울)

1920년 연길현(延吉縣) 의란구 구룡평은 연길 북쪽에 위치한 의란구의 중심지였다. 구룡평에는 당시 대한국민회와 의군부가 있었는데 얼마 떨어지지 않은 방초령에는 국민회군의 사관훈련소까지 설치하고 있었다. 그래서 일본 총영사관은 구룡평 일대를 항일본거지로 지목하고 감시의 눈초리를 보내고 있었다.

1920년 10월 20일 19사단 제74연대 이시즈카 대대는 구룡령에 들어와 마을 사람들을 한 곳에 몰아놓고 항일단체 가담자를 내놓으라고 협박하였다. 마을 사람들은 아무도 그들의 협박에 굴하지 않고 입을 다물고 있었다.

일본군이 마을 사람들을 향해 무차별 사격을 하려고 할 때 의군단 통신과장 이동근과 진무학교 교원 김길사, 의군단 중대장 김덕산이 앞으로 나섰다. 자신들이 독립군이니 다른 사람들은 풀어줄 것을 요구했다. 그러자 일본군은 세 사람을 총살시킨 후 마을을 떠났다.

그리고 11월 3일에는 보병 76연대 야마모토(山本) 중위가 거느린 부대가 들이닥쳐 구룡령 민가 31채를 태우고 국민회 활동을 했다는 이유로 민간인 이국화 이일재 이여국 최병우 등을 살해하였다. 방초령은 의림평이라 불렸는데 야마모토가 구룡령에 불을 지른 후 이곳으로 들어와 국민회군 훈련소 교관 이열(李烈)의 집을 소각하고 의군부 통신원 1명을 총살하고 마을에 불을 지른 후 떠났다.

경신 참변의 만행을
저지른 일본군

태양촌은 구룡평에서 서북쪽으로 5킬로미터 떨어진 산골짜기에 있었다. 동네 앞으로 의란하가 흐르고 있고, 뒤로는 길청령 산줄기가 뻗어있는 평화로운 농촌 마을이었다.

구룡평에서 한인들을 학살하고 태양촌으로 들이닥친 76연대는 항일사상을 고취시켰다는 이유로 교사 노후선을 동네주민들 앞에서 총살했다. 농민 11명은 항일단체에 기금을 보냈다는 이유로 무참하게 학살하고, 그들이 사는 집 12채를 모두 태워버리고 마을을 떠났다고 한다.

뜨거운 불길 속에서
나라 없는 설움
조국 잃은 설움들이
타드는 심장으로 울부짖습니다

인간이기를 포기한 이리떼들
잔인하게 달려드는 눈보라 산하
나라 없는 설움
조국 잃은 설움들이 총칼에 짓밟힙니다

북간도 서러운 대지
얼어붙은 눈물 앞을 가리고
북받쳐 오르는 분노
헐벗은 겨울 벌판을 울렸습니다

아!
이 죄악의 끝은 어디인가
진실로 여리고 순박한 생명들
죽어지고 태워지는 참혹한 참상
섬나라 잔악한 호각소리
미친 오랑캐 몰려온 구룡평에

연길시 와룡촌 경신
참변유적지

우리의 오누이와 형제들

나라 없는 설움

조국 잃은 설움들이

타버린 눈물로 죽어갔습니다

연길 와룡동臥龍洞 학살

구룡평 일대를 돌아보고 연길로 돌아온 나는 다음날 아침 와룡동을 찾아가기 위해 호텔을 나섰다. 와룡동은 연길시의 서쪽 외곽에 있는 농촌마을이라 가벼운 마음으로 찾아갈 수 있었다.

연변대학교에서 공원로(公園路)를 따라 서쪽으로 5km 가다보면 민주촌으로 가는 삼거리가 나온다. 그곳에서 오른쪽 길로 접어들어 비포장길로 조금만 올라가면 창동학교 사은기념비가 있는 와룡동이다.

연길 와룡동 창동학교
사은기념비

와룡동은 현재 소영진 민주촌(民主村)으로 이름이 바뀌었다. 1900년 함경도 한인들이 이주하여 개척한 마을이었는데, 서쪽 이웃마을은 호랑이를 닮았다고 해서 와호동(臥虎洞)이었고, 이 마을을 와룡동이라 불렀다. 마을 뒷산에서 보면 좌청룡, 우백호가 된다.

일제치하에서 살 수가 없어 두만강을 건넜던 한인들이 청룡과 백호를 수호신으로 삼아 마을의 안녕과 번영을 기원했던 것이다.

와룡동은 그렇게 큰 마을이 아니었다. 그런데도 역사에 이름을 남기게 된 것은 창동학원(昌東學院)이 이곳에 설립되었기 때문이다.

창동학원은 이곳에 이주하여 살던 최병균, 김성옥, 최종환, 오상인 등 12명이 1908년 봄에 후원금을 모아 설립한 학교이다.

창동학교는 용정의 서전서숙과 동신학교가 설립된 이듬해에 세워진 학교로서 용정의 명동학교보다 먼저 설립되었다. 그 당시 창동학교의 교육이념은 봉건적 유교관을 과감하게 버리고 새로운 사상과 학문을 가르쳐서 민족정신을 함양하고 독립정신을 고취했다. 창동은 북간도에 있는 민족학교들 중에서 가장 항일정신이 투철한 학교였다.

창동학교는 학문적 교육뿐 아니라 군사교육을 실시하였기에 연변에 세워진 최초의 사관학교이기도 했다.

창동학원의 원장은 오상근이 맡았고 부원장은 리병휘, 남성우였다. 그리고 심흥남등 7명의 교원에 80여 명 학생이 있었다. 연변지역과 러시아 연해주에서 온 학생들도 있었다. 당시 학비는 전액 면제였고, 기숙사 시설도 갖추고 있었다고 하니 당시 민족지도자들의 후대사랑이 무척 대단했다는 생각이 들었다.

중학부에 군사훈련과를 설치하여 군사훈련을 본격적으로 시켰으며, 군사훈련반을 졸업한 200여 명의 졸업생들이 여러 지역으로 나가 항일투쟁의 선봉이 되었다.

와룡동은 아직도 옛 모습들을 많이 간직하고 있었다. 그만큼 연길 시내와는 달리 도시개발의 영향을 받지 않았던 것이다.

사은기념비로 올라가는 입구에 연립주택이 새로 건설되어 있었다. 그 건물을 끼고 오른쪽 언덕길을 따라 천천히 올라갔다. 50m 정도 올라가니 하얀 대리석이 햇살을 받아 백옥처럼 빛나고 있었다. 어림잡아 백 여평 남짓한 터에 사은기념비(師恩記念碑)가 남향으로 서 있었다.

왕청현 유적 입구

기념비를 등지고 와룡동 마을을 굽어보았다. 1920년 10월 갑자기 들이닥친 일본군의 습격으로 집이 불타고 많은 사람들이 학살당했던 서글프고 가슴 아픈 현장이었다.

그 당시 와룡동에 살던 교사 정기선(鄭基善)을 신흥동으로 강제로 끌고가 독립군의 은신처를 자백하라고 심문하였다. 그는 일본군의 협박에 굴하지 않고 입을 열지 않았다. 그러자 잔인하기 이를데 없는 일본군이 달려들어 칼

길림성 서대파 십리평 경신 참변유적지

로 얼굴가죽을 벗기고, 코에다 물을 부으며 고문을 계속했다. 정기선이 끝내 자백을 하지 않자, 두 눈을 칼로 도려내어 얼굴조차 알아볼 수 없을 정도로 고문한 뒤 총살시켰다고 한다.

인간이기를 포기한 일본군의 만행을 얼마나 더 찾아내어 기록해야만 하는 것일까. 북간도 일대 경신 참변지를 찾아다니며 증언을 채록하고 기록하던 나의 인내심도 더 이상 버틸 수가 없었다. 뜨겁게 치밀어오르는 분노와 적개심으로 온몸이 부르르 떨려와 스스로 진정시키기도 힘들었다.

북만주에서 연해주까지 만행을 저지르다

일제의 만행은 와룡동에서 끝나지 않았다. 연길시에서 서북쪽으로 25km 떨어진 팔도구(八道溝), 동북쪽으로 45km 떨어진 백초구(百草溝), 북로군정서 총재부와 중광단 유적지 왕청현 대감자촌, 덕원리, 서대파, 십리평, 훈춘 나자구사관학교 등 이루 다 헤아릴 수 없이 많은 곳에서 일본군의 학살이 이어졌던 것이다. 뿐만 아니라 시베리아 지방의 신한촌(新韓村)을 비롯하여 수많은 한인마을에서도 살인, 방화 등의 악행이 자행되었다.

연해주 지역 항일 민족주의자들을 무자비하게 체포하여 총살했고, 한국인 학교는 물론 한국인 신문사, 교회 등에 방화하고, 임시정부 재무총장에 추대되었던 최재형(崔在亨)을 비롯한 70여 명의 한국인을 총살했다.

　왕청현 하마탕에서는 무고한 민간인 3명을 붙잡아 쇠못으로 손바닥에 구멍을 뚫은 후 쇠줄로 손과 코를 꿰어 10여 리를 끌고 다니며 온 마을에 공포를 조장하다가 동네사람들이 보는 앞에서 총살하였다.

경신 참변 당시 대한독립군은 어디 있었나

　청산리 전투를 대승으로 이끈 북로군정서와 대한독립군은 안도현 황구령(黃溝嶺)에서 서로군정서와 합류한 뒤에 서일, 김좌진, 홍범도, 지청천 등 간부진들이 모여 수뇌부 대책회의를 열었다.

　백두산으로 이동하려던 당초의 계획을 수정하여 북만(北滿)의 밀산(密山)으로 이동하기로 결정하였다. 당초의 목적지였던 백두산 서쪽은 울창한 산림지대여서 일시적 이동지역으로는 알맞으나, 일본군 대부대를 맞아 장기전을 벌이기에는 부적합하다고 판단했기 때문이었다.

　　항일독립전쟁을 계속 수행하기 위한 부대편성이 절실했다. 독립군 부대는 소
부대로 분산하여 중국과 러시아 국경지대인 밀산(密山)으로 이동하여 집결하기
로 하였다.

　　독립군들은 한겨울이 이미 다가온 북만주를 거쳐 밀산으로 이동하는 동안 식
량이 떨어져 바위처럼 얼어붙은 땅을 헤치고 풀뿌리를 캐서 먹고 소나무 껍질을
씹어야 했다. 심지어 배낭에 있는 양초를 꺼내 먹기도 했다.

　　이미 헤지고 닳아버린 신발을 신고 얼어붙은 눈을 밟으며 밀산을 향해 걸어
갔다. 그들 중에는 집과 가족을 잃은 유랑민도 많이 섞여 있었다.

　　1920년 11월 밀산으로 집결한 독립군은 대한독립군단으로 조직을 재편성하
여 서일을 총재로 추대하고 김좌진 홍범도 조성환이 부총재로 위촉되었다. 그리
고 김규식이 총사령, 이장녕이 참모장, 지청천이 여단장으로 임명되었다.

　　그러나 조직개편만이 능사가 아니었다. 수천 명이 동시에 주둔할 병영뿐 아니
라 식량, 의류는 이미 바닥을 드러냈고, 가혹하게 불어오는 북간도의 겨울바람
은 얇은 옷을 입은 병사들을 괴롭혔다. 독립군 수뇌부는 위기를 타개하고 항일
독립전쟁을 다시 준비하기 위해 갖은 방법을 다 동원했으나 상황은 점차 악화되
기 시작하였다.

　　온갖 고초와 시련을 겪고 있던 독립군에게 러시아로부터 소식이 하나 날아
왔다. 소련의 혁명 지도자 레닌이 약소민족에 대한 지원을 아끼지 않겠다고 발
표했다는 것이었다. 당시 소련에서는 혁명파인 적색군이 왕정파인 백색군을 상

대로 치열한 혁명 투쟁을 벌이고 있
었다. 그들은 알렉세예푸스크를 함락
시킨 후에 스와보드니(자유시, 自由市)
로 이름을 바꾼 다음에 누구나 거주
할 수 있는 해방구를 선포해 놓고 있
었다.

이러한 상황을 잘 알고 있는 공산
주의 계열의 독립군들이 국경을 넘어
소련으로 가자는 주장을 폈다. 북간
도에서 혹독한 시련을 겪고 있던 대한독립군들에게 자유시행은 유일한 해결책
으로 받아들여지는 분위기였다.

밀산에서 이대로 얼어죽거나 굶어죽을 것인가. 아니면 러시아로 가서 지원을
받고 다시 항일전쟁을 준비할 것인가. 독립군 수뇌진은 선택의 기로에 섰다. 시
간이 흐를수록 독립군의 상황은 악화일로를 치닫고 있었다.

자유시 사변

대한독립군단 총재 서일과 부총재 홍범도와 김좌진은 결단을 내렸다. 2천여
명의 독립군을 이끌고 러시아 국경 달네레첸스크(이만 伊滿)으로 이동하였다. 소
련 지역에서 이미 자리를 잡고 있던 공산당 계열의 독립군들 사이에 내분이 일
어나 상해파와 이르쿠츠크파가 서로 대립하고 있는 상황이었다. 레닌의 지원을
받고 주도권을 차지하기 위해 서로 싸우고 있었던 것이다.

세계 역사를 돌이켜보아도 어느 민족이나 분열과 대립은 항상 화를 불러오게
마련이었다. 소련 공산당이 갑자기 태도를 바꿨다. 모든 독립군을 소련 공산혁
명군 휘하에 복속시키겠다는 것이었다. 공산 혁명군으로 들어오지 않는 독립군
들은 모두 무장 해제시키겠다는 최후통첩이 전달되었다.

소련혁명군은 1921년 6월 2일 무장해제를 강력하게 요구하였다. 공산당을 위
해 싸워달라는 요구를 대한독립군이 거절했기 때문이었다. 6월 28일 러시아 적

자유시 참변유적지
흑하시 흑룡강

군(赤軍)은 무장 해제를 거부하는 대한독립군을 사방에서 포위하고 집중 공격을 감행했다.

　　대한독립군은 속수무책으로 무너졌다. 당황한 독립군들은 강으로 뛰어 들었다. 공산군은 강물에 빠진 독립군들에게 기관총을 난사했다. 대한독립군은 엄청난 피해를 입고 말았다.

흑룡강성 흑하시
옛모습(1920년)

　　자유시 사변으로 불리고 있는 흑하사변에서 독립군의 피해는 사망 272명, 실종 205명, 포로 97명에 익사 31명 등 모두 6백여 명의 희생자를 내고 말았다. 이 사건으로 인해 북간도와 연해주의 독립무장투쟁 세력은 거의 무너지고 말았다.

　　1921년 러시아 스보보드니(자유시)에서 발생한 흑하사변(黑河事變)은 항일독립전쟁사상 가장 불행한 사건이었으며, 독립군 장병들이 겪은 최대 비극이었다.

자유시 사변의 본질은 한인사회주의 그룹의 대립(상해파와 이르쿠츠크파)이라기 보다는 한국의 독립을 목표로 하는 이동휘계의 고려공산당과 소련의 이익을 우선시하는 러시아공산당 사이의 갈등과 대립이었다고 볼 수가 있다.

자유시사변 유적지
흑하 시내 모습

이르쿠츠크파는 자유시 사변의 국면에서 소련공산당의 하수인에 불과했던 것이다. 한인 독립운동가들이 비난의 화살을 이르쿠츠크파에 퍼부은 것은 일리가 있다. 소련공산당 성격과 정책의 본질적인 모습을 파악하지 못했던 독립군수뇌부의 실책도 지적받아야 마땅할 것이다.

자유시 사변의 이면에 깊숙이 숨겨져 있는 제국주의 국가들의 음습한 야합이 있었음을 아는 사람은 거의 없다. 일본과 소련 혁명정부는 북경에서 이미 밀약을 맺어 놓고 있었던 것이다. 일본은 물자가 부족한 소련에게 캄차카만 연안 일대의 어업권을 넘기는 대가로 소련 영내 대한독립군의 무장 해제를 비밀리에 요구해 놓고 있었던 것이었다.

원수처럼 싸우다가도 귀신처럼 야합하는 것이 제국주의의 속성이었다. 언제나 그들은 약소국 사람들의 목숨을 희생시키면서 이익을 나눠먹는 교활한 방법에 익숙한 사람들이었다.

경신 참변 장백현
15도구

명성황후와 고종이 러시아를 이용하려다 일본제국주의자들에게 목숨과 주권을 빼앗겼던 역사의 잉크가 채 마르지도 않았는데, 대한독립군 수뇌부들마저 또 소련을 이용해보려다가 일본의 은밀한 공작에 비참하게 궤멸되는 어리석음을 되풀이하고 만 것이었다.

러시아혁명 이후 한인사회가 레닌의 공산정부에 걸었던 기대는 사실이라고 볼 수 있다. 그 이유는 소비에트정부가 강대국으로서 약소민족 해방의 기치를 높이 들었기 때문이다.

일본제국주의 억압 아래 있었던 한인들에게 레닌의 정책은 호소력을 가지기에 충분했을 것이다. 그러나 소비에트정부가 내걸었던 약소 민족해방이란 소련 외교정책의 전술 가운데 한 가지일 뿐이었다. 대한독립군부대를 지원하거나 양성하는 것은 애당초 존재하지 않았던 계획이었다고 보아야 할 것이다. 독립군 부대가 필요한 이유는 오로지 백군(러시아 왕당파)을 격파하기 위한 수단으로서의 의미만을 가질 뿐이었다. 대한독립군은 소련공산당의 교활한 외교전술과 일본제국주의의 비열한 음모에 의해 많은 희생을 치렀다는 것이 명백한 사실이다.

북간도와 서간도 일대의 한인촌이 일본군의 공격으로 무고한 한인들이 처참하게 학살을 당하고 있을 때 자유시에서는 러시아군의 무차별 총격으로 대한독립군들이 죽어가고 있었다.

일본제국주의자들에게 나라를 빼앗기고 낯선 땅 만주로 넘어와 조국과 민족의 독립을 갈망하며 살았던 백성들이 무참히 학살되고, 항일독립전쟁으로 나라를 되찾겠다는 신념으로 총칼을 잡았던 대한독립군은 교활한 공산당의 술책에 넘어가 머나먼 이국에서 처참한 죽임을 당하게 되었던 것이다.

하늘도 무심하다는 말조차 이제 목구멍을 넘어오지 않는다. 하늘은 스스로 돕는 자를 돕지 않았다. 그러나 하늘을 탓하고 세상을 탓하면서 살 수는 없다.

그동안 우리민족은 누구도 해치지 않고, 남의 나라를 침범하거나 괴롭힌 적도 없이 유순하고 어질게만 살아왔다고 한다. 그런데도 어찌하여 가혹한 시련들이 계속 일어나는 것일까.

잔인하고 반인륜적인 군국주의 총칼로 동북아의 평화를 짓밟고, 살인, 방화, 강간, 약탈 등의 천인공노할 만행을 저질렀으며, 사죄나 반성도 없이 교활하고 야비한 술책으로 역사왜곡에 앞장서고 있는 일본인들은 아직도 건재하다. 어디 그뿐인가. 우리 민족을 분단과 전쟁의 소용돌이로 몰아넣던 레닌의 볼세비키즘 공산당의 붉은 깃발은 오늘도 만주대륙에 날리고 있는데, 대한민국은 동강난채 오늘도 강대국 눈치만 살피고 있지 않은가. 진실로 세계역사에 정의가 있어

왔다면, 그 많던 정의는 다 어디로 가버린 것일까.

  그렇다. 역사를 잊은 민족에게 미래는 없다. 뼈아픈 역사를 잊어버리고 민족의 미래를 생각할 수 없다. 그러한 어리석음을 다시 범해서도 안 된다. 대한민국이 오늘날처럼 피동적인 약소국으로 강대국에게 휘둘리며 산다면, 결코 대한민국의 미래를 지켜낼 수 없다. 이러한 사실은 이미 역사가 증명하고 있다.

  이제 우리가 가슴에 깊이 새겨야 할 것은 오직 하나다. 역사는 결코 주어지는 것이 아니라 만들어 가는 것이다. 그것이 진리다.

  우리 민족은 고조선, 고구려, 발해 멸망 후부터 한반도 좁은 지역에 살면서 피동적이고 나약한 사대주의자들에 의해 휘둘리면서 민족정신 쇠퇴의 길을 걸어왔다. 스스로 우리민족의 역사를 만들어 온 것이 아니라 강대국에 의해 만들어진 역사를 살아왔던 것이다.

  필자는 기회가 있을 때마다 우리민족이 피동적이고 나약한 국가에서 하루 빨리 벗어날 수 있는 길은 식민사대주의(植民事大主義)를 청산해야 한다고 주장해 왔다. 중국과 일본의 침략주의자들로부터 비롯된 식민사대주의가 미국과 서구

(西歐)로 이어지면서 한민족정신(韓民族精神)을 더욱 피폐하게 만들고 있다.

한민족 정신으로 돌아가자. 백산흑수(白山黑水) 드넓은 대륙을 호령하며 자주국방(自主國防), 민족자존(民族自存)의 깃발을 날리던 민족정신으로 돌아가야 한다. 그것이 식민사대주의를 청산하고, 동방의 빛, 인류의 광명으로 빛나던 한민족의 자존(自尊)과 영광(榮光)을 되찾는 길이라고 생각한다.

아무리 큰 나라 적이라 해도
우리는 반드시 나아가고
적이 아무리 강해도
우리는 반드시 나아가고
적이 아무리 사납고 용맹해도
우리는 반드시 나아가고
한 걸음 물러나면 식은땀이 등에 젖고
털끝만큼이라도 양보하면
입에서 피를 토한다.

고구려 을지문덕(乙支文德) 장군의 살수대첩승리를 칭송한 민족사학자 단재(丹齋) 신채호(申采浩) 선생의 글이다.

제6장

북간도 항일독립전쟁과 연변延邊

청산리 전투의 영웅이었던 양림과 상해 황포탄 의거의 주역이었던 전광, 그리고 반석일대 항일투쟁을 전개하던 이홍광, 박한종, 이동광 등이 남만주 공산주의 운동의 지도자가 되었다는 사실은 남북분단 시대 이데올로기 문제를 뛰어넘어서 그들의 항일투쟁에 대한 깊은 연구를 통해 새로이 조명해 볼 필요가 있다.

백두산 천지(서파)

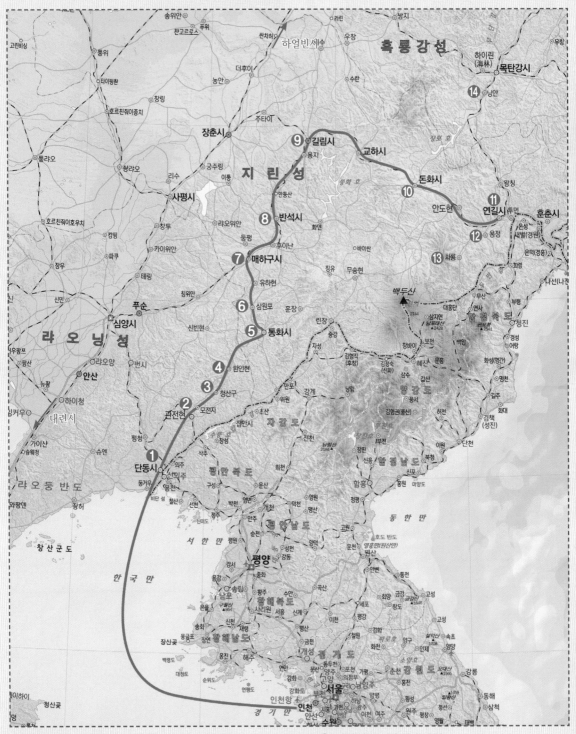

① 단동(이륭양행·대한독립청년단·대한민국임시정부 안동교통국·이명하의사 순국지) ② 모전자 대한독립단·정의부유적
③ 청산구 항일 의병장 이진룡기념원 ④ 환인현 대한통군부 창설유적 등 ⑤ 통화시 조선혁명군속성사관학교 등 ⑥ 삼원포 경학사·신흥강습소
⑦ 유하현 서로군정서 ⑧ 반석시 전민족 유일당회의·이홍광 유적 ⑨ 길림시 의열단창설 ⑩ 돈화시 발해유적 ⑪ 연길시 간민회·와룡동사은비
⑫ 용정 윤동주 생가·일송정 ⑬ 화룡 청산리전투 유적 ⑭ 영안시 발해유적

항일독립전쟁 유적을 찾아

항일독립전쟁의 유적(遺跡)을 찾아서 중국 동북지방의 연길(延吉), 화룡(和龍), 용정(龍井), 훈춘시, 목단강(牧丹江), 하얼빈, 흑하시(黑河市) 일대와 단동(丹東), 집안시, 유하현, 통화(通化), 길림(吉林) 등지를 지난 10여 년 동안 답사하였다.

중국의 동북공정 실시와 도시개발로 멀지 않은 장래에 훼손되고 사라져버릴 항일유적들을 찾아가 카메라에 담았고, 이미 훼손되고 사라진 유적들이라 할지라도 정확한 위치를 찾아 역사적 고증을 위한 자료로 자세하게 기록하였다.

중국의 요녕성(遼寧省), 길림성(吉林省), 흑룡강성(黑龍江省)은 지역이 광대할 뿐 아니라 항일유적들이 여러 지역에 널리 분포하고 있어서 위치를 조사하고 답사하기까지 참으로 많은 시간과 노력을 필요로 하였다.

항일독립전쟁 유적답사기『두만강 아리랑』은 역사적 사료를 바탕으로 유적지의 위치와 현장사진을 수록해야 하기에 일반적인 여행기처럼 단기간 몇 번의 여정만으로 가볍게 기술할 수는 없었다.

북간도 지역 항일유적답사기『두만강 아리랑』은 비교적 독자들의 관심이 높고, 역사적으로 중요한 유적들이 분포되어 있는 지역을 중심으로 수차례에 걸쳐 답사한 기록이며, 더욱 더 정확하고 자세한 항일유적 기행록을 만들기 위해 최선을 다한 책이다.

항일독립전쟁의 역사를 올바로 알리기 위하여 수십 차례 다녔던 답사길 중에서 유적이 많이 분포되어 있는 지역을 중심으로 역사자료, 독립투사의 생애, 유적지의 위치, 역사적 의의 등을 소개하여 항일유적에 대한 관심과 이해를 돕고자 노력했다.

북간도로 가는 여정

만주지역 항일독립전쟁 유적을 찾아갈 때는 인천국제터미널에 가서 여객선을 이용하는 경우가 많았다. 다른 교통편에 비해 비교적 저렴하고 편리할 뿐 아니라 서해 낙조와 섬풍경을 감상하며 여유로운 바다여행을 즐길 수 있는 장점이

있기 때문이다. 그리고 배를 타고 가는 도중에 조선족 동포를 비롯하여 중국 현지에 사는 사람들을 만날 수 있고, 그들을 통해서 항일유적을 찾아가는 교통편이나 지역정보를 입수할 수 있는 장점도 있기 때문이다.

　그동안 만주지역 북간도로 가기 위해 가장 많이 이용했던 코스는 서울에서 지하철을 타고 동인천역에 내려서 24번 시내버스를 타고 연안부두 국제여객터미널에 도착한 뒤 오후 5시 중국 단동시(丹東市)로 출발하는 여객선을 타고 열여섯 시간 동안 서해바다를 건너 다음날 아침 9시에 단동항구에 내린다.

　그리고 중국공안들의 까다로운 입국수속을 마친 뒤에 단동시내로 가는 버스를 타고 압록강을 따라 이어진 길로 1시간 동안 달려서 단동역(丹東驛)에 도착하여 때늦은 점심을 먹는다. 오후 4시 역전에서 출발하는 침대버스를 타고 환인, 통화, 유하, 길림시를 거치며 밤새도록 달리고 달려서 길림성 조선족자치주 연길시(延吉市)에 도착하는 시각은 다음날 새벽 6시이다. 서울에서 출발하여 서해

단동시 압록강 철교와 부두, 중국 단동시와 북한 신의주시를 잇는 철교다.

와 만주대륙을 가로지르는 1천5백 킬로미터의 대장정이다.

이 글의 첫머리에 북간도로 가는 코스를 소개함으로써 항일유적에 대한 지식이 거의 없는 독자들도 책에 수록된 지도나 사진을 통해서 유적의 위치, 찾아가는 길 등을 쉽게 이해할 수 있도록 했다. 또한 항일독립전쟁의 역사를 공부하면서 만주지방을 답사하려는 청소년들에게는 편리한 길잡이가 될 수 있도록 각각 장마다 교통, 기후, 문화 등을 소개하였다.

항일독립전쟁의 성지, 만주벌을 향해서

지난 10여 년 동안 인천국제여객터미널은 변한 것이 거의 없었다. 단동(丹東)으로 가는 배가 조금 커졌을 뿐 언제나 소란스럽고 복잡한 대합실 모습은 그대로였다. 백두산 관광객들과 상인들로 발 디딜 곳조차 없이 붐비는 대합실에서 지루한 기다림 끝에 오후 4시 20분이 지나서야 출국수속이 시작되었다.

커다란 배낭을 메고 선물 꾸러미를 잔뜩 든 중국인 관광객들의 소란스런 대화를 들으며 무질서한 출국장을 어렵게 벗어났다. 배를 타기 위해 질서의식이라고는 찾아볼 수 없는 사람들과 부대끼며 도떼기시장 같은 여객선 객실에 무거운 배낭을 내려놓고서야 겨우 숨을 돌릴 수가 있었다.

여객선 객실은 중국인 단체 관광객들로 만원이었다. 그들은 한국여행에서 구입한 물품들을 자랑하며 이야길 나누는데 마치 싸움이라도 난 듯 객실안이 몹시 시끄러웠고, 침대 위까지 쌓아놓은 짐들은 화물칸을 방불케 했다.

한국을 찾는 중국인 관광객들이 날이 갈수록 늘어나고 있어 여행사들은 신바람이 날지 모르지만, 그들의 무질서와 소란스러움을 참고 견뎌야 하는 일반인들로서는 실로 짜증나는 일이 아닐 수 없다. 소란스럽고 무질서한 객실에서 벗어나 뱃고동이 울리기만을 기다렸다.

만주지역 항일독립전쟁 유적답사를 시작한지 10여 년의 세월이 흘렀다. 내가 처음 만주를 향해 떠났던 2004년 여름은 날씨가 무척이나 무더웠던 것으로 기

단동 가는 승객들

억된다. 두만강 일대 답사를 위해 오
랫동안 준비했던 자료를 살펴보며 흥
분을 가라앉히려 애를 썼던 기억들이
영화필름처럼 스쳐갔다. 갑판과 객실
을 들락거리며 단 한순간도 놓치지
않으려고 시시각각의 모습을 카메라
에 담고 문득문득 떠오르는 생각들은
꼼꼼히 메모했다.

인천국제여객터미널

연안부두를 떠난 여객선이 넓은
바다로 들어서자 인천 송도경제특구에서 영종도로 이어지는 인천대교가 눈앞에
펼쳐진다. 인천대교의 총길이 18km로 우리나라에서 가장 긴 다리라고 한다. 마
치 바다에 엎드려 승천을 기다리는 용처럼 하얀 몸짓으로 푸른 바다 위를 꿈틀거
리는 인천대교의 주탑 위로 붉은 해가 걸려있다. 온몸을 태워 하루를 밝히고, 어
둠을 향해 스스로 붉게 타오르다가 사라지는 태양은 정녕 위대하고 아름답다.

시야에서 점점 멀어져가는 인천항을 바라보고 섰는데, 부두를 향해 한참 동안
손을 흔들던 조선족의 뺨으로 눈물이 주르르 흘러내린다.

도대체 무슨 사연이 있는 것일까.

한국에 와서 일하는 대부분의 조선족은 두고 온 가족을 위해 어렵고 힘든 업종
도 마다하지 않고 열심히 돈을 번다고 한다. 고단하고 외로운 삶을 마치고 고향
으로 돌아가는 그에게 한국땅은 남다른 감회를 안겨주었으리라.

인천대교는 떠나는 아쉬움이며 다시 돌아올 기약을 남겨놓는 다리가 되었다.
뱃전에 부서지는 파도가 긴 꼬리를 남기고 넓은 바다를 향해 나가는 여객선 위
로 붉은 노을이 깃든다.

영종도 공항을 향해 분주하게 날아가는 여객기들이 다리위로 고도를 점점 낮
춘다. 용유도 앞바다로 햇살이 부서지고 무의도 실미도가 바다에 누웠다. 수평
선 위로 해가 접어들 때 고기잡이배들은 항구를 찾아 줄지어 들어오고 있었다.
어디선가 만선의 노래 소리가 들려오는 듯하다.

서해바다 고깃배들의 안내자이며 섬을 오가는 여객선들의 등불이 되어주는
등대섬 위로 노을이 물들고 있었다. 떠나보내는 사람들이 못내 아쉬운 듯 갈매

인천대교 일몰

기들이 여객선을 따라오며 구슬피 운다. 하루를 아낌없이 불사른 태양이 수평선으로 기울어갈 때 갈매기 울음소리 한 자락만 허공을 맴돈다.

시원한 바닷바람을 맞으며 달려가는 여객선 불빛들이 허공에 잠기면 바다에 나란히 앉은 고기잡이 배들의 불빛이 수평선 위에서 별처럼 빛난다. 객실에 누운 여행객들은 유리창 너머로 별을 세고 뱃전에 기댄 여행객들은 수평선 위로 별을 세고 있었다.

열여섯 시간이 바다 위로 흘러갔다.

저 멀리서 먼동이 터오를 때면 수평선 위로 북한의 섬들이 하나 둘 보이기 시작한다. 아침햇살이 눈부시게 빛날 무렵 단동항구의 거대한 크레인들이 팔을 벌린 채 서 있는 모습이 눈에 들어왔다.

단동항 부두에서 바라보이는 평안북도 비단섬과 마안도(馬鞍島)가 손에 잡힐 듯 가깝게 다가선다. 갯벌 너머로 압록강과 서해가 합류하는 하구(河口) 모습이 펼쳐지고 있었다.

단동항구는 날로 눈부시게 발전하며 그 규모가 거대해지고 있었다. 몇 년 전

서해 등대섬 노을

만 하더라도 크레인 몇 대 없이 석탄을 쌓아놓은 모습뿐이었는데 어느 새 내항과 외항을 갖춘 거대한 항구로 변모하였고, 10만 톤 이상 되는 배가 여러 대 접안할 수 있는 시설도 갖췄다고 한다.

연신 거친 숨을 토해내며 서해를 달려온 배에서 내려 석탄가루 날리는 부두를 지나 낯선 이국의 언어를 들으며 입국심사장에 줄을 섰던 기억이 새롭다.

입국장으로 들어서니 몇 년째 보아온 녹색군복의 금빛 군장이 자꾸만 낯설게 느껴진다. 무표정한 얼굴로 사진과 나를 번갈아 쏘아보는 눈빛이 차갑고 매섭게 느껴진다. 여행용 비자를 들고 항일유적지를 찾아온 나그네의 숨겨진 사연을 알기라도 하는가. 하기야 무엇을 알겠는가. 윗자리에 계신 분들이 벌이는 역사왜곡인데 저들에게 무슨 죄가 있겠는가.

무표정한 얼굴로 도장 하나 찍어주면 바쁜 걸음으로 달려 나가서 담배 한 대 물고 만주벌 공기 한줌 들이키면 그만이다.

출국장 밖에서 20위안짜리 버스를 타고 압록강 국경도시 단동을 향해 떠났다. 오랜 세월 우리민족의 흥망성쇠를 지켜보았고, 북한 신의주와 마주보고 있는 단

단동항에서 보이는
북한신의주 마안도
열도

동은 항일유적의 도시이며, 남북분단의 비극을 느끼게 하는 도시이다.

버스는 동강시를 벗어나 압록강변을 달리고 있었다.

경남 우포늪에서 천수만을 거쳐 이천 리를 날아온 철새들이 지친 몸을 휴식하는 압록강 하구습지가 차창을 가득 채운다. 차창 너머 철새들의 군무가 마치 푸른 창공에 검은깨 한줌 뿌려놓은 듯이 까마득해도 역동적이어서 좋다.

압록강 하구와
서해바다

이곳에서 남쪽으로 가는 철새들은 청천강 하구를 지나 천수만으로 날아가고, 북쪽으로 가는 철새들은 바이칼을 거쳐 시베리아로 날아간다고 한다. 새들도 저렇게 자유로이 남북을 오가는데 어찌 저 강 건너 북녘땅은 자유롭게 갈 수가 없는 것일까. 만물의 영장이라는 인간들이 때로는 새만도 못한 행동을 할 때가 있는 것 같

아 안타깝고 서럽다.

철새도래지를 지난 버스는 압록강을 끼고 동쪽으로 이어지는 빈해공로(濱海公路)를 달려갔다. 한동안 국내외 매스컴을 장식했던 황금평(黃金坪)이 눈앞에 펼쳐진다.

중국과 북한 국경을 알리는 철조망이 도로 옆에 바짝 붙어있다. 넓이 11평방킬로미터에 달하는 신의주 최대 곡창지대 중에 하나인 황금평 넓은 들이 끝없이 눈앞에 펼쳐진다.

단동항 출입국관리소

오천 년 동안 가꾸고 살아온 황금의 땅, 황금평(黃金坪)을 50년간이나 중국에게 임대해버린 저들은 앞으로 무얼 먹고 살려는 것일까. 신의주 최대의 곡창지대인 황금벌을 불도저로 밀어내고 조중(朝中)산업공단을 조성하여 거기서 생산되는 섬유나 철조각을 씹으며 살아가려는 것은 아닐텐데

북중 황금평 개발
기공식

어찌 그토록 어리석은 짓을 저지른 것일까. 도대체 저 붉은 장막 안에서는 무슨 일이 벌어지고 있는 것일까. 수많은 생각들이 머리를 어지럽히고 있었다. 차창 밖으로 보이는 덤프트럭들이 먼지를 일으키며 줄줄이 드나드는 모습이 오늘따라 몹시 서글프게 느껴졌다.

독재정권 억압의 사슬에 묶인 채 굶주림에 허덕이다 목숨을 걸고 압록강을 건너는 사람들의 소식이 오늘도 들려오는데 곡창지대를 밀어내고 공장을 세운다 하니 그저 안타깝고 답답한 마음뿐이다.

황금평을 지나 단동 신시가지를 통과할 무렵에 압록강 위로 치솟은 두 개의 주탑이 눈에 들어온다. 황금평과 위화도를 내준 댓가로 중국에서 건설해 주고 있다는 신압록강 대교였다.

단동 신개발 도시에 한창 건설 중인 신가파성(新加坡城)에는 고층아파트를 세우느라 요란스럽다. 남신의주에서 이곳을 바라보는 동포들의 가슴은 어떠할까. 북조선은 지상낙원이라 외치는 삼대 세습의 수혜자와 그 추종자들은 눈부시게 번창해가는 단동의 모습을 바라보며 또 어떤 거짓말을 지어내려 머리를 굴리고

신압록강 대교 전경

있을까.

신시가지를 벗어나 곧게 뻗은 도로를 달려가자 삼도랑두(三道浪頭)가 눈에 들어온다. 지금은 압록강 모래를 쌓아두는 항구로 변해버렸지만, 1910년대에는 영국인 조지 쇼가 경영하는 이륭양행(怡隆洋行)의 배들이 대련과 상해로 가는 여객과 화물을 운송했던 부두였다.

이곳에서 상해로 가기 위해 배를 기다리고 있던 항일애국지사들의 모습이 떠오른다.

1919년 4월 백범(白凡) 김구(金九)는 좁쌀장수로 변장하고 망명동지 15명과 함께 이곳에서 상해로 떠났으며, 상해임시정부의 어머니라 불렸던 정정화 여사, 대한독립청년단 함석은, 육군주만참의부 참의장 백광운 등 수

단동 부두박물관

단동 압록강 부두

많은 애국지사들이 이륭양행의 배를 타고 상해로 떠났다. 그 옛날 번성했던 항구의 모습을 떠올리게 하는 건물이 부둣가 작은 언덕 위에 서 있는데 지금은 안동부두역사박물관으로 사용하고 있다고 한다. 나는 차창으로 스쳐가는 부두를 바라보며 그 당시 애국지사들의 숨결을 느끼기라도 하듯 숨을 깊게 들이마셨다.

네 소원(所願)이 무엇이냐 하고 하느님이 내게 물으시면 나는 서슴지 않고
"내 소원은 대한 독립(大韓獨立)이오." 하고 대답할 것이다.
그 다음 소원은 무엇이냐 하면 나는 또
"우리나라의 독립이오." 할 것이요
또 그 다음 소원이 무엇이냐 하는 세 번째 물음에도 나는 더욱 소리를 높여서,
"나의 소원은 우리나라 대한의 완전한 자주 독립(自主獨立)이오."
하고 대답할 것이다.
나 김구의 소원은 이것 하나밖에 없다.

삼도랑두 부두와
신압록강 대교

　백범(白凡) 김구 주석의 소원은 오직 하나였다. 대한의 완전한 자주독립이다. 섬나라 오랑캐들에게 빼앗긴 나라, 망국민의 설움을 안고 눈물의 압록강을 건넜던 백범 김구, 고난과 시련 속에서 상해와 중경을 떠돌면서도 결코 잊을 수 없었던 것은 조국의 자주독립이었다. 그는 1945년 11월에 조국으로 돌아올 때까지 평생 동안 독립을 위해 싸웠다.

　영국의 탄압 아래 신음하는 조국 아일랜드를 생각하면서 일본의 탄압 아래 고통받는 한국인을 사랑한 사람, 영국인 조지 L. 쇼. 그의 한국사랑은 일본 침략자들에 대한 증오와 분노였고, 불의를 용납지 않는 정의감의 발로였다. 그러므로 쇼는 즐겁고 흔쾌하게 독립투사들을 도왔고, 그들과 함께 일본 침략자와 싸우는 푸른 눈의 독립투사가 되었던 것이다.

　1919년 5월 조지 쇼우가 중국 안동(安東: 현재지명 단둥)에 설립한 무역선박회사 이륭양행(怡隆洋行)은 대한민국임시정부 안동교통국 비밀기지였다.

　조선총독부 앞잡이가 되어 호가호위하는 민족반역의 무리들이 조국과 민족을 배반하고서도 양심의 가책은커녕 부끄러움조차 느끼지 못하는 암흑시대에

이륭양행 삼도랑두
부두박물관 현재
모습

대한의 땅에서 살아본 적이 없고, 피 한 방울 섞이지 않은 쇼가 목숨을 걸고 독립투쟁을 도왔으니 가슴 깊은 곳에서 우러나는 존경과 추모의 마음을 품지 않을 수 있으랴.

오늘을 살아가는 우리들은 과연 이러한 역사적 사실을 얼마나 알고 있었는가. 역사를 모르고 살면서 부끄러움조차 느끼지 못했던 사람으로 쇼의 숭고한 희생정신을 가벼이 말할 수 있겠는가.

백범 김구(金九)는 백범일지에 이렇게 기록하고 있다.

"나는 중국인의 인력거를 불러 타고 큰 다리 위를 지나서 안동현의 어떤 여관에서 변성명하고 좁쌀장수라 표방하고, 이레 동안 숨어서 지낸 뒤에 이륭양행 배를 타고 상해로 출발하였다.

황해 해안을 지나갈 때에 일본 경비선이 나팔을 불고 따라오며 정선(停船)을 요구하나 영국인 함장은 들은 체도 아니하고 전속력으로 배를 몰아 경비구역을 벗어났다. 우리 일행은 나흘 후에 무사히 상해 황포강 나루에 닻을 내렸다.

삼도랑두 부두를 지난 버스는 곧게 뻗은 길로 들어서자 점차 속도를 높

백범 김구주석

이륭양행 조지 쇼(푸른눈의 독립투사)

安东市场通（五经街），是日本占领安东时期，日本人购物的主要商业街之一（拍摄年代：20世纪20年代）

좌 • 단동 옛모습(1910년대) / 우 • 단동의 옛모습(1920년)

였다. 차창으로 스쳐가는 압록강에 작은 섬 하
나가 눈에 들어왔다.

유초도(柳草島)다.

압록강 하류의 작은 섬 유초도는 압록강에
홍수가 나면 상류로부터 떠내려온 버드나무
들이 섬에 뿌리를 내리고 자라 버드나무섬이
라는 명칭이 생겼다고 한다. 섬의 길이는 2킬
로미터 남짓한 섬이지만, 일제 강점기 항일투
사들이 활동하던 곳이다.

조지 쇼 신문기사

1921년 3월 중순, 대한독립단 의용군 홍주, 김상률, 김형모, 김은순 등은 압록
강 유초도에 은신하고 있으면서 일본영사관과 일본은행을 습격하기 위해 임시
정부 안동교통국장 백승서와 협의하던 중에 왜경 42명에게 기습을 받았다. 외딴
섬이라 사태가 자못 위급하였으나 백승서가 미리 준비해둔 배로 목숨을 건질 수
있었다. 그러나 불행하게도 백승서는 왜경들에게 잡히어 2년형을 받고 복역하
였다. 유초도는 독립투사들의 조국독립의 염원이 서려 있는 섬이다.

1935년 아동문학가인 김우철이 당시 유초도(柳草島)에서 지은 압록강이란 시
를 떠올려 본다.

백두산 천지 물이 넘쳐 흘러서
동쪽으로 흘러가면 두만강의 물줄기

좌 ● 상해임시정부와
의열단 활동지
상해시의 1930년대
옛모습
우 ● 상해임시정부
백범 사무실

서쪽으로 굽이돌아 흘러내리니
예가 천리 장강 압록강이외다

이 강가에 사는 수백만 백성들의
가난한 생활 악보를!
국경을 그림으로 그리며
독사 꼬리같이 줄기차게 흘러내리는
압록강, 검푸른 흐름이여!

압록강 유초도 전경

북한으로 가는 화물차

우리는 너를
사랑하면서도 사랑하지 못할
삶과 죽음의 장강이라 부른다.

유초도를 지나자 고층아파트들이 즐비하게 들어선 월량도(月亮島) 둥근 아치
교가 눈에 들어온다. 원래 철새도래지로 유명한 돌섬이었는데 중국 개발업자가
아파트 단지로 개발하였다. 압록강이 자주 범람하는 곳이라 분양이 저조해 거의
빈 아파트들이라고 한다.

압록강 월량도와
북한 신의주 평야

단동시 압록강 철교와
유람선 선착장

항일투쟁의 도시 단동丹東

　동강부두를 출발한 지 한 시간 만에 압록강 국경도시 단동에 도착하였다.

　백두산에서 발원하여 한서해(韓西海)로 흘러가는 압록강의 하류에 자리잡은
단동시는 북한 신의주(新義州)가 한눈에 바라보이는 곳에 위치하여 북·중 국경
무역 최대의 도시가 되었다. 중국과 북한의 한 해 무역량의 70% 이상이 이곳을
통해 이뤄진다고 한다.

　단동에서 평양까지는 매일 두 차례 기차가 오가며, 압록강 철교를 통해서는
하루에도 수십 차례 북·중 교역과 왕래가 이뤄지는 곳이다. 단동에서 압록강을
건너 신의주, 용천을 지나면 곧바로 평양(平壤)에 도착하는데 거리는 약 220km,
단동에서 서울까지 거리의 절반이라고 한다.

　서울에서 승용차를 몰고 육로(陸路)로 달려오면 네다섯 시간이면 도착할 수도
있는 거리였건만, 서울에서 지하철을 타고, 다시 인천에서 배를 타고 동강부두

에 내려서 버스를 타고 이틀 만에 도착한 것이다.

북녘땅을 눈앞에 두고도 남북의 길이 막혀 멀고 먼 길을 돌아와야만 하는 현실이 안타깝고 서글프다. 북녘 정권은 왜 붉은 장막을 치고 문을 굳게 걸어 잠근 채 오가는 길마저 막아버린 것일까. 전 세계에서 그 유례를 찾아볼 수 없는 인권유린을 일삼고 삼대 세습마저 버젓이 저지른 자들이 그 무엇을 위해 동족끼리의 왕래조차 용납지 않는 것일까.

나는 어느 여름날 철조망도 없이 가로막힌 압록강에서 하염없이 흐르던 눈물을 기억한다. 신의주 강변 버드나무에 앉은 새들, 부두에 정박한 배, 강변을 오가는 사람들이 팔을 뻗으면 닿을 듯 가까운 도시에 회색 지붕들과 낡은 건물들, 먼지 나는 골목들이 나의 가슴 저미던 그날을 기억한다.

서울서 기차를 타고 원한의 휴전선을 지나, 개성 선죽교 만월대 고려궁궐을 돌아보고, 고요한 평양 고구려 벽화 동명왕릉 대동강 을밀대야 잘 있었느냐 물어도 보며, 소월의 영변에서 약산 진달래꽃 아름 따다 가는 길마다 뿌리면서 길에서 만나는 사람마다 얼싸안고, 두 손을 꼬옥 잡고 싶었다.

그날이 오기를 얼마나 기다렸었나.

꿈이었다.

남북분단 70년 세월동안 그저 꿈에나 나타났다 사라지던 일장춘몽이었던 것이다.

매운 계절의 채찍에 갈려 북방으로 오다

목마른 사람이 우물을 판다는 말이 있다.

1997년 겨울 날벼락처럼 닥쳐온 IMF 사태로 나의 청춘을 다 바쳐가며 20여 년 동안 일궈왔던 사업이 위기에 봉착하게 되었다. 그동안 한결같은 마음으로 나의 길, 나의 인생이라 굳게 믿으며 앞만 보고 달려가던 길에서, 비명소리 한 번 질러댈 겨를도 없이 청춘을 다해 소중하게 가꾸었던 것들을 내려놓아야 했다.

매일 허리케인처럼 밀려오는 절망 속에서 쫓기고 짓밟히면서도 견뎌낼 수 있었던 것은 오로지 이대로 포기할 수 없다는 자존심이었다. 그리고 나에게는 작

압록강 국경에서
필자

가(作家)의 길이 남아있기 때문이었다.

농촌에서 자란 어린 시절부터 꿈꾸던 작가의 길로 들어섰지만, 가난한 농부의 아들에게 멍에처럼 덧씌워진 가난을 극복할 때까지 유보할 수밖에 없었다. 세월과 절망 사이에서 허우적거리면서 이를 악물고 버텨가고 있을 때였다. 어린시절부터 문학을 함께 공부하며 자랐던 친구로부터 엽서 한 장이 날아왔다.

최 작가
이제 무거운 짐 내려놓고
부디 건필(健筆) 하시게

물질만능주의 세상이 빚어낸 소용돌이 속에서 몇 년 동안 허우적거리며 사느라 잊고 있었던 말, 작가, 그리고 건필이라는 단어가 해머처럼 머리를 쳤다.

나에게는 오랜 세월 꿈꾸던 세계가 있고, 언젠가는 꼭 쓰고 말겠다고 다짐했던 많은 이야기들이 아직 남아있지 않은가.

아무렇게나 쌓여 있는 책더미 속에서 빛바랜 수첩들을 찾아냈다. 그리고 하나하나 읽어가기 시작했다. 그동안 살아오면서 꼭 쓰고 싶었던 이야기들이 생각날 때마다 적어놓았던 것들이었다.

오랫동안 내가 가슴 속 깊은 곳에 간직하고 있었던 생각들을 찾아내어 암울한 현실로부터 탈출하고 싶었다. 그렇지만 추락할 대로 추락한 내가 이제 와서 무엇을 쓸 수 있단 말인가. 몇 번이나 스스로에게 물음을 던지며 많은 시간을 허공에 날려 보내야만 했다.

지금 눈 내리고 매화향기 홀로 아득 하니
내 여기 가난한 노래의 씨를 뿌려라.

그랬다. 나는 가난한 노래의 씨를 뿌려야 했다. 오랫동안 거짓말처럼 잊고 살았던 단어, 언젠가는 그곳에 가리라 굳게 다짐했던 땅, 광야(曠野)는 나에게 새로운 길을 열어주리라 믿었다. 설혹 길을 열어주지 못할지라도 그곳에 가면 끝없는 나의 침몰이 멈춰질 것만 같았다.

배낭 하나 짊어지고 만주벌판을 향해서 무작정 떠났다. 단동항에 처음 내렸을 때 문득 낯선 땅에 홀로 던져진 두려움이 일었다. 그러나 어디론가 달려가노라면 이육사가 노래했던 광야, 까마득한 날에 닭 우는 소리조차 들리지 않았던 원시의 땅을 만날 수 있을 것이라 믿었다. 그리고 압록강 줄기를 따라 올라가면 민족의 영산, 백두산에 오를 수가 있고, 두만강도 볼 수 있으리라 믿었다.

매운 계절에 채찍에 갈겨
마침내 북방으로 휩쓸려오다
하늘도 그만 지쳐 끝난 고원(高原)
서릿발 칼날진 그 위에 서다

서해바다를 가르며 만주로 향하는 여객선 안에서 이육사의 절정(絶頂)이란 시를 몇 번이나 읊조리고 또 읊조렸던가. 마치 내가 처한 극한상황을 노래했을 것만 같은 착각에 빠졌기 때문이다.

육사(陸史) 이원록 시인은 의열단원이며 저항시인이며 독립투사였다. 그는 한평생 동안 조국과 민족을 사랑하는 시를 썼고, 조국의 독립을 위해 싸우다가 광복을 보지 못하고 1944년 북경감옥에서 순국했다.

육사의 「광야」에서 백두산을 찾았고, 매운 계절의 채찍에 갈려 북방으로 쫓겨난 대한국인의 가슴 아픈 역사를 찾아냈다.

저항시인, 의열단
이육사

버스 안 시계가 밤 9시를 가리키고 있었다. 침대버스에 누워 차창으로 스쳐가는 밤하늘의 별을 바라보았다. 북두칠성이 산등성이 위로 길게 누워 있다. 삼원포 시가지를 밝히는 불빛들이 차츰 멀어지고 차창에 비친 내 얼굴 위로 안동지역 항일열사들 모습이 오버랩된다.

1910년 8월 한일강제병합 소식이 전해진 경상북도 안동 임청각(臨

淸閣)에서는 석주(石州) 이상룡(李相龍) 등이 모여 가족회의를 하고 있었다. 을사의병에 참여하고 신민회 활동을 통해 항일의지를 굳혔던 가족들이 만주로 망명하여 독립을 찾는 날까지 싸우기로 의견을 모았다. 민족자존과 선비의 기개를 생명처럼 알고 살아왔던 사람들이 왜놈치하에서 고개를 들고 살 수는 없는 노릇이었다.

1910년 12월 매서운 추위가 몰아치는 안동을 떠난 석주의 가족은 추풍령에서 기차를 타고 서울에 도착하여 며칠을 머물며 우당 이회영 등과 만주망명을 협의하였다. 그리고 신의주행 기차를 타고 얼어붙은 압록강을 건너 유하현 삼원포로 망명했다. 1911년 4월 이상룡, 이회영, 김동삼, 김대락 등이 중심이 되어 유하현(柳河縣) 삼원보 대고산 아래 옥수수 창고를 빌려서 경학사를 창설하였다. 훗날 부민단, 한족회로 확대 되면서 재만한인들의 자치활동을 이끌고 돕는 역할을 했다.

한족회(韓族會)는 유하현 삼원포 시가에 본부인 중앙총부를 두었고, 지방 조직

은 유하, 통화, 흥경, 환인, 임강, 집안현(輯安縣) 등지에 조직하였으며, 그 당시 이 일대 한인촌의 호수는 1만여 호에 달하였다.

매하구(梅河口)를 지난 버스는 반석시(磐石市)에 도착하기 전에 휴게소에 들러 잠시 휴식을 취했다. 어둠이 짙게 내려앉은 휴게소에서 유일당회의 유적을 찾아왔던 기억을 떠올렸다.

서로군정서 활동
유적지 유하현 전경

길림성 반석시에는 1928년 5월 만주지역 18개 항일단체 대표들이 모여 전민족유일당회의가 열렸던 역사의 현장이다. 당시에는 신민부, 정의부, 참의부 삼부(三府)가 분열과 대립으로 항일투쟁을 효율적으로 할 수 없었다. 1926년 고려혁명당이 결성되었지만 삼부의 대립은 그치지 않았다. 좌익과 우익의 대립이 점점 격렬해지기 시작할 무렵 상해임시정부 안창호와 정의부 김동삼이 제의한 삼부통일회의가 신민부 김좌진, 참의부 심용준의 동의로 길림 신안둔에서 다시 회의를 개최됐지만 끝내 삼부통합과 유일당 창당에 이르지 못했다.

동북항일연군 참모장 이홍광李紅光

당시 민족유일당회의가 열렸던 장소에 대한 정확한 기록이 없어서 몇 번이나 반석시를 찾아가 유적의 위치를 확인하려 하였으나 그에 대한 증언조차 들을 수가 없었다. 나는 지푸라기라도 잡는 심정으로 반석시 조선족학교를 찾아가 자문을 구하기로 했다. 학교이름은 홍광(紅光)중학교였고, 2층 복도에는 동북항일연군 참모장 이홍광에 대한 업적을 소상하게 전시하고 있었다.

역사 선생의 수업이 끝나길 기다리는 동안 이홍광 기록들을 살펴보다가 깜짝 놀랐다. 이홍광은 경기도 용인 출신으로 만주로 이주한 후 평생 항일투쟁을 전개하다가 25살의 젊은 나이로 전사한 항일투사였던 것이다.

잠시 후 수업을 마치고 나온 역사 선생으로부터 유일당회의에 대해 물었지만 알지 못한다는 답변을 듣고 아쉬운 발걸음을 돌려야 했다.

북만주 일대 유적을 답사하러 다닐 때는 연변대학교에 가서 자문을 받아 비교적 쉽게 찾아다닐 수가 있었다. 그런데 반석에는 대학이 없고, 한국역사를 연구하거나 가르치는 사람도 없었다. 그래서 서간도 일대 항일유적을 찾아다닐 때마다 자문이나 자료를 제공받을 수 있는 곳이 거의 없었기에 한국자료에 의존하거나 연변 역사학자들의 저서를 활용할 수밖에 없었다.

동북항일연군 사단장
이홍광

내가 반석호텔 등 유일당 회의가 열렸을 것으로 추정되는 지역을 돌아다니며 탐문하고 있을 때였다. 항일역사 유적을 찾으러 반석시에 오면 당연히 이홍광을 찾아야지 왜 이홍광 장군의 유적은 찾아보려 하지 않느냐고 물었다.

그 당시까지만 해도 동북항일연군은 1930년대부터 만주에서 항일투쟁을 전개하였던 중국공산당 계열이라는 것은 알고 있었다.

조선족들은 중국공산당과 관련 있는 항일단체에 대해서는 알아보려 하지도 않고 관심조차 가지지 않는 나의 행동이 이해가 가지 않

이홍광 석상(반석시
홍광중학 교정)

는다고 했다. 항일연군도 중국인들과 함께 일본군과 싸웠는데 왜 민족주의 항일단체만 찾아다니고 있느냐는 힐난처럼 들렸다.

유일당회의 장소의 정확한 위치도 모르고 찾아온 것부터 무모한 짓이었기에, 이홍광에 대한 연구를 오랫동안 해왔다는 분을 만나보기로 했다. 홍광중학교 교장을 역임했던 이 선생이었다. 이홍광에 대해 알고 싶어 찾아왔다는 말에 그는 열변을 토하기 시작하였다. 이홍광은 한 마디로 말하면 항일투쟁사에 불후의 업적을 남긴 위대한 항일명장(抗日名將)이라는 것이었다.

그의 열정어린 설명을 들으면서 나는 이홍광에 대한 관심이 점점 커져 갔다. 농민운동으로 시작한 그의 투쟁은 국내진격작전을 감행하기에 이르렀고, 일본군과의 수많은 전투에서 빛나는 전공을 세

반석항일의용대군

이홍광 동흥성 일본군 부대 공격 신문기사

왔다. 그런데 왜 우리의 역사에는 그의 항일투
쟁이 전혀 기록되지 않았던 것일까.

이홍광(李紅光)은 1910년 경기도 용인시 처
인구 포곡읍에서 태어났다. 이홍광의 본명은
이홍규(李鴻圭)이며, 이의산(李義山) 등의 이름
을 쓰기도 했다. 그가 항일투쟁에 투신하면서
이홍광(李紅光)이란 이름을 사용하였다.

이홍광은 10세 때인 1919년에 용인 모현에

이홍광 장군 추모식

서 보통학교에 입학하였으나 학교를 1년밖에 다니지 못했다. 일본 순사의 아들
이 조선 아이를 때리는 것을 보고 격분하여 일본 학생을 때린 결과 학교에서 퇴
학을 당했기 때문이다.

이홍광이 퇴학처분을 받았을 때 아버지 이복영은 경찰서로 불려가 일주일가
량 구류를 당하고 풀려났지만, 일본 경찰의 감시를 받는 입장이 되고 말았다.
1925년 이홍광은 부모를 따라 중국 길림성 반석현(磐石縣)으로 이주했다. 그의
일가족이 만주로 이사한 것은 일제의 억압과 예속에서 벗어나고 어려운 경제생
활을 극복하려는 의도였으나, 만주 이주 후에도 궁핍한 생활에서 헤어나지 못하
기는 마찬가지였다.

반석현에서 농토를 얻지 못하자 땅을 얻을 수 있는 이통현(伊通縣) 유사저자둔
(留沙咀子屯)으로 이사했다.

내가 2009년 가을에 유사저자둔으로 이홍광이 살던 집을 찾아갔을 때는 이미

이홍광 기념비
(이통현 유사저자둔
이홍광 집터)

집은 다 헐리고 자취도 없었다. 다만 그 자리에 이통현에서 이홍광 기념비를 세워두었기에 멀고 먼 길을 찾아간 보람이 있었다.

이홍광의 가족이 살던 이통현 일대는 중국인 지주의 착취가 심하였고, 중국 마적이 자주 마을을 습격하여 한인 소작농들이 무척 살기 힘든 고장이었다. 그러므로 이홍광은 어려서부터 악질 지주와 마적에 대한 분노를 품고 성장할 수밖에 없었다. 그리고 이통, 반석, 매하구 일대는 공산주의 운동이 비교적 일찍 일어날 수밖에 없는 환경이었다. 조선공산당 만주총국 및 고려공산청년회 남만주위원회가 각각 반석(磐石)에 위치한 사실로도 알 수 있다.

1931년 10월 조선공산당청년회 회원으로 농민운동을 적극적으로 전개하여 왔던 활동가 이홍광 등 7명의 한인 청년들이 친일밀정과 친일세력을 타도하기 위한 목적으로 타구대(打狗隊), 일명 '개잡이대'를 이통(伊通)에서 창설하였다. 이홍광(李紅光)이 대장을 맡았다.

1932년 4월 중공당 만주성위는 다시 남만일대의 항일투쟁을 강화하고 유격대 건립을 추진키 위해 만주성위군사위원회 서기 양림(楊林)을 만주성위 순시원의 신분으로 남만에 파견하여 각종 농민봉기 등을 지도하도록 했다. 양림의 본명은 김훈(金勳)으로 평안북도 평양에서 태어났으며 1920년 청산리 전투에 참가하여 전공을 세웠고, 상해 임시정부로 내려가 활동하면서 독립신문에 북로아군 실전기라는 청산리 전투에 대한 기록을 남긴 독립투사이다. 그 후에 운남강무학당(雲南講武學堂)을 졸업하고 중국공산당에 가입하여 모택동의 팔로군에 가담하여 금사강 전투에서 전사하였다.

이홍광은 양림과 이동광, 반석현위 서기(書記) 전광(全光: 본명 오성륜(鳴成崙), 의열단원으로 상해 황포탄 의거에 김익상 등과 참여)와 협조하여 각종 항일 농민봉기를 일으키게 되었다. 이 가운데 5월 7일의 합마하자 봉기가 가장 규모가 컸고, 만주 일대 농민들에게 미친 영향도 컸다.

청산리 전투의 영웅이었던 양림과 상해 황포탄 의거의 주역이었던 전광, 그리고 반석일대 항일투쟁을 전개하던 이홍광, 박한종, 이동광 등이 남만주 공산주의 운동의 지도자가 되었다는 사실은 남북분단 시대 이데올로기 문제를 뛰어넘어서 그들의 항일투쟁에 대한 깊은 연구를 통해 새로이 조명해 볼 필요가 있다고 생각한다.

반석 홍석랍자
항일유적지에서

이홍광을 중심으로 한 반석현위 간부들은 합마하자 일대의 500여 명의 한인과 한족(漢族) 농민들을 동원하여 항일봉기를 주도하였다.

"일본제국주의를 타도하고 조선독립 쟁취하자!"

"친일 주구를 소탕하자!"

항일농민 시위대를 이끌고 행진하던 이홍광은 여세를 몰아 합마하자 일대에서 악질 토호지주(土豪地主) 3인의 집으로 달려가 양곡 1천여 섬과 재산을 몰수하여 가난한 농민들에게 나눠주었다. 지주들의 착취로 기아에 허덕이던 한인들의 기쁨은 이홍광에 대한 칭송으로 나타나게 되었다.

이홍광 장군 생가터
(경기도 용인시
포곡읍)

나흘 동안이나 계속된 농민봉기로 교통이 마비되었고, 이통, 쌍양(雙陽), 반석 등지까지 확산되어 간 농민봉기에 참가한 민중들이 수천 명을 헤아릴 정도였다.

반석의용군(磐石義勇軍) 즉 남만유격대는 250여 명 규모로 확대되었고, 신식무기를 소지한 장병이 230명에 달했다.

우리가 반석의용군에 특별히 주목해야 하는 이유는 이홍광 대장 외에도 박한
종(朴翰宗)과 한호(韓浩)가 각기 1, 2대대장을 맡아 활약하였고, 대원들이 대부분
한인(韓人)이었기에 남만유격대는 사실상 한인들의 항일부대 성격을 띠고 있었
기 때문이다.

　1933년 9월 18일 반석(磐石)의 파리하투에서 정식으로 동북인민혁명군 제1군
독립사가 창건되었다. 중국동북에서 가장 먼저 결성된 중공당계통의 정규군이
었다.

　1933년 당시 신빈현에서 강대한 세력을 형성하며 일본군과 싸우던 민족주의
계 무장조직 조선혁명군(朝鮮革命軍)과 국민부(國民府)와 한중연합작전을 협의한
이후부터 동북인민혁명군과 조선혁명군의 항일전선이 형성되었다.

　항일연군에서 활동하면서 이홍광은 두고온 고향을 잊지 않았고, 조국의 독립
을 염원하는 마음은 늘 가슴에 품고 살았다. 마침내 국내로 진격하는 날이 찾아
왔다. 이홍광은 1935년 2월 13일 새벽 1시경 200여 명의 병력을 이끌고 꽁꽁 얼
어붙은 압록강을 건넜다. 은밀하게 준비된 기습작전은 먼저 침투하여 적의 동향
을 파악하고 있던 안내자의 신호를 받아 동흥성 시가로 진입하며 시작됐다.

　이홍광은 일본경찰이 방어하고 있는 경찰서를 향해 기관총 2정을 휴대한 부
대로 하여금 집중사격을 가하게 했다. 한편, 다른 두 방면의 부대원들에게 동흥
의 재산가이며 친일악질이었던 장영록의 집을 기습하여 사살토록 하였다. 그리
고 친일 주구로 알려진 밀정들을 사로잡으려 일본인 거주지를 습격했다.

　이홍광 부대의 동흥성 전투는 의도했던 것 이상으로 커다란 반향을 불러 일으
켰다. 당시 동아일보(東亞日報)와 조선일보(朝鮮日報)에 며칠간 대서특필되었고,
중국동북에서 발간되는 대동보(大同報) 등 신문에도 크게 보도되었다. 일제 당국

은 물론 일반 대중에게도 많이 알려지게 되었으며, 철옹성으로 여겨졌던 동흥성을 공격한 이홍광에 대한 관심이 고조되었다.

이홍광은 1935년 3월 15일 1사(師)를 이끌고 유하현 타요령(駝腰嶺)에서 일본군 열차대(列車隊)를 습격하여 큰 피해를 입혔다. 또 4월 중순에는 몽강현에서 200여 명의 부하를 이끌고 통화현으로 진격하였다. 그리하여 미리 입수한 정보에 따라 같은 달 16일 봉천성(奉天省)에서 통화현(通化縣) 경찰서 관내로 가던 수송차량을 습격하여 양곡 80석과 말 20여 필을 노획하고 만주국 호송경관 15명을 생포하는 큰 전과를 거두었다.

그리고 5월 11일에는 본계(本溪), 환인(桓仁) 등지에서 기병대의 조직을 확대하기 위해 1사 부대원 200여 명을 이끌고 일본인이 경영하는 목재소를 습격하여 80여 필의 말을 노획했다. 이홍광 부대는 그 말을 몰고 남만의 신빈현(新賓縣)과 환인현(桓仁縣)의 경계지점인 노령(老嶺)을 지나다가 200여 명의 일만군(日滿軍) 연합부대와 갑자기 마주치게 되었다. 그는 앞장 서서 전투를 지휘하며 용감히 싸우다가 일본군의 총격을 받고 쓰러졌다.

중상을 입은 이홍광은 동지들에 의해 해청화락(海淸洛)에 있는 밀영(密營)으로 후송되어 부대원들의 간호를 받았으나, 회생하지 못하고 끝내 숨을 거두고 말았다. 이 때 그의 나이는 불과 만 25세였다.

그가 죽은 뒤 그의 절친한 친구이

이홍광 반석의용군

동북항일연군 부대원

반석현 전민족유일당회의 유적.
참의부·신민부·정의부 통합을 위한 항일지사들이 벌였던
유일당운동

며 동지였던 동북항일연군 총사령관 양정우(楊靖宇)는 이홍광의 영전에 명복을 빌며 다시 얻기 어려운 항일명장이라 추모했다. 모택동(毛澤東)은 1938년 2월 이홍광의 업적을 찬양하고, 1946년 5월 14일 중공당 기관지 해방일보(解放日報)에 남만(南滿)을 진동시킨 이홍광 동지라는 글에서 항일연합군 중에서 명망이 제일 높은 수령의 한사람이라고 하여 그의 행적을 높이 평가했다.

그동안 만주지역에 와서 항일독립전쟁 자료를 찾고, 유적을 답사하러 다니는 동안 동북항일연군의 활동에 대해 많은 사실을 알게 되었고, 한국인 이홍광, 박한종, 양림 등이 주요한 인물이었다는 사실도 알게 되었다.

이홍광은 왜 한국독립운동사에 단 한 번도 기록되지 못했던 것일까.

이홍광의 행적을 따라가면 갈수록 의문이 더욱 커져갔다. 일본군과 수많은 전투를 하면서 조국의 독립을 외쳤던 그가 왜 독립투사로 기록되지 못했던 것일까.

공산주의자이기 때문에?

중국공산당에 가입하고 그들과 함께 일본군과 싸웠기 때문에?

연길에 갈 때마다 장세윤 박사의『이홍광 연구』와『조선족 100년사』,『이홍광이야기』,『남만의 항일투쟁사』등에 나오는 그의 활동을 읽고 또 읽어도 그가 독립투사가 될 수 없는 이유를 찾을 수 없었다.

한국독립운동사를 연구하는 모든 분들에게 다시 묻고 싶다. 북경에서 공산주의 운동을 하고 1925년 중국혁명에 참가했던 김산(金山: 본명 장지락)은 건국

길림사건 유적지 길림 경찰청(1928년), 안창호·오동진·이관린 등 애국지사 투옥장소

의열단 창설유적지 길림기차역(1920년대)

훈장이 추서되었는데, 동북항일연군 참모장 이홍광은 거론조차 되지 않는 이유
는 무엇때문인가.

　반석 휴게소에서 휴식을 취한 버스는 어둠을 뚫고 고속도로를 달려가기 시작
하였다. 1시간 쯤 달렸을 때 길림시 남쪽을 지나고 있었다.

의열단·정의부 활동
길림시 송화강변

길림시(吉林市)는 1919년 11월 의열단이 창설되었고, 정의부, 신민부 독립투사
들이 활동했던 역사의 고장이다. 버스는 길림을 지나더니 동북 방향으로 머리를
돌려 조선족자치주 주도(州都)인 연길(延吉)을 향하여 달리기 시작하였다. 이제
연길까지의 남은 거리는 280km였다.

길림시는 우리민족의 항일투쟁이 활발하게 전개되었던 도시였다. 이미 앞에
서 언급했듯이 길림시 파호문밖에서 1919년 11월 7일 의열단이 창설되었고, 그
당시 일본군이 가장 두려워했던 단체가 의열단이었다.

1927년 4월에는 길림에서 정의부 군사령관 김동삼(金東三)이 주축이 되어 김
기풍(金基豊), 김진호(金鎭浩), 이 탁, 오동진 등 35인과 발기하여 농민호조사(農民
互助社)를 조직, 재만농민의 생활개선과 생산증가에 노력을 경주하였다.

연길 야경

그리고 도산 안창호를 비롯한 오동
진, 김동삼 등이 길림에서 민족유일당
회의를 열다가 길림시 경찰에 연행되
었던 이른바 길림사건이 벌어진 곳이
다. 당시 여성의병장이며 독립투사
였던 남자현 열사가 구명운동을 전개
하여 무사히 석방시켰던 곳이며, 송화
강변에 있는 육문중학은 북한 김일성
이 다녔던 학교로 그가 이곳에서 타

도제국주의동맹을 조직하고 활동했다는 등의 기록을 전시하고 있다.

새벽 6시 연길 동북아(東北亞)버스터미널에 도착했다. 터미널에서 가까운 식당에 가서 좁쌀죽 한 그릇, 만두 하나로 요기를 하고 연길에 올 때마다 묵었던 무궁화장 경포모텔로 갔다. 조선족 부부가 운영하고 있는 이 모텔은 가격이 저렴하고 4성급 호텔보다 깨끗하고 친절하여 늘 이용하곤 했다.

내가 경포모텔에 머무는 이유는 답사를 떠날 때 지리정보라든지 차량 제공 등의 편의를 제공받을 수 있을 뿐 아니라 우리말로 편안하게 대화를 나눌 수 있는 편리함이 있기 때문이었다.

나는 숙소에 여장을 풀고 밤새도록 달려오느라 피곤한 몸을 누이고 내일부터 이어질 답사 일정을 머릿속에 그리고 있었다.

[연변조선족자치주 지도]

① 대한독립군단 ② 북로군정서 ③ 대한국민회 ④ 대한독립군비 ⑤ 서로군정서 신흥무관학교 ⑥ 의성단 ⑦ 국민부 조선혁명군

두만강변 도시 훈춘揮瑃에 가다

2014년 10월 30일 아침, 하늘은 쾌청하고 날씨는 포근했다. 연길 동북아터미널에 가서 버스의 출발시간을 살피다가 오전 9시 훈춘(揮瑃)으로 가는 버스표를 끊었다.

연길을 처음 찾았던 2004년만 하더라도 연길에서 훈춘시를 하루에 다녀오기가 쉽지 않았다. 거의 대부분의 도로가 비포장인데다가 아찔한 낭떠러지와 급커브길이 이어져 있어서 시간이 많이 걸렸다. 거기다가 불편하기 이를 데 없는 낡은 버스가 교통편의 전부였다. 물론 그 당시에도 택시가 운행되고 있었지만, 길이 험하고 위험해서 기사들이 기피하는 곳이었다. 훈춘을 하루에 갔다가 오려면 새벽에 나서 늦은 밤에나 돌아올 수 있었던 시절이었다.

그런데 몇 년 전부터 고속도로가 개통되어 한 시간이면 훈춘에 도착할 수 있었고, 버스도 여러 차례 운행하고 있기 때문에 반나절 생활권이 되어 버린 것이다.

2004년 7월, 몹시 무더웠던 여름으로 기억된다.

북한과 접경을 이루고 있는 두만강 하류를 보기 위해 연길에서 버스를 타고 훈춘으로 향했다. 150킬로미터를 4시간이나 걸려서 도착한 훈춘에서 시내를 돌아보고 호텔에서 하루를 묵었다. 아침 일찍 일어나 택시를 타고 두만강을 건너 북한땅을 바라보면서 동해와 만나는 방천(防川)까지 갔다.

방천은 러시아와 중국, 북한의 국경이 맞닿아 있는 삼각국경지대로 많은 사람이 찾아오는 관광지였다.

연길 동북아
버스터미널

두만강에서 북한마을을 바라볼 때마다 분단의 아픔은 더욱 뼈저리게 다가왔고, 낡은 집들, 동포들의 지친 얼굴들, 마치 누더기 옷처럼 변해버린 산등성이를 바라보며 그들의 비참하고 고달픈 삶을 떠올려야 했다.

중국 국경의 끝에 있는 전망대에 올라가 두만강과 동해가 만나는 곳을

훈춘가는 고속도로

바라보면서 상상해본다. 서울에서 평양을 거쳐 북녘 산하를 신바람 나게 구경하고, 동해로 달려와 바닷가에 발을 담그고 동포들과 함께 오순도순 이야기를 나눌 날을 그려본다.

정말로 부질없는 상상일까. 아니면 불가능한 미래일까. 내가 이 세상을 떠나는 날까지 그렇게 멋진 날이 올 수가 있을까. 저 멀리 동해에서 불어오는 무심한 바람만 나그네의 옷깃을 흔들고 있었다.

지난 날 두만강변을 오르내리며 탈북동포지원 활동을 했던 기억이 불현듯 머리를 스쳐간다.

그 때는 정말 겁도 없이 연변지역을 돌아다녔던 것 같다. 탈북자 문제뿐 아니라 우리민족의 역사와 관련된 곳이면 어느 곳이든지 달려갔고, 만나야 할 사람이라면 며칠을 기다려서라도 만나곤 했다. 나이가 젊고 건강도 괜찮았던 시절이라 낯설고 위험한 타국 땅, 연변이란 사실조차 잊고 탈북동포가 있는 곳을 찾아서 돌아다녔다. 물불 가리지 않았던 그 시절의 열정들이 추억처럼 다가온다.

훈춘 버스터미널
전경

훈춘 터미널에서 내려서 1920년 훈춘사건이 일어났던 일본영사관 유적지로 향했다. 터미널에서 5분 정도 떨어져 있는 거리였기에 시내를 구경하며 천천히 걸어갔다.

훈춘사건의 유적지에는 훈춘 공안국(公安局) 건물이 들어서 있었고, 뒤로 들어가니 옛 모습이 남아 있는 건물이 있었다.

1920년 6월, 봉오동 전투에서 크게 패했던 일본군이 만주 출병의 명분을 만들기 위해 중국마적단을 매수하여 조작했던 훈춘 사건의 현장이었다. 나

는 건물을 바라보며 다시 한 번 일본
인들의 교활하고 야비한 근성을 떠올
렸다.

훈춘 공안국 앞으로 곧게 뻗은 8차
선 대로, 인민가(人民街)를 따라 10여
분 정도 걸어가니 인민교가 나온다.
인민교 주변은 지난번에 왔을 때보다
많은 고층건물과 아파트들이 들어선
모습이었다.

훈춘시 두만강 하류

달라진 것은 도시의 건물뿐이 아니었다. 거리마다 러시아어로 된 간판들이 눈
에 띄게 많아졌고, 러시아인들도 거리를 활보하고 있었다. 러시아와 국경을 마
주하고 있어 중러무역이 활발하게 이루어진 후부터 러시아 사람들이 많이 거주
하게 되었다고 한다.

인민교에서 곧게 뻗은 길을 따라 훈춘정부가 있는 곳으로 향했다. 용원공원(龍
源公園)에서 인민정부 앞으로 독립만세 거리가 보였다. 1919년 3월 17일부터 시
작된 훈춘 만세의거가 일어났던 곳이다.

수천 명의 한인들이 이곳에 모여서 용정 만세의거를 기념했다. 그들은 대한독
립만세를 부르며 일본영사관으로 찾아가서 용정 만세의거에서 민중들에게 발
포했던 만행을 규탄하였다. 이틀 동안이나 계속된 훈춘 만세항쟁은 두만강을 넘

좌 • 훈춘 일본
영사관 터

우 • 훈춘 독립만세
거리 인민가

훈춘시 독립만세의거
거리 용원공원

어 함경도 사람들에게까지 전해졌다고 한다.

지금은 넓은 도로가 뚫려 있지만 그 당시에는 이 근처가 대부분이 밭이었다. 많은 사람들이 모여 일본의 만행을 규탄하며 대한독립만세를 외쳤던 역사의 현장이다.

서울에서 들려온 독립선언 소식이 훈춘에 전해졌을 때 이곳에 살던 한인들은 밤새도록 걸어서 용정의 서전대야로 갔다. 그리고 3월 13일 거행된 독립선언 축하식에 참석하였다.

훈춘 시내 러시아
간판

중국군의 무차별 사격으로 많은 희생자가 발생했지만, 결코 두려워 하지 않고 훈춘으로 돌아와서도 만세항쟁을 이어갔다. 그 당시 우리민족이 얼마나 독립에 대한 의지가 강했는가를 말해주고 있었다.

서점에 들려 훈춘의 역사와 관련된 책과 지도를 구입한 뒤 택시를 타고 북한의 나진선봉으로 이어지는 국경다리를 보고 훈춘터미널로 돌아왔다.

와룡동 창동학교 사은기념비

다음날 아침, 와룡촌(臥龍村) 창동학교터에 세워진 사은기념비(師恩記念碑)를 찾아가기 위해 호텔을 나섰다. 그곳에 가면 1920년 1월 일본총영사관 비밀자금 15만원을 탈취하여 북로군정서 무기를 구입했던 철혈광복단 최봉설(崔鳳卨)의 생가도 볼 수가 있다.

연길에 살고 있는 조선족 동포의 승용차를 타고 와룡동으로 향했다. 시내에서 서쪽으로 이어지는 공원로(公園路)를 따라가다 송원화원 아파트 앞 삼거리에서 오른쪽 길로 접어들었다. 민주촌(民主村)에서 비포장도로를 따라 북쪽길로 조금 올라가니 와룡촌이 보였다.

1907년 창동학교(昌東學校)가 이곳에 설립될 당시에는 와룡동이라고 불렸는데 이웃마을 와호동(臥虎洞)과 함께 이곳 지세가 좌청룡 우백호의 형상을 하고 있었다고 붙여진 이름이라고 한다.

창동학교는 와룡동으로 이주하여 살고 있던 최종환, 오상인, 김성옥 등 12명이 후원금을 모아 설립한 학교로 처음에는 창동소학교로 불렸는데, 1911년 중학부가 생기면서 창동학원으로 이름을 바꿨다고 한다.

1919년 3월 창동학원의 교원과 학생들은 용정으로 달려가 3·13 항쟁의거에 참가했으며, 와룡동을 중심으로 민족 계몽운동을 전개하며 항일투쟁의 선봉에 섰다. 1920년 15만원 탈취의거 주역이었던 최봉설과 임국정 등 철혈광복단원 대부분이 창동학교 출신이었다.

1935년 창동학교 졸업생 2백여 명이 오상근, 이병휘, 남성우의 업적을 기리고, 스승의 은혜에 감사하는 마

훈춘사건 유적지
(현재 훈춘시 인민가)

음을 담아 와룡동 산비탈에 사은기념비(师恩纪念碑)를 세웠다.

사은기념비를 보고 내려와 와룡동 마을로 들어갔다. 최봉설의 생가를 찾아가기 위해서였다. 골목길을 돌아서 집앞에 이르렀는데 건물은 이미 헐리고 빈터만 남아 있었다.

역사적 유적이 허망하게 헐려나간 자리에 서서 한동안 멍하게 서 있어야 했다. 윤동주 생가는 많은 돈을 들여 확장하는데 어째서 최봉설의 집은 빈터만 남아 있는 것일까. 안타깝고 서글픈 마음을 빈터에 남겨둔 채 무거운 발걸음을 옮겨야 했다.

연변조선족자치주 연변대학교

연변대학교 캠퍼스

연변조선족자치주 엘리트 양성기관이며 민족교육을 선도하고 있는 연변대학교를 찾아갔다. 그동안 연변항일유적을 답사할 때마다 많은 자료와 안내를 해준 김교수를 만나기 위해서였다.

김교수와 덕담을 주고받는 가운데 연변 원로사학인인 박창욱 교수가 와병중이라는 소식을 접하게 되었다. 연로하신 박교수께서도 세월의 무게를 이겨내지 못 하시는구나 하는 안

타까운 마음이 들어서 다음 날 병문안을 가기로 하고 김교수와 헤어졌다.

대학캠퍼스 뒤로는 북산이 감싸고, 질서 있게 늘어선 건물들이 깨끗하고 아름다운 연변대학 캠퍼스를 걸었다.

연변대학교는 1949년 3월에 개교한 대학으로 교훈을 구진(求眞), 지선(至善), 융합(融合)으로 삼아 조선족 사회 인재양성을 이끌어 왔다. 1958년 8월 연변의학원, 농학원, 공학원 등이 분리되는 운영되다가 1996년 다시 통합되었고, 사범학원, 법학원, 약학원, 과학기술학원, 예술학원 등이 개설되어 오늘에 이르렀다. 중국정부 중점교육기관으로 지정되었고, 학사, 석사, 박사과정을 개설하여 수많은 인재들을 배출하고 있다.

대학구내 북산공원에 있는 항일무명영웅기념비를 돌아보고 가야겠다는 생각에 뒷산 길로 접어들었다.

항일무명영웅기념비는 한국인 사업가의 기부금으로 2002년 8월 세워졌다. 경남 진주에서 건축회사를 경영하는 오효정 회장은 북간도 일대에서 일제에 항거하여 항일독립전쟁에서 산화하신 무명영웅들을 위하여 추모비를 세우고 공원을 조성했다. 그렇지만 연변대학교 안에 무명용사비가 있다는 사실을 아는 사람이 별로 없다. 뿐만 아니라 찾아오는 사람들도 많지 않았다. 매년 수십만 명의 한국인들이 백두산을 오르고 일송정을 찾아가지만 이곳에 들려 무명용사들을 기리는 경우는 거의 없는 실정이다.

항일유적을 답사하다 보면 늘 안타깝게 생각하는 것이 있었다. 거의 대부분의 역사기록이 그렇듯이 유적이나 기념비들도 영웅적 인물들을 중심으로 세워지고 있다는 사실이었다. 그리고 국내에서 열리는 추모행사도 유명한 항일영웅들만 기리는 행사들이 대부분이었다. 항일독립전쟁에 산화하신 독립군의 업적을 우리들이 차별을 하고 있는 것은 아닌가 하는 의구심이 들 때가 많았다. 안중근, 김좌진, 유인석 등 항일애국지사들의 기념사업회와 관련단체들은 많이 있지만, 항일독립전쟁 무명용사들을 기리는 추모비는 동작동 국립묘지와 이곳뿐이다.

북간도 연변에 독립군 무명용사 추모공원을 조성해준 오회장을 한 번도 만난 적은 없지만, 이곳에 올 때마다 늘 감사하는 마음을 갖곤 했다.

간민교육회와 간민회

연변대학을 출발하여 간민교육회 본부가 있었던 진학소학교(進學小學校)를 가기 위해 버스를 탔다. 중국에서 답사를 다니면서 항상 느끼는 것이 대중교통 요금의 저렴함이었다. 버스요금은 10여 년 전이나 지금이나 항상 1위안이었고, 북경, 하얼빈, 심양, 단동 등지를 다녀도 똑같은 요금이었다. 택시요금도 거의 변하지 않고 있는 것을 보면 서민들을 위한 중국당국의 배려가 느껴지고 부럽다는 생각마저 들었다.

연길 중심을 가로지르는 인민로(人民路) 진학소학 앞에서 내려 학교안으로 들어갔다. 마침 쉬는 시간이라 운동장에서 학생들이 뛰어놀고 있었다. 문득 1907년 8월 간민교육회를 설립했던 김약연, 김영학, 정재면 등 항일애국지사들의 민족에 대한 사랑이 가슴을 울린다. 그 당시에도 저렇게 밝고 발랄하게 뛰어놀았

좌● 간민교육회 본부
유적(진학소학교 정문)
우● 연길시 인민로

을 어린이들의 모습이 오버랩되어 나타난다.

간민교육회(墾民教育會)는 용정 명동학교(明東學校)를 중심으로 활동하던 애국지사들이 북간도 한인자치를 위해 설립하려던 간민자치회가 일본과 중국의 방해로 무산될 위기에 처하자, 간민교육회로 이름을 바꿔 중국정부의 허가를 받아 북간도 일대에서 합법적으로 활동하였던 단체이다.

1909년 9월에 일본은 청나라 정부를 압박하여 간도협약을 체결하였다. 간도협약에서는 간도의 영토권을 중국에 넘겨주는 조건으로 간도에 살고있는 한인들에 대한 보호권을 받아냈다. 일본은 만주에서 항일독립전쟁을 준비하고 있는 세력을 방해하고, 훗날 만주 침략의 기회로 만들려는 음모를 꾸미고 있었던 것이다.

간도교육회는 구춘선·박찬익·정재면·윤해·이동춘 등이 중심이 되어 조직하였다. 당시 연길 국자가(局子街)에 본부를 두고 북간도 일대 지회를 두었다. 간민교육회는 항일민족의식 교육, 생산조합과 소비조합 활동, 야학을 통한 문맹퇴치 운동 등을 활발하게 전개하였다.

간민교육회는 용정의 명동학교를 중심으로 은진, 창동, 정동, 명신학교 등을 세워 교육을 통한 애국지사 양성에 힘을 기울였을 뿐 아니라 훈춘 나자구(羅子溝)에 사관학교를 세워 독립군을 양성하였다.

1911년 중국의 신해혁명이 일어나 중화민국이 탄생하였고, 약소민족의 자치권을 인정하자 간민교육회는 간민회로 확대, 발전하여 한인의 자치활동과 독립

좌 ● 연길시 연길대교 광장
우 ● 연길대교 일대 야경

좌 • 간민회본부
유적지 전경
우 • 간민회 유적지
건물

운동을 활기차게 전개해 나갔다.

　　한참 동안 천진난만하게 뛰노는 학생들의 모습을 보며 이런저런 생각에 잠겨 있다가 수업시작을 알리는 요란한 종소리에 번뜩 정신이 들었다. 어린이들이 모두 교실로 돌아가고, 사막처럼 텅비어버린 운동장을 가로질러 학교를 나섰다.

　　간민회(墾民會) 본부가 있었던 서광호동(曙光胡同)을 찾아가기 위해 수첩을 꺼냈다. 지금은 작고하신 박교수를 따라 오래전에 한 번 가본 적이 있었지만, 얼떨결에 들렀던 곳이라 미리 그 위치를 파악하여 두었던 것이다.

　　큰길로 나와 강남(江南)으로 가는 버스를 탔다. 연길 시내는 그동안 많이 돌아다녔기에 간민회 본부의 위치는 어림잡아 짐작할 수 있었기 때문이다.

　　연길 시내는 연길강(延吉江: 부르하통하) 물줄기가 시내중심을 가로지르며 흐르고 있다. 강을 중심으로 강북과 강남으로 나뉘는데, 간민회 본부는 강남지역에 있어서 연길 서시장(西市場)쪽에서 연길대교를 건너 노동문화궁 방향으로 가야 했다.

　　하남로(河南路) 문화궁 건너편 정거장에서 내려 광화로를 따라 걸어가며 간민

연길 국자가

회가 있었던 곳을 찾기 시작했다. 간민회 유적지는 아파트 사이에 있어서 잘못하면 그냥 지나치기 쉬웠다. 옛날 기억을 더듬으며 주위를 자세히 살폈기에 어렵지 않게 찾을 수 있었다.

　　붉은 벽돌로 쌓고 붉은 기둥을 세우고 중국식 기와지붕을 올린 2층 건물은 연길도윤공서가 있었던 곳인

데 1911년 북간도 한인자치를 이끌었던 간민회가 본부를 두고 활동했던 유적지이다.

연길 감옥터를 찾아서

연길에 머무는 동안 나는 연길 시내 항일 유적지를 더 돌아보기로 했다. 먼저 간 곳은 연길 감옥터였다. 수많은 항일투사들이 옥고를 치르고 고문을 당하고 목숨을 잃었던 역사의 현장이다. 지금은 감옥 건물은 철거되었고 그 자리에 연길 노동문화궁이 들어서 있다. 문화궁 한편에 연길 감옥터 기념비를 세웠다. 그리고 연길 감옥가가 새겨져 있었다.

연길감옥은 1924년에 건설되었다. 감옥 주위는 회색벽돌로 된 높은 담장이 둘러있었고 그위에는 전기철조망까지 가설되어 있었다. 9·18 사변전에는 이 감옥을 강북대옥(江北大獄) 혹은 길림성 제4감옥이라고 불렀고 일제통치시기에는 연길모범감옥이라고 불렀다.

당시 연길감옥에는 수백 명에 달하는 항일투사들이 갇혀 있었다. 항일투사들은 옥중에서도 굴하지 않고 일제와 맞서 용감하게 투쟁했다. 1931년초, 중공연길감옥위원회가 설립되었다. 김훈이 서기를 맡고 폭파조, 방화조, 무기탈취조 등 11개 분대를 은밀하게 조직했다.

김훈의 지휘하에 감옥을 탈출하기로 결정했다. 그들은 감옥의 간수를 매수하여 칼, 줄과 같은 공구를 비밀리에 감옥에 들여왔다. 그들이 준비를 서두르고 있을 때 김청해라는 죄수의 밀고로 탈옥을 3일 앞두고 간수들에게 발각되어 행동은 실패하고 말았다.

김훈은 당조직을 다시 정비하고 김명주 등 36명으로 새로운 탈옥투쟁의 핵심조직을 건립하고 제2차 탈옥을 준비했다.

연길 감옥터

만반의 준비를 갖춘 뒤에 경범죄를 짓고 들어와 족쇄를 차지 않아 행동이 편리한 박춘식에게 연락임무를 맡기고, 여러 감방에서 동시에 거사하기로 했다. 그런데 박춘식이 너무 긴장하여 제때에 신호를 주지 못한 탓으로 제2차 탈옥작전도 실패로 돌아갔다.

감옥당국은 탈옥에 가담한 죄수들을 엄격하게 단속하기 시작했다. 옥중의 투사들은 간수의 심한 고문과 압박을 받고 있는 동지들을 성원하기 위해 단식투쟁을 벌였다. 그들은 연길 감옥가를 합창하면서 끝까지 싸울 것을 맹세했다.

바람세찬 남북만주 광막한 들에
붉은 깃발 폭탄차고 싸우던 몸이
연길감옥 갇힌 뒤에 몸은 여위어도
혁명으로 끓는 피야 어찌 식으랴

바람거친 남북만주 광막한 들에
붉은기에 폭탄 쥐고 날뛰던 몸이
연길감옥 갇힌 후 몸은 시들 제
혁명에 끓는 피야 언제 식으랴

간수놈이 외치는 소리 높으고
때마다 먹는 밥은 수수밥이라
밤잠은 새우잠 그리운 꿈에
나의 사랑 여러 동지 평안하신가

　연길감옥의 노래는 항일열사 이진동이 작사 작곡하여 사형장으로 가면서 부른 노래로 그 당시에도 감옥 안에서 널리 불려졌다고 한다.

북간도 일본헌병대 건물을 찾아서

　연길에서 지내는 동안 북간도로 망명해왔던 항일애국지사들의 삶을 돌아볼 수 있어 유용한 시간이었다. 그리고 북간도 일대에 그동안 알려지지 않았던 많은 유적들을 알게 되었다.

　연길에서 서쪽 방향인 용정으로 가거나 동쪽 훈춘시로 갈 때에도 마을마다 서 있는 항일열사 기념비(抗日烈士 記念碑)를 많이 볼 수 있었고, 역사에 거의 기록되지 않은 항일투쟁에 대해서도 증언을 들을 수 있었다.

　연길시 인민정부 건물로 사용하다가 곧 철거될 운명에 처한 간도일본헌병대 건물을 찾아간 것은 철거될 운명이 안타까워서가 아니었다. 그 건물에 서린 애

국지사들의 원한과 눈물이 가슴을 울렸기 때문이다.

우리는 왜 항일 유적지를 발굴하고 보존하지 않으면 안 되는가. 왜 친일반민족행위자들이 역사의 심판을 받아야 되는가를 극명하게 보여주는 곳이 바로 간도일본헌병대다.

1920년대 북간도에 둥지를 튼 일본헌병대는 항일투사들을 잡아 고문하고 살해했던 곳으로 악명이 높다. 더구나 간도헌병대는 일본제국주의자들에게 빌붙어 개인의 영달을 추구했던 친일밀정들이 많았던 곳이다. 그들은 일본인보다 더 악랄하고 잔인했다고 한다. 그때부터 북간도에 사는 중국인들이 일본인은 꾸이즈(鬼子: 악독한 일본인)이라 부르고 조선인은 얼꾸이즈(二鬼子)라고 부르게 되었다고 했다.

연길시 도시개발 계획으로 헌병대 건물이 헐린다는 소리를 들었지만 곧바로 찾아가고 싶은 마음은 없었다.

연변지방에서 가장 잔인한 고문을 들이대며 악랄하게 취조했던 곳이 일본헌병대라는 증언을 듣고 일본인의 잔혹성이 배어있는 장소를 다시 보고 싶지 않았던 것이 솔직한 심정이었다.

몇 년 전에 하얼빈에 갔을 때 일행들과 함께 생체실험으로 유명한 731부대를 답사한 적이 있었다. 일제가 저지른 가장 잔혹하고 반인륜적 만행의 현장이었던 내부를 돌아보면서 생체 실험 장소, 시체를 태우던 곳 등을 볼 때마다 억제할 수 없는 분노와 울분을 느꼈다. 인간이 잔혹해지면 어디까지 잔혹해질 수 있는가를 여실히 보여주는 곳이었다.

일제가 한반도에서만 탄압과 악행을 저지른 것이 아니라 북간도에서도 항일애국지사들을 탄압하고, 고문하고, 살해했다는 사실을 알리기 위해서 간도일본

헌병대 유적을 찾아가야 했다.

내가 헌병대 유적을 찾아갔을 때는 연길시 인민정부가 그 건물을 사용하고 있었다.

일본 헌병들에게 갖은 고문과 박해를 받았던 건물 안으로 들어서니 왠지 섬뜩하고 오싹한 기운이 감싸는 듯 했고, 말로 표현할 수 없는 증오와 분노가 느껴졌다.

그러나 항일투사들의 울분과 원한이 남아 있는 곳이 머지않아 역사의 뒤안길로 사라진다고 생각하니 안타까운 생각이 들었다. 내 나라 내 땅에서는 이보다 더한 역사적 가치가 있는 조선총독부도 이미 철거해버렸는데 남의 나라 땅에서 어찌 비판할 수 있겠는가.

김영삼 정부가 저질렀던 조선총독부 철거가 바로 그것이다. 역사 바로 세우기에 대한 잘못된 인식으로 인기주의에 영합한 일부 정치인들의 그릇된 판단이 불러온 황당한 사건이었다. 그 당시 일본인들은 얼마나 좋아했을까. 자기네들이 36년 동안 온갖 죄악을 저질렀던 역사의 현장이 손 하나 대지 않고 사라져줬으니 얼마나 고맙고 감사하랴.

다시 간도일본헌병대의 악행으로 돌아가자.

항일애국지사들을 무자비하게 잡아들이고 고문하는 것도 모자라, 많은 사람들을 강제로 잡아들여 하얼

조선총독부 건물
철거(1995. 8)

빈 731부대 생체 실험용으로 보냈던 곳이 간도헌병대였다고 한다. 얼마나 많은 사람들이 하얼빈으로 끌려가면서 울부짖었으며, 얼마나 많은 가족들이 분노의 눈물을 흘렸겠는가.

이곳에서 더욱 분노가 치밀어 오르는 것은 그 당시 헌병대장을 지낸 자들 중에 한국인이 있었다는 끔찍한 사실이었다. 그는 광복 후 한국으로 돌아가 아무런 부끄러움도 없이 육군참모총장, 국회의장을 역임하며 권력과 부귀를 누리며 살았다. 하늘도 무심하고 세상이 야속하다. 도대체 그 많던 정의는 어디로 사라졌단 말인가.

얼마 전에 독립유공자 단체에서 활동하고 있는 지인과 대화할 기회가 있었는데 친일파 후손들이 모여 이너서클이란 걸 만들었고, 친일파 재산 몰수에 항거하기 위한 대책을 마련하는 회의도 열었다고 한다.

친일파 후손들의 피는 물보다 진했다. 그들은 선대가 저지른 죄악에 대해 사죄하기커녕 털끝만큼도 부끄러워하지도 않았다. 오히려 그들의 조상이 친일을 했기 때문에 이렇게 잘사는 것이라며 부끄러워하거나 죄의식 가질 것 없다고 서로를 격려한다고 하니 참으로 철면피한 인간들이라 아니할 수 없다.

연길 일본헌병대 이야기가 나왔으니 꼭 짚고 넘어가야 할 인물이 봉천군관학교, 일본 육사를 졸업하고 간도헌병대에서 근무했던 정일권(鄭一權: 일본명 中島一權)이다.

얼마 전에 용정 대성중학교에서 그와 관련되는 작은 해프닝이 일어났다. 대성중학교 박물관에 정일권의 초상화가 걸려 있었다. 한국 자유총연맹에서 정일권의 업적을 높이 기리려는 충성심에서 특별히 보내왔다

화룡 청호촌에서
필자

는 것이다. 한국에서 육군참모총장을 지내며 6·25전쟁에서 전공을 세웠고, 5·16쿠데타 이후 계속 출세 가도를 달려 국회의장, 국무총리 등 요직에 올랐던 그였기에 대부분의 사람들은 그냥 지나칠 수 있는 문제였던 것이다.

정일권, 문익환, 윤동주, 장준하(앞줄)

그러나 그가 일본헌병대장 출신으로 많은 독립투사들을 잡아들여 투옥하고, 고문으로 죽게 만들었는가를 아는 사람이라면 정말 눈에서 불이 날 일이었다. 한국에서 관광을 온 사람들이 애국시인 윤동주 기념관이 있는 학교에 친일파의 사진이 걸려 있는 것을 비난하는 소리가 빗발쳤고, 연길에서도 그의 친일을 문제 삼아 항의하는 사태가 발생하자 슬그머니 초상화가 사라지게 되었던 것이다.

친일매국노, 민족반역자들에게 친일파라는 가벼운 이름을 붙어준 자들이 도대체 누군지 알고 싶다. 일제치하에서 적극적으로 친일행위를 저질렀던 자들은 분명하게 국민들에게 밝히고 반드시 친일반민족행위자, 또는 친일반역자라고 불러야 한다. 그들의 민족반역행위가 친일파라는 말로 어물쩍 넘어가거나, 그들

독립기념관 기념비

의 친일죄악들을 가볍게 느껴지도록 만드는 그 어떤 시도나 용어들에 나는 분노한다. 그리고 친일매국반역자들의 행위를 증오하며 경멸한다.

친일반민족 행위를 적극적으로 저질렀던 자들이 단죄를 받기는커녕 오히려 권력과 부를 누렸다는 사실에 피가 거꾸로 솟을 때마다 항일유적답사를 가기 위해 신발끈을 더욱 단단히 졸라매고 배낭을 다시 메곤 했다.

조국과 민족의 독립을 위하여 목숨을 걸고 싸웠던 수많은 애국지사들의 영령 앞에 항일역사와 민족정의가 이대로 무너져가게 내버려 둘 수는 없는 일이 아니겠는가.

1945년 광복이 되었을 때 친일반민족행위를 저질렀던 사람들이 두려움에 떨며 잠적하거나 목숨을 구걸하며 살아가야 했을 때 그들의 구세주가 나타났다.

국권상실의 치욕 속에서 36년 동안 피압박 민족으로 살아야 했던 한민족의 설움과 고통에 대하여 털끝만한 상식도 없었던 하지(Hodge)란 자가 미군정 장관으로 부임하면서 조선총독부 친일관리, 경찰들을 미군정 관리로 임명하게 된 것이다.

하지가 그들을 임명하며 이렇게 말했다고 한다.

"그들은 친일(親日)을 한 자들이니까 친미(親美)도 할 수 있을 것이다."

이렇게 어리석고 교활한 자가 미군정을 담당하게 된 것부터가 우리민족의 불행의 시작이었다.

나치 독일군이 프랑스를 점령했을 당시에 나치독일에 협조하고 프랑스를 배신했던 자들이 다시 프랑스 관리나 경찰로 임용된 적이 있었는가. 그들은 드골에 의해 처단되었거나, 그 죄값을 톡톡히 받았다.

만약에 태평양 전쟁 당시 미국을 배반하고 일본편에 섰던 배신자가 미국정부의 관리로 등용이 된다면, 미국인들이 용납하겠는가. 제 정신 가진 미국인이라면 결단코 용납하지 않았을 것이다.

1905년 7월, 미국 루스벨트 대통령의 무지와 어리석음으로 인해 일본과 미국이

비밀리에 맺은 태프트·가츠라 밀약은 대한제국의 사망신고나 다름없었다. 그 더
러운 밀약의 여파로 을사늑약, 경술국치를 당해야 했던 한민족이 1945년 8월 광
복을 맞았으나 불행하게도 북쪽은 소련군, 남쪽은 미군정을 받아야 했던 것이다.

일제로부터 해방의 기쁨도 잠시였다. 우리 민족은 어쩔 수 없이 미군정청 하
지의 조치를 감내할 수밖에 없었을 것이다. 그러나 불행은 여기서 끝나지 않
았다.

하와이에서 돌아온 이승만은 국내기반이 거의 없었다. 뿐만 아니라 상해임시
정부 대통령 재임 당시 미국의 위임통치론을 주장하다가 탄핵을 받아 쫓겨났던
인물이었다. 탄핵당한 아픔과 분노가 트라우마처럼 남아 있었던 이승만은 백범
김구를 비롯한 항일투쟁세력들을 밀어내고, 반공친미로 변신한 친일반역자들
과 손을 잡았다.

1960년 4월 19일 이승만 독재정권에 항거하여 일어선 학생들의 의거에 또 한

신경군관학교 장춘시
옛 모습(1930년대)

번 가슴을 쓸어내려야 했던 친일반역자들과 이승만 독재 비호세력들은 권력의 단맛을 잊지 못하고 다시 재기할 기회만을 노리고 있었다.

여기서 멈출 수가 있었더라면 그래도 우리민족은 역사의 정의를 바로 세울 기회가 있었다. 그런데 또 하나의 검은 그림자가 우리민족을 덮쳐왔다. 1961년 5월 16일, 만주군관학교 출신 군맥(軍脈)이 중심이 되어 일으킨 쿠데타로 집권한 박정희는 그들과의 동반관계를 끝내 청산하지 않았다. 만주군맥의 일원이었기에 초록이 동색인데 어찌 그들과 과감히 단절하고, 역사 바로 세우기 대업에 착수할 수 있었을 것인가.

우리민족의 숙원인 친일반역자 청산, 역사의 심판에서 다시 자유로워진 정일권은 국회의장으로, 백선엽은 장관으로, 민복기는 대법원장으로, 박흥식은 기업인으로, 전봉덕은 대한변협회장으로, 이병도는 대학교수로 승승장구하며 권력과 부를 누렸고, 자랑스레 대물림까지 할 수 있게 되었던 것이다.

자비와 사랑은 낮은 곳을 향하고, 꿈과 희망은 높은 곳을 향한다. 또한 효(孝)는 부모를 향하고, 충(忠)은 국민을 향해야 한다. 그래야 정의가 바로 서는 사회가 된다고 생각한다.

이 나라 백년대계와 민족정의를 위해서라도 친일반역자들의 불의(不義)한 충(忠), 곧 친일반민족행위가 빚어낸 죄과(罪過)에 대해 반드시 역사의 심판이 내려져야 한다. 그것은 역사를 바로잡기 위한 것이요, 정의가 바로 서는 미래를 열기 위함이다. 그 길만이 국민 대통합과 상생으로 가는 길이며, 우리 후손들에 대한 의무와 도리(道理)를 다하는 길이라고 생각한다.

발해역사와 항일의 도시 목단강을 가다

발해의 역사와 항일독립전쟁의 역사가 살아 숨쉬고 있는 흑룡강성 목단강시

를 찾아가기 위해 연길에서 버스를 탔다. 목단강시(牧丹江市)까지 하루 네 차례
버스가 운행하고 있었다. 오전 9시 50분 출발하는 버스를 탔다. 목단강까지 거
리는 273km였다.

연길을 떠난 버스는 길림성 왕청현을 거쳐 흑룡강성 영안시(寧安市)로 지나
자 고속도로를 타고 목단강 방향으로 달려서 4시간 30분 만에 터미널에 도착하
였다.

목단강 버스터미널에서 택시를 타고 20킬로미터 정도 떨어진 곳에 있는 해림
시(海林市)로 달렸다. 해림시 해랑로(海浪路)에 있는 한중우의 공원(해림진 해랑로 과
기원구 5호)을 보고, 기다리고 있던 택시를 타고 산시진(山市鎭)으로 가서 김좌진
장군 순국지(해림시 산시진 신흥촌)를 찾아갔다.

백야 김좌진 장군 구지(舊址)라고 쓴 문을 들어서니 청산리 전투의 영웅, 김좌
진이 살았던 초가집과 정미소가 있었다. 정미소 안에는 그 당시 사용했던 도구

흑룡강성 영안시
영고탑(신민부, 한족
연합회 정의부 활동
지역)

들이 전시되고 있었다.

　해림시 한중우의공원이나 산시진 유적은 국회의원 김을동 의원과 탤런트 송
일국이 이끌고 있는 청산리대장정팀을 비롯하여 수많은 관광객들이 찾는 곳이
었다.

　만주 항일유적지 여러 곳을 다녔지만 많은 사람들이 꾸준히 찾아오고, 관리도
잘 되고 있는 곳은 아마도 한중우의공원과 김좌진 장군 순국지일 것이다. 그런
까닭인지 발걸음도 가볍고 마음도 가뿐하다. 북간도 깊은 산중 골짜기에서 잊히
고 사라지는 유적들도 많은 사람들의 발길들이 이어지길 기대해본다. 참으로 오
랜만에 뿌듯하고 상쾌한 마음으로 유적지를 떠나는 것 같다.

　목단강시 철령에 있는 액하감옥과 발해농장을 찾아가지 못하고 돌아가야 하
는 마음이 안타까웠지만, 이곳을 찾는 젊은이들이 언제나 그곳에도 찾아간다하
니 조금 마음이 가벼워졌다. 오늘도 잊혀가는 유적을 찾아서 목단강 터미널에서
영안시로 향했다.

　흑룡강성 영안시는 목단강시 남쪽 30km 거리에 있는 도시로 1920년 당시까

지도 영고탑(寧古塔)이라 불리었다고 한다.

1925년 3월 김좌진, 김혁, 조성환 등이 이끌던 신민부 본부가 있었고, 전만주 유일당회의가 열렸던 곳이며, 1934년부터 대종교 총본사가 밀산 당벽진에서 이곳으로 이전하여 대종학원을 세우고 민족교육을 펼쳐왔던 곳이기도 하다.

2013년 7월, 영안시에 며칠 동안 머물면서 유적지를 탐문하여 보았지만 안타깝게도 유적관련 자료나 증언을 들을 수 없었다.

영안시가 발해 상경성 유적을 관리하며 발해 관광을 위한 도시개발에만 박차를 가하고 있었다. 그리고 몇 년 전까지 영안에 살고 있었던 조선족들도 대도시로 나가거나 한국으로 떠났기 때문에 항일관련 유적을 찾고 증언을 듣는게 어려웠던 것이다.

다음날 아침 조선족노인회를 찾아갔으나 젊은 여직원 한사람만 사무실을 지키고 있었다. 몇 마디 말도 나누지 못하고 다음날 다시 찾아오겠다는 말을 남기고 발걸음을 돌려야 했다.

호텔로 돌아오는 길에 영고탑 석비(石碑)를 보고, 대종학원 자리였다고 추정되는 서대가(西大街)를 찾아갔다. 그리고 혹시나 하는 기대감으로 영안시 당안국(當案局)을 찾아가서 문물담당자를 만나보았지만, 외국인에게 자료공개는 하지 않는다는 말만 듣고 돌아서야 했다.

항일유적 답사는 중국당국의 비협조와 무관심으로 언제나 어려움을 겪기 마련이었지만, 그날따라 왠지 수모를 당하는 느낌을 지울 수가 없었다. 여기서 멈출 수는 없다. 앞으로 더 많은 자료를 발굴하여 영안시 일대 항일유적의 정확한 위치를 찾아내려고 노력할 것이다.

발해渤海를 꿈꾸며

영안 시내 서대가(西大街)에 있는 한식당에서 점심을 먹고, 발해 상경성 유적을 보기 위해 발해진(渤海鎮)으로 향했다. 영안시에서 30km 정도 떨어진 발해진에서 다시 5km 더 들어가 40여 분 만에 발해 상경성(上京城) 용천부(龍泉府) 유적에 도착했다.

발해 상경성 용천부
내성

상경성 용천부는 발해 5경 중에서 가장 오랫동안 수도가 자리잡았던 곳이다. 대조영이 돈화 동모성에 개국을 한 뒤에 3대 문왕이 수도를 옮겨와 국가의 기반을 다졌던 곳이다.

상경성 유적지는 가로 4.5km, 세로 4km의 거대한 터를 가지고 있었으며 외곽

발해 상경용천부
외성

을 두른 곽성, 중간에 위치한 황성, 황제가 국사를 보던 궁성의 세 겹으로 이루어졌다. 그리고 궁성 중심으로 주작대로가 나 있고, 남북 3개 대로, 동서 8개 대로가 씨줄 날줄처럼 교차하는 모습이었다고 한다.

상경성 남쪽으로는 홀한해(忽汗海), 즉 경박호(鏡泊湖)가 있다. 급경사 절벽에서 거대한 폭포를 이루다가 거세게 흘러가는 홀한하(忽汗河), 목단강(牧丹江)은 상경성의 남쪽과 동쪽 및

좌 ● 발해 상경용천부
기념비
우 ● 발해 상경성
기념비

북쪽의 성벽을 활처럼 감돌며 서남쪽으로 흘러가고 있다. 목단강과 북쪽 성벽
사이에는 이곳에서 가장 풍광이 뛰어난 발해포(渤海浦)가 있다.

　이렇게 거대하고 아름다운 터전에 200여 년을 살아왔던 발해시대 유적들, 상
경성을 비롯한 성곽과 주춧돌, 나뭇잎 모양의 금관, 석등 등을 제외하고 남아 있
는 유적은 별로 없었다. 발해의 영광스런 유물들이 넘쳐야 할 이곳에서 빈터만
을 바라보며 당시 상경성의 모습을 추측해야 한다니 그저 안타까울 뿐이다.

　내가 북만주 지역 청산리 전투 유적 등을 찾아갔을 때 화룡시 서성진(중경 현덕
부)에 있는 정효공주의 묘는 외부인 출입을 금지시킨 뒤 무슨 공사를 하고 있는
지 알 수 없는 상태였다. 그리고 동경 용원부가 있었던 훈춘 발해성은 거의 다 무
너져버린 상태였다. 압록강 일대 항일유적을 답사하면서 찾아갔던 길림성 장백
현에 뒷산에 있는 영광탑만 그 모습을 온전하게 보존하고 있었다.

　2013년 7월 18일 항일유적 답사단과 백두산 서파에서 백두산 천지를 보고나
서 목단강 비행장으로 이동하던 중에 돈화시(敦化市)에 들려서 발해국의 건국유
적이었던 동모산(東牟山)을 찾아갔다.
돈화시에서 13km 거리로 20여 분 만
에 동모산 입구에 있는 청산자촌에
도착하였다. 그러나 동모산 일대에서
양잠을 하고 있다는 동네 주민들의
반대로 산성에는 올라가지도 못하고
발길을 돌려야 했다.

　수천리 길을 찾아갔다가 답사도 하
지 못하고 그대로 돌아가기가 너무나

길림성 장백현 발해
영광탑

길림성 장백현과
압록강

아쉬워서 마을노인들을 붙들고 동모산에 대한 이야기를 들었다. 그곳 사람들은 동모산을 꼬리꾸청(高麗古城: 고려옛성)이라고 부르고 있었는데, 산의 높이가 해발 5백m 남짓하고 둘레의 길이는 2천m, 옛성터의 길이는 1km 정도 남아 있는 토성이라고 한다. 토성의 높이는 3m, 너비는 4~5m 정도 된다고 한다. 북쪽으로 태자하, 동쪽으로는 목단강이 흐르고, 북쪽은 가파른 벼랑이고 다른쪽은 비교적

돈화시 발해광장 앞

완만한 경사로 이뤄져 있다고 했다.

이대로 발길을 돌려야 하는 것이 너무나 아쉽고 화가 나기도 했지만, 그래도 동모산을 본 것만으로 위로를 삼고 돈화시로 돌아갔다.

만주대륙을 호령하며 200년이 넘게 존재했던 발해국의 유적들이 이토록 철저하게 사라질 수가 있을까. 누군가 의도적으로 없애버리지 않고서

야 한 시대를 이끌었던 역사가 거의 흔적도 없이 사라질 수가 있는 것인가. 발해보다 앞선 고구려나 신라, 백제의 유물들도 아직 많이 남아 있는데 왜 발해 유적은 거의 다 사라져버린 것일까.

　발해국 이후 만주를 다스렸던 말갈이나 거란, 여진족들이 발해역사 유물들을

흑룡강 영안시 동경성
(한국광복군 동경성
전투유적지)

좌 ● 발해국 건국
유적지 동모산성
우 ● 길림성 돈화시
발해광장

철저하게 파괴해 버린 것일까. 아니면 사학자들 중에서 주장하고 있는 백두산 화산폭발로 일시에 사라지게 된 것일까. 거대한 제국 발해가 화산폭발로 인해 멸망하였다는 논리에 동의하기 어렵지만, 그 영향을 받아 혼란한 시기에 거란족이 침입하자 끝내 버티지 못하고 멸망하게 된 것은 아닐까. 작가적 상상력을 뒤로 하고 용천부를 떠났다.

영안시로 돌아오는 길에 동경성진에 들려서 정확한 장소는 알 수 없지만, 지청천 장군과 한국독립군이 일본군을 대파했던 도시였기에, 시내를 한바퀴 돌았다. 1933년 하얼빈 쌍성보 전투에서 승리한 한국독립군과 중국의용군은 그 여세를 몰아 1933년 6월 목단강 동경성에서 일본군과 전투를 벌여 대승을 거두었고, 길림성 왕청현으로 이동하여 대전자령 전투에서도 일본군을 크게 무찔렀다.

영안시로 돌아온 나는 다음날 아침 일찍 노인회를 찾아갔다. 여러분이 나와 한국에서 찾아온 작가를 호기심어린 눈으로 기다리고 있었다. 나는 정중하게 인사를 올리고 찾아간 목적을 말했다. 그런데 의외의 반응이 나왔다. 남조선사람들의 항일에 대해서는 아는 게 없다는 냉담한 답변이었다. 그들은 1931년 일본침략 후 만주에서 활약했던 동북항일연군에 대해서는 언제든지 답변할 준비가 되어 있다고 했다. 나는 그냥 돌아나오고 싶은 마음을 꾹 눌러참으며 항일연군 전투 이야기를 들었다. 그리고 다음에 다시 찾아오겠다는 말을 정중하게

남기고 자리를 떠났다. 중국인들은 아직도 사상적인 면에서는 철저하게 자신들의 논리를 펴고 있었다. 그러나 김일성을 비롯한 공산주의 항일연군의 이야기를 듣기 위해서 그곳을 찾아간 것이 아니었던 것이다.

호텔로 돌아와 체크아웃 하고 목단강시로 가서 강변에 있는 8녀투강 기념비를 찾아갔다. 목단강변에 있는 빈강공원(濱江公園) 광장에 우뚝 서 있는 석조상은

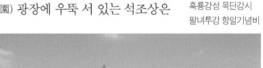

일본군과 싸우다가 장렬하게 전사한 여덟 명의 여성투사를 기리기 위해 세워진 거대한 기념비였다.

1938년 10월, 동북항일연군은 1천여 명의 일본관동군(日本關東軍)의 공격을 받고 목단강에서 격렬하게 전투를 벌이고 있었다. 그러던 중에 중과부적으로 일본군에게 부대원들이 포위되었다. 여덟 명의 여성투사들이 동

지들을 구하기 위해 일본군을 유인하여 항일연군 장병들이 무사히 빠져나갈 수 있게 만들었다. 그러나 부대와 멀리 떨어지게 된 8명의 여성투사들에게 일본군이 점점 포위망을 좁혀오게 되었다. 한인항일투사 안순화가 일본군에게 포로가 될 수 없으니 함께 손을 잡고 강물에 뛰어들 것을 제안하자 모두 강물에 뛰어들어 자결을 하였던 것이다.

마지막까지 적들에게 굴복하지 않고 차디찬 강물에 뛰어들어 장렬히 최후를 마친 8명의 항일투사를 기념하기 위하여 1986년 9월 7일 목단강변에 팔녀투강 (八女投江) 기념비를 세웠다.

연약한 여성의 몸으로 잔인하고 야비한 일본군과의 투쟁에 뛰어들었고, 만주를 침략한 일본군을 몰아내기 위해 수많은 전투를 벌이다가 장렬한 죽음을 선택했던 8명의 항일투사들의 명복을 빌면서 빈강공원을 거닐었다.

위대한 역사는 조국을 빛나게 하고 정의로운 투쟁은 민족을 영광으로 이끈다는 말을 다시 가슴 깊이 새기며 연길행 버스에 몸을 실었다.

제7장

두만강에서 아리랑을

아리랑 아리랑 아라리요
아리랑 고개로 날 넘겨주게

두만강은 돌고 돌아서
바다로 가는데
이내 몸은 돌고 돌아도
갈 곳이 없네

아리랑 아리랑 아라리요
아리랑 고개 고개로 날 넘겨주게

두만강 하류(좌측 중국 훈춘시, 오른쪽 북한 온성군)

[두만강유역 지도]

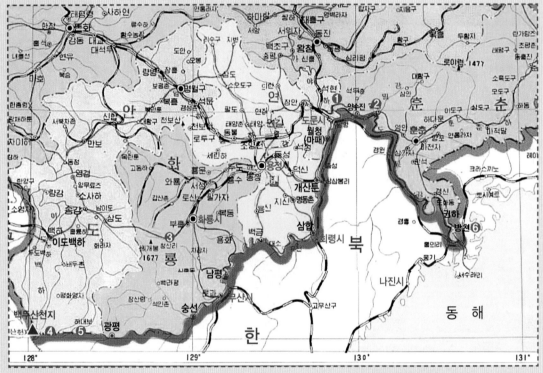

① 봉오동 전투 유적 ② 발해 팔련성 유적 ③ 청산리 전투 유적 ④ 홍토산적봉 두만강 발원지 ⑤ 두만강 옥련지 ⑥ 방천 삼국 국경(러시아·북한·중국)

두만강

두만강(豆滿江)은 백두산 거대한 줄기가 동쪽으로 뻗어내리다가 우뚝 솟은 대연지봉(大臙脂峰, 2,360m) 기슭 적봉(赤峰)에서 발원하여 양강도 삼지연(三池淵)에서 동쪽으로 흘러내리다가 대홍단군과 무산군 경계에서 석을수(石乙水)를 만나 큰 줄기를 형성하면서 비로소 두만강으로 불리게 된다.

두만강 물도리

마천령 산맥에서 흘러내리는 소홍단수(小紅湍水)를 합류하고, 함경산맥에서 발원하는 서두수, 성천수 등의 지류들을 만나면서 무산, 회령, 온성, 은덕군을 지나서 검푸른 동해바다의 품에 안긴다. 두만강의 총길이는 547km이며, 두만강에 합류하는 지류 중 그 길이가 5km 이상 되는 것은 약 150여 개이며, 그 가운데 50~100km 되는 하천은 6개이다.

두만강 물길을 따라

2004년 여름이었다.

연변조선족자치주 도문시 두만강변 국경에서 북한의 남양시(南陽市)를 처음으로 보았을 때 받은 충격을 지금도 잊을 수가 없다.

팔을 길게 뻗으면 금방이라도 잡힐 듯 가까운 것만으로도 무척 놀라운 광경이었다. 더구나 국경지역 어디를 둘러보아도 철조망 하나 보이지 않았고, 총을 든 군인들도 보이지 않았다.

도문 일광산에서
바라본 두만강

중국과 북한 국경
두만강

북중무역로, 도문과 남양을 이어주는 다리를 통해 많은 자동차와 사람들이 오가고 있었다. 그동안 내가 상식적으로 알고 있었던 국경모습이 아니었다.

이중삼중으로 철조망을 쳐놓고 총을 든 군인들이 엄격하게 출입을 통제하고 있던 임진강의 모습이 떠올랐다. 그곳에서 내가 느꼈던 살벌한 국경의 모습은 그 어디서도 찾아볼 수 없었다. 두만강 국경을 보며 첫 번째로 떠오른 단어는 평화로움이었다.

나는 왜 두만강변에서 평화를 느끼게 된 것일까.

국경수비대나 철조망이 보이지 않았기 때문만은 분명히 아니었다. 국경을 오가고 있는 사람들의 얼굴에서 일상적 익숙함과 편안함을 보았고, 살벌한 적대감이나 위협적 행동을 찾아볼 수 없었기 때문이다.

그러한 평화로움 속에서 내가 안타깝게 느꼈던 것은 한국인들은 강 건너를 자유롭게 가볼 수가 없다는 사실이었다. 국적이 다르고 언어가 다른 사람들이 갈 수 있는 곳을 저들과 피를 나눈 우리는 왜 갈 수가 없는 것인가.

내 나라 내 동포가 살고 있는 북녘땅으로 두만강을 자유롭게 건너갈 볼 수가 없다하니 어쩌겠는가. 남의 나라 땅이라도 밟으며 두만강 물결 따라 흘러가듯 북녘을 바라볼 수밖에 없지 않은가.

백두산 기슭 두만강 발원지에서 숭선(崇善), 삼합(三合), 개산툰, 도문, 양수천자, 훈춘을 지나 러시아, 중국, 북한의 국경지대 방천(防川)까지 중국땅을 밟으며 갈 수밖에 없는 현실이 너무나 서글프고 안타까울 따름이다. 백두산에서 두만강 줄기를 따라 동해까지 가는 여정이 얼마나 힘들고 오랜 시간을 필요로 하는지 그 당시에는 몰랐다. 나는 항일유적을 답사하지 않는 날 기회가 되는 대로 시간이 허락하는 대로 두만강을 답사하였다. 그러므로 두만강 답사기에서는 여행 일시와 기간은 특별히 기록하지 않았다.

두만강 발원지를 찾아서

우리나라 백과사전에는 두만강 발원지를 백두산 대연지봉이나 삼지연이라고 기록하고 있는데, 중국에서 두만강을 답사하면서 만난 연변사람들은 천지중심에서 약 30여 킬로미터 떨어진 곳에 솟아 있는 홍토산(紅土山)의 적봉(赤峰)이라고 주장하고 있었다.

백두산 천지에서 발원하여 장백폭포에서 쏟아져내린 물이 이도백하를 지나 송화강이 되었고, 백두산 서쪽 명당봉에서 발원하여 혜산진에서 서해로 흘러가는 것은 압록강이고, 홍토산에서 발원하여 광평(廣坪)을 거쳐 동해로 흘러가는 것은 두만강이라는 것이다.

두만강 발원지 가는 길

2013년 10월, 연변지역 항일유적을 답사하면서 알게 된 산악회로부터 두만강 상류에 있는 군함산 등반을 간다는 소식을 듣게 되었다. 문득 두만강 원류가 떠올랐다. 2년 전에 그곳에 갔다가 엄청난 비를 만나 숭선에서 다시 돌아왔던 아픈 기억이 있었다. 원류까지 혼자 가기에는 너무

나 위험할 뿐더러 국경지역이라 여러 가지 어려움이 있을 것 같아서 뒤로 미루고 있었는데 듣던 중 반가운 소식이었다.

나는 그들과 함께 숭선까지 동행한 후에 산악팀들이 군함산을 등반하는 시간에 두만강 원류를 보고 올 셈이었다. 연길에서 숭선까지는 약 150킬로미터 거리로 알고 있었다.

토요일 새벽에 약속한 장소에 나갔다. 산악회에서 준비한 버스를 타고 오전 9시에 숭선진에 도착하였다. 일행들이 산행을 시작할 때 나는 비포장 험한 길도 달릴 수 있는 지프차를 빌려 타고 두만강 발원지로 향했다. 길이 험하고 깊이 패인 곳이 많아 속도를 낼 수 없었지만, 산행팀이 하산하기 전까지 돌아와야 했다. 그것을 알고 있는 기사가 능숙한 솜씨로 60km에 이르는 길을 달려가 1시간 30분 만에 적봉기슭에 도착할 수 있었다. 더 이상 차가 들어갈 수 없는 계곡입구에서 두만강 발원지를 향해 올라갔다.

중국과 북한의 국경선을 나타내는 21호 비석이 박힌 홍토산을 만주족은 부쿠리산이라고 부르는데 붉은 산이란 뜻이다. 백두산에서 완만한 줄기가 내려오다 작은 구릉을 이루고 있어 산세가 험해 보이지는 않았지만, 워낙 지대가 높은 곳이어서 해발 1,321미터에 이른다고 한다.

북쪽에는 중국(中国), 남쪽에는 한글로 조선이라고 새겨놓은 비석을 끼고 조금 올라가니 두만강 원류로 보이는 샘이 나타났다. 나는 반갑고 감격스러워 단숨에 달려가 물을 한움큼 퍼서 마셨다. 식도를 타고 내려가는 느낌이 맑고 상쾌했다. 인적이라곤 찾아볼 수 없는 곳이지만 엄연한 국경이라 그런지 왠지 긴장감이 느껴지는 곳이었다.

두만강 발원지

두만강 발원지는 작은 샘이었다. 길이가 4~5미터 정도에 넓이는 날쌘 사람이 뛰어 건널 수 있을 정도였다. 작은 샘에서 옹글옹글 솟아오르는 샘물을 보며 몇 년 동안 가슴에만 품고 있었던 소원을 이루었다는 기쁨에 몇 번이나 샘물을 손으로 움켜서 마셨다. 동행한 기사는 두만강 원류 뿐

좌 • 두만강 옥련지
기념비
우 • 두만강 발원지
경계비(앞쪽은 중국
뒤쪽은 북한 지역)

아니라 옥녀늪에 깃들어 있는 전설까지도 잘 알고 있었다. 연길에서 함께 온 일
행들의 배려가 불현듯 따뜻하게 느껴졌다. 수정같이 맑고 깨끗한 샘물이 두만강
원류가 되어 천리길 여정을 떠나게 되는 것이다.

발원지에서 흘러내리는 물은 작은 줄기를 이루며 아래로 흘러가는데 백두산
줄기 여기저기서 솟아오르는 무수한 샘물들이 실개천을 이루며 합류한다. 실개
천을 따라 한참 내려가면 옥련지에서 내려온 석을수(石乙水), 무두봉 기슭 삼지
연(三池淵)에서 흘러나오는 홍단수가 합류하면서 제법 큰 하천을 이루고 동쪽으
로 그 흐름을 돌려놓는다.

적봉에서 북쪽으로 수백미터 남짓한 거리에 푸르른 하늘을 그대로 옮겨 놓
은 듯 거울같이 맑은 호수가 있었다. 만주족들이 옥련지(玉蓮池)라고 부르는 연
못이다. 우리 민족이 백두산을 민족의 성산이라고 한다면, 만주족도 건국전설이
깃들어있는 장백산을 민족의 발상지로 숭상한다.

청나라 건륭제 때 편찬한 만주원류고(滿州源流考)에 실린 전설에 의하면 아주
먼 옛날 하늘에서 내려온 세 선녀가 옥련지로 내려와 목욕을 하였다고 한다. 그
중에 가장 나이어린 선녀가 까치가 물어다 준 붉은 열매를 먹은 후에 부쿠리옹
순(布庫哩雍順)을 낳았다. 그가 장성한 뒤 삼성지방으로 가서 내란을 평정한 후에
그곳을 만주(滿州)라고 부르게 되었으며, 성을 애신각라(愛新覺羅)로 지어 금나라
에서 청나라로 이어지는 여진족의 조상이 되었고 한다. 그때부터 옥련지가 만주
족의 성지가 된 것이다. 옥련지는 길이가 500m 정도 되는 연못이지만, 만주인들
에게는 성스러운 연못으로 불리고 있다.

두만강변에 살고 있는 조선족들은 이곳을 옥녀늪이라고 부르는데 항일투쟁
과 관련된 이야기가 전해오고 있었다.

일본이 만주를 침략하여 항일투쟁이 시작되었던 시기에 옥녀라는 소녀가 포수인 아버지와 함께 늪가에 초가삼간을 짓고 살고 있었다. 그러던 어느 날 백두산 밀림에서 벌어진 일제토벌대와의 항일부대의 전투가 벌어졌는데 부상을 입고 찾아온 병사들을 이들 부녀가 보살피고 그들을 간호하게 되었다. 얼마 후 일제토벌대가 마을로 들어왔다. 옥녀 아버지가 부상병들을 빼돌리러 간 사이에 옥녀가 붙잡히게 되었다. 일본군이 아버지와 부상병들이 간 곳을 대라고 협박을 하였으나 옥녀는 입을 굳게 다물었다. 그러다가 적을 유인하여 높은 절벽으로 끌고 가서 지휘관을 절벽으로 밀어버리고 옥녀도 절벽에 몸을 날려 죽었다. 그 후부터 늪의 물이 거울과도 같이 맑고 푸르러졌다고 한다. 그때부터 사람들은 이 늪을 옥녀늪이라고 불렀다는 것이다.

백두산 천지 산줄기 타고 내려와
적봉 기슭으로 솟아오르는
작고 고요한 옹달샘은
어머니의 자궁을 닮았다

어린 생명이 첫울음을 터뜨리고
인생의 항해를 시작하듯
영검한 백두산 생명수
이곳에서 해맑게 솟아나

해 뜨는 아침 바다

동해를 향해

멀고 먼 여행을 시작한다

- 류연산의 혈연의 강들 중에서 -

중국 길림성 안도현 내두산(奶頭山)이 백두산 북쪽의 하늘아래 첫 동네라면 화룡시 광평(廣平)은 백두산 동쪽의 하늘 아래 첫 동네이다.

백두산에서 내려온 산줄기가 이곳에 이르러 평탄한 고원을 이루고 있어 중국인들이 광평(廣坪)이라 이름을 붙였다고 했다. 이곳에서 백두산 산문까지의 거리는 약 30킬로미터 정도로 9월에서 다음해 6월까지 머리에 백설을 이고 있는 아름다운 백두산이 어디서나 보인다고 한다. 안타깝게도 내가 찾아간 날은 구름이 많이 끼어 볼 수가 없었다.

광평령에 올라 사방을 바라보면 광평벌을 둘러싼 높은 산들, 중국과 북한의 두 나라 기슭을 타고 흐르는 은백색 두만강이 한눈에 안겨온다. 아침이면 회색빛 안개가 백두고원의 광평벌과 강 하나를 사이에 북한 산하를 포근히 감쌀 때면 실로 그 경치가 장관이라고 한다.

사람들이 마치 비행기에 앉아 구름바다 위로 날아가는 황홀한 기분이 들고. 구름 위로 머리를 조금씩 내미는 산봉우리들은 바다에 떠오른 섬들을 방불케 한다. 이곳에서 며칠 머물면서 그 아름다운 경치를 보고 싶다는 충동이 일었지만, 등산팀이 하산하기 전에 돌아가야 하기에 아쉬운 발길을 돌렸다.

광평벌 사이를 흐르는 두만강은 폭이 좁고 유속이 매우 빠르게 느껴졌다. 강변 옆 수풀과 골짜기, 바위 사이를 누비며 세차게 흘러가고 있었다. 동행한 기사의 말에 따르면 한여름에도 물이 얼마나 차가운지 발을 담그면 뼈가 시릴 정도라고 한다. 그

화룡시 광평 두만강 상류

리고 숲이 우거진 경치가 천하의 절경이어서 두만강 끝까지 가도 두 번 다시 찾아볼 수 없다고 했다.

백두고원의 특산물인 들쭉, 박달나무 숲 사이에서 자라는 황기가 많이 자라고 있고, 초원을 누비는 노루와 사슴이 동네로 내려오기도 하고, 곰이나 범도 가끔 출몰했다는 광평은 하늘아래 첫 동네요, 두만강상류의 제1번지였다.

광평벌 두만강에 심취한 마음을 가라앉히고 차를 타고 숭선으로 돌아오니 등반팀들은 산행을 마치고 나를 기다리고 있었다. 재빨리 버스에 올라 몇 번이나 미안함을 표하고, 산행의 피로로 잠든 사람들 틈에서 두만강 발원지와 옥녀늪을 떠올리며 연길로 돌아왔다.

두만강 숭선에서

산악회와 함께 가서 두만강 원류를 보고 온 뒤에 이번에는 용기를 내어 혼자서 두만강 답사를 하기로 했다. 연길에서 버스를 타고 화룡으로 가서 다시 버스를 갈아 타고 숭선(崇善)으로 향했다.

두만강 답사의 두 번째 코스인 화룡시 숭선진 고성리(崇善鎭古城里)는 조선족자치주 연길에서 150여 킬로미터 떨어진 곳에 있다.

백두산 줄기가 동쪽으로 뻗어내리는 해발 800미터 고산지대에 손바닥만큼 작은 들판을 끼고 군함(軍艦)처럼 생긴 군함산 아래 자리잡고 있는 조용한 동네였다. 숭선에서 두만강 건너 바라보이는 곳은 양강도 대홍단군 삼장리였다. 강의 너비가 불과 20여 미터도 되지 않을 것 같은 두만강을 사이에 두고 마주 앉은

고성리촌과 삼장리는 동네 모습이 비슷할 뿐 아니라 집모양도 거의 같았다.

고성리 앞에서 내려간 강물은 물살이 세차게 흘러가긴 해도 강바닥이 환히 보이고, 깊이가 겨우 무릎에 닿을 정도였으며 강폭도 10여 미터에 불과했다. 강물 사이에 여기저기 놓여진 돌들을 징검다리 삼아서 물을 묻히지 않고도 국경을 건널 듯 싶었다.

설움의 강이길래 여울마다 소리 높소
원한의 강이길래 구비마다 물이 깊소
오늘은 무슨 시름 한 강물에 실었소?

연변에서 활동하고 있는 조선족 시인 조용남의 두만강이다.

숭선에는 백두산 아래 북·중 국경 무역을 하는 첫 번째 세관이 있는데, 1927년에 설립되었고, 1933년 9월 도문에 세관이 서면서 이곳에는 관세분소가 설치되었다고 한다.

삼장 나루터와 고성리 사이에 나무다리를 놓고 자유롭게 오가던 이곳에 1994년에 두 나라에서 공동투자하여 콘크리트 다리를 놓았고, 두만강 제1교라 이름 지었다고 한다. 지금은 현대적인 건물들이 들어서고, 다리를 넓히고 국경검문소도 설치되어 있기는 했지만, 가까운 거리 때문인지 이웃동네처럼 느껴지는 곳이었다.

숭선진에서 서쪽으로 2km 쯤 올라가니 홍기하(일명 올기강)가 두만강과 합류하는 지점이 나타났다. 이곳은 화룡시에서도 유명한 숭선풍경지구였다. 그 뒷쪽으로 군함산(軍艦山)이 방금 입항한 군함처럼 우뚝 솟아 그 웅장한 기세를 한껏 뽐내고 있었다.

눈물젖은 두만강

숭선에서 다시 두만강 줄기를 따라 동쪽으로 45킬로미터를 달려 내려가니 남평(南坪)이 나타났다. 화룡시 덕화진(德化鎭)의 소재지 남평은 두만강을 사이에 두고 함경북도 무산군 노덕리(盧德里) 마을과 마주보고 있었다.

남평은 산을 등지고 남향으로 문들을 냈고, 노덕리 동네는 북쪽 산비탈에 북향으로 문을 내서 두 마을 사람들은 문을 열고 나오면 서로 마주 바라보며 살았다고 한다.

세봄이 다가도록 기별조차 없는 님을
가을밤 안신(雁信)까지 또 어찌 참으래요

두만강 눈얼음은 다 풀리여 갔다는데
세봄이 아니오라 열세봄 지났어도
못참을 내 아니언만 가신 님 날 잊을까
강남의 제비들은 제집 찾아 왔다는데

기러기 갈 때마다 일러야 보내며
꿈길에 그대와는 늘 같이 다녀도
이 몸이 건너면 월강죄란다.

1900년대 초에 함경도에 살던 사람들이 척박한 산악지대에서 사느라 헐벗고 굶주리다가 두만강을 건너와 몰래 농사를 지었는데, 청나라 관리나 조선관리에게 붙잡히면 죽음을 당하거나 감옥에 가야 했다고 한다.

아버지나 남편이 관리들의 눈을 피해 만주에 와서 농사를 짓느라 집으로 돌아가지 않으면 강 건너편에 서서 사랑하는 사람을 애절하게 그리워하며 불렀던 노래가 월강곡(越江曲)이라고 한다.

관리들의 눈을 피해 두만강변에 나왔던 아낙네들은 두만강 북쪽 하늘을 쳐다보며 애끊는 상사일념의 한과 기다림을 노래했다. 그들은 월강곡을 애절하게 부

좌 • 화룡시 숭선진
군함산 전경
우 • 화룡시 숭선진
아동툰

르며 자유롭게 오가는 바람에 그리운 정을 실어 보냈다고 한다.

　그러나 두만강 저편에는 무심한 구름만 오락가락할 뿐 농사를 지으러 떠난 남편, 아버지, 사랑하는 사람의 소식은 들려오지 않았다고 한다. 세월이 흐를수록 더 애절하게 그리운 사람들을 기다리면서 애끓는 심정을 노래했던 월강곡의 가사가 그 당시 여인들의 심정을 잘 나타내고 있다.

　남평에서 작은 고갯마루를 올라서면 조선족 시단의 존경을 받고 있는 이욱(李旭) 시인의 시비가 서 있었다.

　칠순 할아버지
　나무를 심으며
　어린 손자를 보고
　빙그레 웃는
　그 마음
　그 마음

조선족 시인
이욱 시비(남평진)

　조선족 시인 이욱의 시비 앞에서 잠시 옷깃을 여미고 서서 간결한 싯구에 담긴 의미를 생각해보았다. 한 그루의 나무를 심는 할아버지가 손자를 보면서 빙그레 웃는 마음은 무엇일까. 아마도 자신이 심은 나무를 정성껏 가꾸고 길러줄 손자에 대한 기

화룡시 덕화진
두만강 건너 무산시
와 광산지역

대와 사랑이 아니었을까. 그리고 나무를 심는다는 것은 희망을 심는 것이 아니었을까. 조금 더 확대해본다면 민족의 미래를 향한 희망의 메시지가 아닐까 생각한다. 이욱 시인은 나무를 통해서 민족을 이야기 하고 손자를 통해서 희망을 노래한 것이 아닌가 생각한다.

이욱의 시비 뒤쪽에서 산 아래 두만강 너머를 내려다보면 아시아에서 두 번째로 크고 매장량이 풍부하다는 노천탄광과 철광이 있는 북한 양강도 무산(茂山)이 한눈에 들어왔다.

함경도 무산시 전경

어렸을 때 지리시간이면 소리내어 외웠던 무산탄광을 바라보며, 두만강 기슭을 다닐 때마다 가슴을 치던 분단의 아픔이 또 다시 고개를 쳐든다. 한 번도 와보지 않았던 무산을 그렇게 입에 올렸던 그 시절에는 이렇게

오랜 세월 동안 통일이 되지 않고 분
단이 지속되리라 생각지도 못했었다.
그래서 선생님도 나도 무산탄광을 열
심히 가르치고 배웠던 것이 아니었을
까.

　요즘 남북 당국간에 돌아가는 세태
를 보면 언젠가라는 말밖에 할 수가
없다. 언젠가 통일이 되는 날이 오면
백무선 열차를 타고 무산으로 달려와
지금 내가 서 있는 곳을 바라보며 이야기 하리라. 지난 날 남평의 언덕에 서서 무
산을 바라보며 무척이나 이곳이 그리웠노라고. 애끓는 심사만을 새겨놓고 무거
운 발걸음으로 떠났던 사연도 웃으며 이야기 하리라.

　국경도시로 불리는 남평진이 두만강을 건너 만주로 이주했던 우리민족의 애
환이 서려 있는곳이라면, 이곳에서 이십여 리 떨어진 곳에 있는 선경대(仙景臺)
는 관광명승지로 이름이 높다.

　화룡에서 남평으로 가다보면 우뚝 솟은 선경대를 지나게 된다. 두만강과 항일
유적답사를 다니느라 정상까지는 한 번도 올라가지 못했지만, 산중턱에서 언뜻
보아도 산세가 뛰어나게 보였고, 연변산악회 사람들로부터 워낙 얘기를 많이 들
어온지라 선경대의 빼어난 경관을 거의 외울 지경이었다.

　연변의 금강산으로 불리는 선경대는 중국의 국가지정 명승지로 유명하다. 총

면적이 32평방킬로미터에 달하고, 산
봉우리를 이루는 괴암절벽들이 아
름다운 노송들과 어우러져 장관을 이
룬다고 한다. 봄에는 눈부신 신록이
아름다움을 자아내고, 가을이면 단풍
이 절경을 이루며, 언제라도 운해를
볼 수 있는 삼형제봉은 선경대의 절
경 가운데 으뜸이라고 한다.

　갈 길은 멀고 고무신은 자꾸 벗겨

진다는 말이 있다.

내가 바로 그런 처지가 아닌가 싶다. 갈 곳은 많은데 주머니는 가볍고, 찾아가야 할 곳은 많은데 해는 서산마루에 걸렸다.

이제 그만 화룡으로 돌아갔으면 하는 눈치를 여지없이 드러내는 택시기사의 눈길을 애써 외면하고 남평에서 65km 정도 떨어져 있는 백금향(白金鄕)으로 향했다.

백금으로 가는 길은 거의 다 두만강변을 따라서 가기 때문에 2004년 여름부터 지난 해까지 몇 번이나 가슴을 졸이며 가봤던 곳이다.

지금은 다 지나간 일이라 편하게 이야기 할 수 있지만, 그 당시에는 피를 말리는 긴장감으로 숨이 턱턱 막혀오는 순간들이 많았었다. 북한사람들이 넘어오기 좋을 정도로 강폭이 좁고 물살이 세지 않아 한때는 탈북루트로 알려져 경비가 삼엄해졌던 적이 있었다. 그 때 탈북자 지원단체 NGO들과 시골마을을 돌아다니며 탈북자들을 찾아다녔으니 그 긴장감이 어떠했겠는가. 동네 개만 짖어도 무너지는 가슴을 쓸어내려야 했다.

지금 돌이켜봐도 당연히 해야 할 일을 하면서도 그렇게 두려움을 느껴야 했으니, 목숨을 걸고 두만강을 넘어오는 탈북자의 심정은 어떠했겠는가. 나는 한국에서 탈북자들을 만날 기회가 있을 때마다 그들에게 이야기하곤 했다. 당신들은 죽음과 공포의 극한을 이겨내고 자유를 찾은 사람들이라는 칭찬을 아끼지 않았다. 특히 청소년들이나 여성들을 만나면 그들의 담력과 인내심에 존경을 표하곤 했었다. 죽음의 공포가 강물처럼 흐르고, 극한 긴장감이 얼어붙은 강처럼 차

좌 • 남평과 용화 갈림길
우 • 남평에서 화룡과 두만강 갈림길

갑게 몰아치는 두만강을 다녀본 사람만이 그 심정을 헤아리고 이해할 수 있기 때문이다.

남평을 떠난 지 한 시간이 조금 지나서 백금향에 도착했다. 거리에는 이미 어둠이 짙게 내려오고 있었다. 짜증스런 얼굴로 운전대를 잡고 있는 기사에게 웃음 한 줌 던져주며 담배를 권했다. 그리고 화룡까지 가지 않고 중간에 있는 용정시에서 나를 내려주고, 그곳에서 화룡으로 가는 손님을 태우고 가라고 했다. 담뱃불도 붙이지 않고 의아한 얼굴로 바라보는 그에게 약속한 요금은 다 지불하겠다고 하니 그제야 얼굴이 조금 펴진다.

중국에서 혼자 답사를 다니다보면 택시기사가 상전일 때가 많다. 그들의 심사를 건드려서 좋을 것은 없었다. 나는 중간에 내려 버스를 타고 가야하지만, 기사는 요금을 다 받고 새로 손님을 태우고 가게 되니 일석이조였던 것이다.

그동안 백금은 몇 번 왔던 곳이었기에 늦은 시각에 특별히 답사할 곳은 없었다. 남평에서 화룡으로 그냥 돌아가기가 왠지 아쉬웠고, 오랜만에 두만강변을 달리고 싶었던 것이다.

두만강변에 있는 작은 마을 백금향은 1920년 청산리 전투에서 패한 일본군이 두만강을 건너서 부대로 돌아가기 전에 이 마을로 쳐들어와 방화와 약탈을 자행하고, 아무 죄도 없는 양민을 학살하였던 곳이다. 북간도 일대 어느 마을, 어느 산하에 우리민족의 아픔과 비애가 서리지 않은 곳이 어디 있으랴. 왜놈들에게 조국을 빼앗기고 정든 고향마저 등지고 낯선 땅 북간도로 들어와 척박한 땅을 일구며 살고 있는 민초들을 잔인하게 살해하고, 피땀어린 터전들을 폐허로 만들었으니 어찌 울분을 토하고 통탄하지 않으랴.

나는 두만강가에 있는 조선족 마을을 다니면서 만난 노인들의 증언을 통해 북

두만강 백금향
구룡산

간도에서 일본제국주의자들이 저지른 만행을 듣게 될 때마다 뜨겁게 치밀어 오르는 증오와 적개심을 억제할 수 없었다. 또한 조선말기 탐관오리의 가렴주구와 횡포를 견디지 못하고 두만강을 넘어와 순박하고 어질게 살아온 이들에게 가혹하기 이를 데 없는 위협과 착취를 저질렀던 중국 마적떼들의 악행을 들을 때는 약소민족의 설움을 처절하게 느껴야만 했다.

진퇴양난 고립무원에 빠졌던 북간도 한인들의 애절한 삶이 나그네의 가슴을 울리고, 주체할 수 없는 연민으로 눈시울을 적시게 만들었다.

그들은 두만강을 건너면서 애절한 월강곡을 노래했고, 눈물 젖은 두만강이란 노래도 불렀다. 외롭고 힘든 하루를 마치고 움막 같은 집에 들어가 지친 몸을 누인 채, 고달프고 외로운 삶으로부터 벗어나고 싶은 간절한 소망을 담아 아리랑을 노래하였다.

아리랑 아리랑 아라리요
아리랑 고개로 날 넘겨주게

두만강은 돌고 돌아서
바다로 가는데
이내 몸은 돌고 돌아도
갈 곳이 없네

아리랑 아리랑 아라리요
아리랑 고개 고개로 날 넘겨주게

남평 두만강 줄기

지금도 두만강가에는 북간도 한인들이 불렀던 아리랑이 남아 있고, 그들의 한 맺힌 사연들은 오늘도 두만강 물결 따라 무심하게 흘러가고 있다.

십여 년 세월 동안 배낭을 메고 북간도를 돌아다녔던 나의 발길을 멈출 수 없게 만드는 것은 아직도 북간도 산하를 떠돌고 있는 한인들의 한 맺힌 삶을 외면할 수 없기 때문이다. 어찌 그뿐이었으랴. 압록강 이천 리, 두만강 천오백 리 길마다 애절하게 가슴을 울리는 북녘동포들의 서글픈 삶이 흐르고 있으니, 어찌 못본 척 외면하고 개인의 안위와 영달(榮達)만을 위해 서울로 돌아갈 수가 있었겠는가.

나그네의 서글픈 심사를 아는지 모르는지 어둠이 짙게 내려앉은 북간도의 구불진 산길을 달려서 밤 9시가 되어서야 용정시에 도착할 수 있었다. 버스터미널 앞에서 내려 긴 여정을 끝내고 택시 요금을 지불하였다.

자이지엔(再見)

기사가 밝은 얼굴로 인사를 건넸다.

나는 저녁도 굶은 채 연길로 가는 버스에 몸을 싣고, 아직도 귓전을 울리는 두만강 아리랑을 가슴으로 불렀다.

아리랑 아리랑 아라리요
아리랑 고개 고개로 날 넘겨 주게

짙은 어둠속에서 연길 시내를 굽어보고 있는 모아산 줄기를 넘어 호텔에 도착하니 밤 10시를 훨씬 넘긴 뒤였다.

용정시 망강각에서
바라본 회령시 전경

삼합에서 바라본 회령시

함경북도 회령시(會寧市)는 두만강변에 있는 도시이다.

두만강 삼합진

용정시 삼합진(三合鎭)의 망강각(望江閣)에서 회령시를 바라보았다. 두만강을 답사하면서 삼합에 들릴 때마다 늘 이곳으로 올라와 회령을 바라보곤 했다. 언제나 가슴이 저려오고 답답해지는 심정은 지금까지 변함이 없다. 나는 분단의 비극을 말하려는 것이 아니다. 저토록 춥고 배고픈 도시에서 얼마나 많은 동포들이 고통을 겪으며 살아가고 있는가.

　저들이 스스로 고난의 행군이라고

좌 • 두만강 삼합
망강각(북한 회령시
전망대)
우 • 용정시 망강각
에서 본 북한 회령시

말했던 시기가 1995년이었다. 벌써 이십 년이란 세월이 더 지나갔는데도 아직
도 기아와 궁핍으로부터 벗어나지 못하고 고난의 행군 중이다. 언제나 북녘 동
포들이 자유로운 나라에서 배불리 먹고 살 수 있을까.

　삼합은 송이(松耳)의 고향이란 이름이 붙어있다. 이곳은 송이가 많이 나는 고
장으로 유명하고 금나라 시기 여진족이 축성한 것으로 알려진 한왕산성(汗王山
城)이 있다.

　북한의 회령과 인접하고 있어 북중(北中)무역이 이뤄지는 곳이며, 일송정이 있
는 용정시는 30여 킬로미터 떨어진 거리에 있다.

　삼합에 올 때마다 가끔 한왕산성이나 청천저수지에 가곤 했었다. 북한땅을 손
바닥처럼 내려다볼 수가 있고, 더 멀리까지도 바라볼 수가 있기도 했지만, 두만
강에서 느끼는 답답한 심정을 조금이나마 해소하고 돌아가려는 마음이 더 컸
었다.

좌 • 용정시 삼합진
한왕산성
우 • 삼합 한왕산성
(발해성으로 추정)

두만강 삼합진 북한
유선지구 전경

한왕산성은 말 그대로 왕이 살던 성이라는 뜻이다. 몽골이나 북방민족은 한
(汗)을 칸이라고 발음하는데 보통 왕, 추장, 우두머리를 뜻한다. 1392년 이성
계가 조선을 건국하기 전부터 함경북도 지방과 북만주 지역에는 여진족(女眞族)
들이 많이 살고 있었다. 태종 이방원은 여진족을 쫓아내거나 동화시켜 국토를
넓히고 안정시키려는 노력을 많이 했다. 함길도병마절제사 김종서(金宗瑞)가 두

좌 ● 두만강 운두산성
(김종서 육진개척)
우 ● 두만강 회령 유선

만강 유역을 평정하기 위해 군사를 일으켜 여진족 정벌에 나서자, 여진족들이 삼합지역으로 와서 산성을 축조하여 오늘까지 전해오는 것이라고 한다.

조선과 여진족들이 두만강 유역을 놓고 수십 년의 전쟁 끝에 세종 즉위 16년이 지나서야 조선과 명나라의 국경이 사실상 두만강과 압록강으로 굳어졌다고 한다.

두만강을 답사하다가 강 건너 편에 절벽처럼 생긴 산이 높이 솟아 있어서 이곳 사람들에게 물어보니 산성이라고 했다. 연변에서 만난 조선족 사학자에게 물어보니 운두산성(雲頭山城)이라고 했다.

운두산성은 함경북도 회령시 성북리의 두만강변에 솟아있는 운두산의 험한 산세를 이용하여 쌓은 석성으로 둘레는 약 6km이고 성벽의 높이는 3~5m다. 운두산성의 축조시기는 고구려시대로 세종 때 김종서가 여진족의 침입을 막기 위해 산성을 복원하고 쌓은 산성이었다.

운두산은 두만강을 굽어보는 서북쪽이 절벽이고, 동남쪽 역시 산등성이들로 둘러막혀 아늑한 골짜기가 이루는 형상이라 성을 쌓기에 좋은 지형이었다.

한왕산성에서 두만강을 따라 동쪽으로 40여 킬로미터 떨어진 곳에는 개산툰(開山屯)이란 국경도시가 있다. 얼마 전까지만 해도 연변지역에서 가장 큰 제지공장이 있었고, 북한과의 국경무역도 활발하게 전개되던 곳이었다.

개산툰에서 7.5km 떨어진 두만강에는 우리민족의 만주이주 역사가 서려 있는 간도(間道: 사이섬)가 있다. 그리고 간도를 굽어보고 있는 야트막한 산위에는

좌 • 개산툰진의 봄
우 • 용정시 삼합진
전경

통화 민족혼
기념비

선구산성(船口山城)이 있었다.

2010년 여름으로 기억된다.

연변지역 항일유적을 답사하면서 더위에 지치고 피로가 쌓여서 연변 지인들과 두만강으로 피서 겸 야유(野遊)를 갔던 적이 있었다. 몇 년 전에 선구촌(船口村)을 찾았을 때 그곳에 세워져 있던 간도 기념비가 무참하게 폭파된 현장을 목격하고 돌아간 후에 그 당시 충격으로 다시는 사이섬을 찾지 않았었다.

선구촌에서 두만강으로 들어선 우리 일행이 강변에 이르렀을 때 심한 악취를 풍기며 흘러가는 강물을 보게 되었다. 그곳에서 멀지 않은 개산툰 제지공장에서 폐수를 무단으로 흘려보냈던 것이다.

두만강 상류에 있는 무산철광에서 폐석가루를 무단으로 흘려보내면서부터 두만강물이 혼탁해지고 오염되기 시작했고, 하류에 들어선 공장들이 무단 방류한 폐수가 흘러들면서 심한 오염으로 몸살을 앓고 있는 현장을 목격하게 된 것이다. 강변에 있는 그늘에서 쉬면서 미리 준비한 음식을 먹으려 했던 당초 계획을 포기하고, 가까운 선구산성으로 향했다.

두망강물은 상류에서 흘러내려온 토사로 매우 혼탁해진데다가 수량이 줄어들면서 강바닥을 흉하게 드러내기 시작했다고 한다. 그래서 무수한 섬들이 생겨나게 되어 어디가 북한땅인지 어디가 중국땅인지 분별하기 어렵게 되었다고 한다.

두만강 푸른 물에 노젓는 뱃사공으로 시작되는 눈물 젖은 두만강이란 노래는 이제 옛 이야기가 되어버린 곳이다. 개산툰 지방 그 어디에서도 푸른 강물을 볼 수 없게 되었기 때문이다.

한민족의 애환이 서린 사이섬

1930년대 발표되었던 강경애(姜敬愛)의 수필 '간도를 등지면서'에 나타난 두
만강의 모습은 푸르고 깨끗하게 묘사되고 있다.

어느덧 차는 도문강 안참에 이르렀다. 중국인 순경에게 일일이 짐을 조사받은
후, 어린애와 몇 마디 이야기를 주고받는 사이에 벌써 차는 슬슬 미끄러졌다.

강변 좌우로 늘어진 버들가지에 강물속까지 푸르렀으며, 그 속으로 헤엄쳐 오르
는 금붕어 은붕어를 보고 나는 몇 번이나 하나, 둘, 셋, 넷 하고 입속으로 헤이다가
잊어버렸는지 모른다.

"고기 고기도 있어요!"

조그마한 손을 쑥 내밀어 가리키는데 나는 어린애
의 손을 꼭 쥐며 이렇게 중얼거렸다.

"네게도 뵈니. 어디 있어 어디 가리켜봐. 또"

강물 사이로 바라보이는 조선땅! 산색조차 이편과
는 확연히 다르다. 산봉이 구비구비 높았다 낮아지는
곳에 그침없이 아기자기한 정서가 흐르고, 기름이 돈
는 듯한 떡갈나무와 싸리나무는 비오는 날 안개 끼듯
이 산봉 끝까지 자욱하여 푸르렀다.

여성소설가 강경애가 두만강을 건너다니던 1930
년대 두만강은 어찌나 맑고 푸르렀던지 기차안에서

간도와 한국해 지도
(1880년대)

두만강 북한마을

육안으로 고끼떼들을 내려다 볼 수가 있었다고 쓰고 있는 것이다. 그런데 요즈음 두만강물은 가까이 가서 들여다보아도 물속이 보이지 않는다. 진흙탕 물처럼 혼탁한 강물에 고기나 살고 있을까 하는 생각이 들 정도로 몹시 오염되어 있었던 것이다.

선구촌에서 바라보이는 북한땅 역시 강경애가 보았던 기름이 돋는 듯한 떡갈

두만강 철조망

나무와 싸리나무는 없었다. 산봉우리들도 푸르른 모습이 보이지 않았다. 모든 산들은 나무 한그루 보이지 않는 민둥산인데다가 1995년부터 겪게 된 식량난으로 산꼭대기까지 밭을 일궈서 마치 누더기 옷을 걸쳐놓은 것처럼 보였다.

강경애가 보았던 아름다운 강산은 어디로 가고 이토록 훼손되고 황폐해

두만강 북한마을
(함경북도 종성군)

지는 것일까. 사람들은 왜 자연을 자연으로 보려 하지 않고, 개발과 이용의 대상으로만 보고 있는 것일까.

강경애는 사이섬에 대하여 두만강예찬이란 수필에서 이렇게 썼다.

종성 대안인 두만강 가운데는 간도라는 조그마한 섬이 있었다. 그 섬은 아주 옥토(沃土)여서 곡식을 심으면 조선땅에서 나는 곡식보다 배나 더 나곤하였다. 그러니 백성들은 몰래 강을 건너가서 농사를 짓곤하였다. 그러나 강국인 청국이 무섭고, 국경의 수비가 엄하여서 마음을 놓고 농사를 짓지 못하였다. 그래서 하루는 밤중에 백성들이 모여서 간도를 조선으로 옮겨오자고 의논이 되었다. 그들은 즉시 두만강으로 나가서 조선쪽의 물줄기를 만주쪽으로 흐르는 물줄기로 옮기기 위하여 흙으로 메워서 종내는 간도를 조선땅으로 만들었다.

우리 일행은 산성 아래쪽에서 잠시 휴식을 취하고는 산성을 향해 오르기 시작했다.

두만강과 북한마을을
배경으로

잠시 후에 도착한 선구산성은 산성이라 말하기에는 너무나 초라하고 볼품이 없었다. 선구산성의 축조연대는 정확하게 알려지지 않았다고 한다. 연변 학자들 사이에서 금나라 때의 유적이라고 하지만 그것은 추측일 뿐이다.

대체적으로 돌로 쌓으면 고구려 산성, 흙으로 쌓으면 발해성이라고 하지만 꼭 그런 것만은 아니다. 발해나 고구려 이후에 말갈족이나 여진족이 쌓은 성이라고 할 수도 있기 때문이다.

선구산성의 강 건너는 함경도 종성(鐘城)이다. 세종이 김종서를 파견하여 6진을 개척하면서 두만강 유역에 살고 있었던 여진족들의 투항을 받아낸 것을 기념하기 위하여 세운 누각이 수항루(受降楼)였는데 중국쪽에서는 보이지 않아서 지금도 남아있는지는 알 수가 없었다.

선구산성에서 점심을 먹은 뒤에 두만강과 북한땅을 바라보며 더위를 식히다가 산을 내려와 개산툰에서 도문으로 가는 버스가 와 우리 일행은 도문역으로 가서 기차를 타고 연길로 돌아왔다.

개산툰에서 도문시까지는 지난 십여 년 동안에 시시때때로 찾아왔었다고 해도 과언이 아닐 것이다. 연길에서 하루에도 수차례 버스가 오가고 있을 뿐 아니

좌 • 두만강 사이섬
선구산성
우 • 두만강 간도선구
산성

라 거리도 가까워 자주 찾아왔던 것이다.

백두산에서 발원하여 동해로 흘러가는 두만강은 험준한 산줄기 사이를 누비며 흘러내리다가 남평에서 65km 떨어진 백금향(白金鄕)을 지나 마치 청룡이 꿈틀거리듯이 세차게 흘러간다. 다시 60여 km를 달려가 북한 회령시를 한눈에 볼 수 있는 삼합(三

마패촌 발해유적 24개 주춧돌

合)을 만나고, 40여 킬로미터를 달려서 용정시 개산툰을 만난다. 그리고 두만강 변에서 가장 넓은 벌판, 천평벌에 이르러서 북한과 중국이 쌓은 제방 사이를 유유히 흐른다.

두만강의 폭이 넓어지고 유속이 느려지는 천평벌이 바라보이는 마패촌(馬牌村)은 도문시 월청향(月晴鄕)의 소재지이다. 월청향에는 지금도 조선족이 많이 살고 있다. 1945년 광복을 맞아 많은 사람들이 고국으로 돌아갔지만, 이곳에 남은 사람들은 우리민족의 풍습과 문화를 간직하며 살아가고 있었던 것이다.

마패촌 앞으로 펼쳐지는 드넓은 천평벌을 배경으로 세워진 조선족민속촌 백년부락은 북간도 한민족의 삶이 배어 있는 한옥과 초가(草家)를 복원하여 많은 관광객들의 발길을 멈추게 만들고 있었다.

마패촌 안에는 발해시기의 유적으로 추정되는 석재 무더기가 있었다. 거대한 누각을 바치고 있었던 기둥을 고이고 있었을 것으로 여겨기는 24개의 돌들이 가지런히 놓여 있었다. 이곳이 발해 유적으로 추정되는 이유는 발해 동모산성이 가까이 있는 길림성 돈화시에도 이와 유사한 돌들이 있는 유적이 있었다. 발해국이 만주대륙을 지배하고 있을 때 별궁터였는지 아니면 관리의 집터였는지는 알 수 없지

마패 백년 부락

도문 월청향 천평벌

만 거대한 가옥이 서 있었던 것만은 분명했다.

월청향 결망동은 조선말기 북간도 관찰사로 있던 이범윤(李範允)이 포수들을 모아 포수단을 조직하여 무장을 시키고 훈련을 하던 곳이다. 그 당시 북간도를 관리하면서 청나라 세력들이 간도를 넘볼 수 없도록 수호하고, 북간도 한인들을 보호하기 위해서였다. 이범윤은 조선이 일본의 지배를 받기 시작한 1906년 포수단과 애국청년들을 이끌고 연해주로 망명하여 대한의군에 참가하였다. 그후에도 대한독립군단 총재, 신민부 참의원 원장으로 활동하면서 연해주와 북간도 일대에서 항일투쟁을 벌이다가 1940년 함경도 경성에서 순국하였다. 1962년 건국훈장 대통령장이 추서되었다.

우리민족은 언제부터 북간도로 이주하였을까.

북간도 이주역사는 항일독립투쟁사 뿐 아니라 조선족 역사와 문화를 이해하는데 대단히 중요한 사안이므로 좀더 자세하게 살펴볼 필요가 있다. 간도(間島) 이주(移住)의 시기에 대한 정확한 기록은 없지만 대체로 조선말기 철종 때부터였다는 설이 지배적이다. 고구려, 발해 시대에 간도에 살았던 사람들은 언어와 문화를 상실하고 풍속이나 생활 모습들이 이미 중국에 동화되었을 것이므로 중

도문시 월청향

국 동북지방에 살고 있는 조선족과의 연관성은 거의 없을 것이다. 현재 연변일대에 살고 있는 조선족들과 관련이 있는 것은 19세기 중엽, 1860년대부터 이주한 사람들이라고 말할 수 있을 것이다. 두만강을 따라 중국과 북한의 국경선을 여행하는 사람들이 보았던 북한지역은 대부분이 험준한 산악지대로 평지가 거의 없다는 사실

을 한 눈에 알 수 있었을 것이다. 산등성이에 조성된 밭들은 대부분 산비탈을 타고 있어, 장마가 한번 지면 대부분의 농토가 비에 씻겨 내려가 농사를 망치기 일쑤였다. 그래서 함경도 지방 농민들은 늘 기아에 허덕일 수밖에 없었다.

그런데 두만강을 사이에 둔 중국지역은 산세가 험하지 않고 넓은 평야지대가 펼쳐지고 있었다. 특히 청나라가 봉금정책을 실시하면서 이백여 년 동안 사람들이 살지 않았고, 농사도 짓지 않았기에 땅은 몹시 비옥해지고 산림은 우거질 수밖에 없었다.

함경도 지방에 사는 농민들은 강 건너 넓은 평야를 바라보면서 홍수와 가뭄으로 기아에 허덕이다가 그대로 앉아 굶어죽을 수는 없었다. 홍수에 씻겨나간 밭을 한탄하며 굶어죽는 것이나 두만강을 건너다가 청나라 관리에게 잡혀 죽는 것이나 어차피 죽기는 마찬가지였다. 그들은 청나라 관리들의 눈을 피해 두만강을 건너 농사를 짓기 시작하였다. 처음에는 관청의 눈을 피해 아침에 강을 건너 콩이나 감자, 보리 등을 심고는 저녁에 해가 지면 어둠을 타서 집으로 돌아갔다. 아침에 경작하고 저녁에 돌아가는 조경모귀(朝耕暮歸)였다. 그 생활에 어느 정도

철조망 건너 북한
마을

익숙해지자 4월 청명절에 농기구를 가지고 강을 건너가 초막을 짓고 살면서 농
사를 짓고 가을에 추수한 후 곡식을 메고 강을 건너 돌아갔다. 이런 농사를 봄에
왔다가 가을에 돌아가는 춘래추거(春來秋去)라고 불렀다.

청나라에는 봉금령(封禁令)이 있고 조선에는 월강죄(越江罪)가 있었다. 두만강
을 건너는 사람들을 보며 청나라의 관리들은 사정없이 총격을 가했고, 잡히면

좌•비암산에서
바라본 평강벌
우•화룡시 평강벌논

그 자리에서 살해되기도 했다. 조선에서도 마찬가지였다. 월강죄(越江罪)는 엄벌에 처해졌다.

그 당시 백성들 사이에 불려졌던 월강곡 가사를 보면 월강죄가 얼마나 백성들을 두렵게 만들었는가를 알 수 있다.

두만강을 건너온 한인들이 오랫동안 아무도 살지 않았던 황무지를 개간해서 농사를 짓고 있는데 갑자기 중국인들이 나타나 남의 땅에 무슨 농사를 짓느냐고 행패를 부렸다. 주인이 없는 땅인 줄 알고 개간했더니, 느닷없이 중국인 지주가 나타나 문서를 보이며 당장 나가거나 소작료를 내라고 을러메기 일쑤였다.

중국인 지주들은 한인들이 들어와 황무지를 개간하고 농사를 짓고 있는 것을 번연히 알면서도 모르는 척하다가 황무지가 옥답으로 변한 다음에 슬며시 나타나서 주인행세를 시작하는 것이었다. 북간도 한인들이 겪어야 했던 시련이었고, 눈물겨운 삶의 시작이었다. 가난과 굶주림에 지쳐있던 한인들은 고향으로 다시 돌아가지 못하고 자신들이 피땀으로 일군 땅을 빼앗긴 채 소작농으로 전락해야 했다.

북간도로 이주한 농민들은 당장 먹을 식량이 없고, 변변한 농기구도 없었기에 지주에게 쌀, 농구, 생활비를 고리로 빌려가며 농사를 짓지 않으면 안 되었다. 처음에는 쌀, 농기구, 소, 생활용품을 대주면서 3년 동안은 소작료를 받지 않겠다고 해놓고는 막상 추수가 시작되면 달려들어 소작료, 빌려준 돈과 농기구 값으로 거의 대부분을 빼앗아 가곤 했다.

연변조선족 TV에서 방영되었던 연변아리랑이란 다큐 프로를 보면 이런 장면이 나온다.

무서운 땡볕아래에서 농사꾼이 쟁기를 끈다.
온몸에 흘러내리는 땀을 닦을 겨를도 없이 열심히 농사를 짓는다.
어느 새 들녘이 황금벌판으로 변한다.
느닷없이 몰려온 지주들이 추수로 거둔 곡식들을 싣고 사라진다.

이것은 당시 북간도 일대에서 벌어졌던 농민들의 고달픈 삶의 모습을 단적으로 보여준 것이라 할 수 있다.

어찌 이 뿐이었으랴.

지주들은 고리(高利)로 빌려준 돈에 이자에 이자를 붙여서 기한 내에 갚지 못하면 아내를 빼앗고, 아들딸들은 머슴이나 노예로 팔려가야 했다. 설상가상으로 1910년 삼천리강산을 집어삼킨 일제가 만주로 들어온 후에는 더 악랄하고 잔인한 일본제국주의자들의 압박과 착취까지 당해야 했다.

일제는 1918년 동양척식회사를 만주에도 세우고 농민들의 토지계약서를 저당잡고 고리로 돈을 빌려주는 방식으로 착취하였고, 이자가 눈덩이처럼 불어나 돈을 갚지 못하면 땅을 빼앗거나 소작료로 수확한 농사물의 반 이상을 강탈해갔다.

두만강 천평벌
어곡전 유적

그 당시 상황을 적나라하게 보여주고 있는 연변 아리랑의 내용을 보면 중국인 지주에게 착취를 당하고, 일본인들에게도 억압과 수탈에 시달려야 했던 한인들의 비참한 삶은 눈물겨움을 넘어 분노와 울분을 느끼게 했다.

날로 밤으로
왕거미 줄치기에 분주한 집
마을서 흉가라고 꺼리는 낡은 집

이 집에 살았다는 백성들은
대대손손에 물려 줄
은동곳도 산호관자도 갖지 못했니라

재를 넘어 무곡을 다니던 당나귀
항구로 가는 콩실이 늙은 둥글소
모두 없어진 지 오랜
외양간엔 아직 초라한 내음새 그윽하다만
털보네 간 곳은 아무도 모른다.

찻길이 놓이기 전
노루 멧돼지 족제비 어린 것들이
앞 뒤 산을 마음놓고 뛰어다니던 시절

털보의 셋째 아들
나의 싸리말 동무는
이 집 안방 짓두광주리 옆에서
첫울음을 울었다고 한다

- 중략 -

당나귀 몰고 간 애비 돌아오지 않는 밤
노랑고양이 울어울어
종시 잠 이루지 못하는 밤이면,
어미 분주히 일하는 방앗간 한구석에서

조선족 어머니의 기다림

나의 동무는
도토리의 꿈을 키웠다

그가 아홉 살 되던 해
사냥개 꿩을 쫓아다니는 겨울
이 집에 살던 일곱 식솔이
어디론지 사라지고 이튿날 아침
북쪽을 향한 발자국만 눈 위에 떨고 있었다

더러는 오랑캐령 쪽으로 갔으리라고
더러는 아라사로 갔으리라고
이웃 늙은이들은
모두 무서운 곳을 짚었다

지금은 아무도 살지 않는 집
마을서 흉집이라고 꺼리는 낡은 집

제철마다 먹음직한 열매
탐스럽게 열던 살구
살구나무도 글거리만 남았길래
꽃피는 철이 와도 가도
뒤울안에는
꿀벌 하나 날아들지 않는다.

1938년 발표되었던 이용악(李庸岳)의 시 낡은 집이다. 나라를 빼앗긴 민족의
처절한 삶, 고향을 떠나 만주와 시베리아로 떠날 수밖에 없었던 우리민족의 현

두만강 너머
북한 마을

좌 ● 간평 건너 북한 모습
우 ● 용정덕신 옥수수 추수 광경

실을 처절하게 노래하고 있다.

월청진 소재지 마패에서 동북으로 4킬로미터 정도 떨어진 두만강변에 간평 (間坪)으로 불리는 마패 7대 마을이 있는데 이곳이 바로 봉오동 전투의 서막으로 알렸던 삼둔자(三屯子) 마을이다.

삼둔자 마을과 봉오동 전투에 대해서는 제 3장 항일독립전쟁의 횃불을 들다 에서 자세히 기술하였다.

간평에서 바라보이는 일광산(日光山)으로 올라가면 범진령이 나타난다. 호랑 이가 앉아서 두만강을 굽어보는 형상이라 하여 붙여진 이름으로 노호령(老虎嶺)

백두산 천지의 기원

일광산에서 바라본
두만강

이라고도 불리고 있다.

나는 산등성이 아래로 꼬불꼬불한 산길을 따라 한 시간 가량 걸으면 도문에 닿을 수 있다기에 천천히 산길을 걸어올라가지 시작했다. 산새들이 우짖는 소리를 즐거운 마음으로 들어가며 30여 분 올라가니 산중턱 바위 틈에서 흘러나오는 샘물이 있었다.

도문일대에서 사계절 풍경이 아름답기로 소문난 일광산 줄기에서 솟아나는 샘물이어서 그런지 물맛 또한 별미였다. 산길을 헐떡이며 오르느라 몹시 말랐던 목줄기를 적시며 시원하게 내려가는 기운에 어느새 갈증이 싹 가셔버렸다.

범진령을 바라보며 일광산 정상에 올라서니, 동쪽으로는 굽이도는 두만강 줄기가 보이고, 서쪽으로는 도문시내가 한 눈에 들어왔다.

수월선사水月禪師와 수월정사

일광산 기슭 토굴에서 수행을 했다는 수월선사는 오랫동안 조선족 사회에서 구전(口傳)으로 행적이 전해져오다가 1994년 도문시 조선족 불자들이 수월정사라는 조그만 법당을 건립한 후부터 세간의 조명을 다시 받기 시작한 승려였다.

수월스님은 충남 홍성군 출신으로 알려졌다. 1885년 태어난 스님은 속세의 성이나 이름조차 정확하게 알려지지 않았다. 부모님이 일찍 세상을 떠난 후 고아로 자라면서 머슴살이로 연명하였다고 한다. 그러나 그의 성품은 순수하고 맑았으며 생명을 중시하여 작은 벌레라도 죽이지 않았다고 한다. 수월은 스무 살이 될 때까지 전혀 글을 배우지 못했다.

도문시 일광산에서

충남서산 천장암으로 출가한 스님
은 행자와 나무꾼으로 일을 했으며,
근대 불교를 개창한 대선사로 추앙을
받고 있는 경허(鏡虛)선사로부터 가르
침을 받았다. 스승인 경허스님의 허락
을 받고 10여 년 동안 금강산과 묘향
산 등에 몸을 숨긴 채 오로지 수행에
만 몰두했다.

경허스님이 열반한 후 수월스님은
1912년 중국으로 건너온 수월은 도문 회막동에서 속세인으로 3년 동안 소먹이
꾼 노릇을 하였다. 그리고 그동안 품삯으로 모았던 돈으로 밤새도록 짚신을 삼
고, 주먹밥을 만들었다. 일제의 탄압과 착취를 견디지 못하고 북간도로 넘어온
동포들에게 나눠주기 위해서였다.

두만강이 내려다보이는 일광산(日光山)에 화엄사라는 절을 지은 수월은 가난
한 사람들을 구제하면서 국내에서 찾아온 승려들을 행동으로 가르쳤다고 한다.

1913년에 건설된 일광산 화엄사의 수월정사(水月精舍)는 당시 도문시 범위내
의 15개 사당중 규모가 가장 크고 승려가 가장 많은 절이었다고 한다.

1928년 하안거를 마친 수월스님은 일광산 샘물에 몸을 깨끗이 씻고, 머리맡
에는 고이 접은 바지저고리와 새로 삼은 짚신을 놓고 결가부좌(結跏趺坐)를 한 채
열반에 들었다.

수월은 한평생을 고행하듯 살았으며 글과는 담을 쌓고 까막눈으로 살다간 선
사였지만, 일상의 노동을 통하여 깨달음을 얻었고, 그러한 수행을 통해 말없이
행동으로 가르치는 대선사였던 것이다. 그의 법명처럼 물 속의 달, 흔적 없이
살다간 위대한 승려였다.

불교에서 수월(水月)이란 모든 사물에 실체가 없음을 비유하는 말이다. 달이
강을 비추더라도 물에 비친 달그림자는 그 실체가 없는 것과 같이 수월스님은
자신의 선행을 아무 흔적도 남기지 않은 채 실행하였던 것이다.

도를 닦는다는 것은 마음을 모으는 거여. 별거 아녀.

이리 모으나 저리 모으나 무얼 허든지 마음만 모으면 되는거.

도를 깨치지 못하면 두 집에 죄를 짓게 되는 거.

집에 있으면서 부모님을 열심히 모시면 효도라도 하는데,

집을 나와서 도를 깨치지 못하면 두 집에 죄를 짓는 게 아니고 뭐여.

사람 몸 받아 참 나를 알지 못하고 참 나를 깨치지 못하면

이보다 더 큰 죄가 어디 있어.

이보다 더 큰 한(恨)이 어딨어.

수월스님의 법문은 전해오는 것이 거의 없다. 제자들의 구전을 통해 전해오는 스님의 법문 가운데 일부이다.

두만강은 오늘도 서럽다

연길에서 항일독립전쟁 유적을 답사하고 다니는 동안 마음이 울적하고 외로울 때면 터미널에 나가 두만강을 향해 훌쩍 떠나곤 했다. 내가 가장 많이 찾았던 곳은 도문시 두만강변이었다. 그곳에는 나루터도 있고, 공원도 있어서 많은 사람들이 오가는 곳이었기에, 편안하게 강변을 거닐면서 사색에 잠길 수 있었던 것이다.

도문 세관에서 다리로 이어지는 북한의 남양시를 바라보기도 하고, 일광산 기슭 조각공원을 거닐기도 하고, 화엄사에 들려 마음을 추스르기도 하였다.

참으로 오랜 시간이었다.

2004년 두만강을 처음 찾은 이후 언제나 분단의 아픔을 가지고 바라보아야 하는 북녘땅, 헐벗은 산하에 목이 메어 눈물짓던 곳이며, 항일유적 답사가 어려움에 봉착하거나 지치고

연변 조선족자치주 국경도시 도문시

두만강 국경(도문시)

힘들 때 찾아가 위안을 받는 곳이며, 무능한 작가의 자책, 끊임없는 자아성찰의 장소이기도 했다.

도문시에서 두만강을 따라 난 길로 24킬로미터 동쪽으로 가면 양수진(凉水鎭) 정암촌(亭巖村)이 나온다. 정암촌은 충청북도 사람들이 1930년대 이곳으로 이주하여 모여살고 있는 마을이다.

좌 ● 도문과 남양을 잇는 다리
우 ● 도문 북한국경 에서

　북간도에 일제가 설립한 만척주식회사에서 만주로 갈 이주민을 모집하였을 때 일제에 속아서 만주로 온 사람들이었다.

　북간도는 땅이 많으니 네 맘대로 차지하고 농사를 지을 수 있고, 땅이 비옥해서 조이삭이 몽둥이만하고 감자는 어린애 머리통처럼 크다.

　감언이설이었다. 1931년 만주를 점령한 일본이 한인들을 대거 이주시켜 북간도를 영구히 차지할 음모로 만척(滿拓)을 동원하였던 것이다. 국내에서 농민들을 가장 악랄하게 착취를 했던 동양척식회사가 있었다면 만주에는 만주척식회사가 있었던 것이다.

두문에서 양수진
정암촌 가는 길

　북간도에 가면 농토를 넉넉하게 받아서 배불리 먹고 살 수 있다는 말에 속아서 충북 옥천군, 천원군, 보은군에 살던 180세대가 이민행렬을 따라 1938년 정월에 눈보라치는 함경도 온성에 도착하였다. 뼛속까지 파고드

는 겨울 추위에 소스라치게 놀랐으나 그렇다고 다시 돌아갈 수도 없었다.

가난하고 배고픈 팔자가 어디 간들 편안한 땅이 있겠느냐고 체념한 채 꽁꽁 얼어붙은 두만강을 건너 북간도에 도착했다. 온천지는 하얀 눈으로 덮여 있고, 개털모자를 눌러쓴 국경경비대들만 살벌한 눈으로 쳐다보고 있었다.

경상도에서 온 사람들은 흑룡강으로 떠나고, 전라도에서 온 사람들도 어디론가 떠난 뒤에 충청도 사람들은 일제가 시키는 대로 이동하여 오늘의 정암촌으로 왔다고 한다.

정암촌은 북간도 다른 마을에 비하여 깨끗하게 정비가 되어있는 마을이었다. 전통가옥 보존지구로 지정을 받아서 아직도 10여 가구의 초가집들이 그대로 남아 있었고, 새로 지은 집들이 질서정연하게 늘어선 모습이 보기 좋은 동네였다.

나는 정암촌에 마을을 보러 간 것이 아니라 그곳에서 오랫동안 이어져 오고 있는 아리랑에 대해 알아보고 직접 들어보기 위해서였다.

아리랑 아리랑 아라리요
아리랑 고개로 날 넘겨주게

울 너머 담 너머 님 숨겨두고
난들 난들 호박잎이 날 속였네

아리랑 아리랑 아라리요
아리랑 고개로 날 넘겨주게

팔라당 팔라당 갑사나 댕기
고운 때도 안 묻어서 사주가 왔네

아리랑 아리랑 아라리요
아리랑 고개로 날 넘겨주게

　정암촌의 아리랑은 1978년 조선족 김봉관에 의해 처음 채록되었다고 한다. 조선족 민속문화에 관심이 많았던 김봉관은 무거운 녹음기를 들고다니며 충청도 민요를 수집하게 되었는데, 정암촌 노인들이 외롭고 힘들 때마다 고향을 생각하며 불렀다는 아리랑을 녹취하였다고 한다. 그의 이러한 노력으로 청주아리랑이라 불리는 노래가 오늘까지 전해올 수 있었다고 한다.
　이러한 사실이 한국에까지 알려져 충청북도 여러 단체에서 정암촌을 찾게 되었고, 그들에 의해 청주시에서도 청주아리랑 축제를 열게 되었다고 한다.
　나는 정암촌에서 훈춘으로 가기 위해 두만강을 따라 다시 길을 떠나야 했다.
　백두산에서 천오백 리를 달려온 두만강은 도문시 양수진 앞을 지나고, 훈춘시 밀강(密江), 경신(敬新)을 거치며 점차 강폭이 넓어졌고, 물결은 잔잔하게 흐르며 100킬로미터를 더 흘러가 방천에서 푸른 동해바다의 넓은 품에 안긴다.
　북한 온성과 도문 후안산(後安山) 산간지대를 지나온 두만강 줄기가 드넓은 훈춘벌의 젖줄로 흘러가다 훈춘하와 만나는 곳에 발해의 동경용원부(東京龍原府)가

좌● 연변의 전통황소 농장

우● 두만강 합류 훈춘하의 모습

훈춘시 농장벌 전경
(발해 팔련성)

좌 • 훈춘시 발해국
팔련성
우 • 훈춘시 발해국
팔련성터

자리를 잡고 있다. 추수가 끝난 계절에 찾아왔기에 위치를 어림잡아 찾을 수 있
었지만, 팔련성(八連城) 유적이 훈춘시 국영양종농장(國營良種農場)이 운영하고 있
는 드넓은 전답의 한가운데 있어서 한창 농사를 지을 때는 접근이 어렵거나 농
작물에 묻혀 찾아볼 수도 없을 것 같았다.

농장 서쪽 방향 직선거리로 2킬로미터 정도 되는 곳에 두만강이 흐르고 있었다. 그리고 도문에서 훈춘으로 이어지는 도로가 농장 뒤편에 나 있었다. 그러나 도로에는 팔련성 관련 이정표나 안내판이 전혀 없어서 찾아오는데 어려움이 있었다.

백두산에서 발원하는 샘물에서 두만강 물길 따라 훈춘까지 달려온 나의 답사를 여기서 멈출 수는 없었기에 만나는 사람마다 물어가면서 찾아갔던 것이다.

수백만 평에 이르는 훈춘벌은 고구려의 흔적은 거의 찾아볼 수 없지만, 발해의 동경용원부라 불리던 팔련성 옛터는 훈춘하와 두만강이 만나는 지점에 그 자취가 남아 있었다.

동경 팔련성을 발해국의 도읍으로 삼았던 제3대 대흠무는 57년간 재위하는 동안 발해의 기틀을 다져서 해동성국을 만들었다고 전해오고 있었다. 수도를 다시 상경용천부로 옮길 때까지 팔련성은 발해국의 수도였지만 상경성처럼 유적이나 유물이 거의 남아 있지 않았다.

북간도 일대를 돌아다니며 발해유적을 답사하게 될 때마다 늘 품게 되는 의문이 2백여 년간 존속하며 한 시대를 군림했던 나라가 이렇게 철저하게 잊혀지고 흔적조차 찾아볼 수 없을 정도로 파괴될 수 있는가 하는 것이었다.

세월의 아픔일까. 멸망한 나라의 비애일까.

발해의 영광을 안고 팔련성은 초라한 몰골로 밭 가운데 이리저리 뒹굴고 있었다. 나는 그 옛날 만주벌판을 호령하던 민족의 기상을 떠올리고, 일제의 탄압을

좌•훈춘 대한국민회 본부 유적지와 독립만세 운동거리

우•훈춘 일본 영사관 터

피해 만주로 이주해서 이곳에서 농사를 지었던 한인들의 아픈 기억을 떠올리며 훈춘벌을 떠났다.

두만강에서 동해東海를 만나다

아침 일찍 동북아버스터미널로 가서 오전 8시에 출발하는 버스를 타고 훈춘시(琿春市)로 향했다. 1919년 3월에 있었던 훈춘 만세의거와 훈춘사건이 일어났던 일본영사관 분관을 돌아보고 북한과 중국, 러시아 접경지역인 방천까지 돌아서 올 예정이다.

내가 처음 훈춘을 찾았던 2004년 여름에는 고속도로가 없어서 꼬불꼬불한 국도를 따라 4시간 이상을 달려갔었다. 그런데 요즈음은 고속도로가 시원하게 개통된 데다가 버스성능도 좋아져서 1시간 만에 도착할 수 있었다.

2천 년대로 들어서면서 급속한 경제성장을 이루고 있는 중국이 북한의 나진선봉지역과 가까운 훈춘을 본격적으로 개발하기 시작했다. 그리고 러시아의 자르비노, 블라디보스토크를 연결하는 국제노선을 개통하였다. 그 결과 훈춘이 중러 무역의 중심도시로 떠오르고 있으며, 북한의 나진항을 연결하여 동북아 삼각무역지대를 꿈꾸고 있다고 한다.

훈춘시내에서 택시를 타고 경신진을 거쳐 권하에 도착하였다. 두만강을 가로지르는 권하 국경다리는 1936년 11월에 일제가 놓은 것인데 다리의 너비는 6m, 길이는 500m, 중국과 북한 두 나라가 각각 250m씩 나누어 관리하고 있었는데 중국측은 빨간색, 북한측은 흰색으로 칠을 했다.

다리를 건너가면 새별군 원정리라고 한다. 원정리 앞산을 넘어서면 유명한 아오지탄광이 나오며 라진과 선봉도 바로 이 다리를 통해서 간다고 한다. 두만강 국경다리에는 화물을

두만강 북중 국경

가득 실은 대형화물차들이 오가고 있었고, 나선지구 개발공사를 진행하는 공사 차량과 중장비들이 바쁘게 들락거리고 있었다.

이명박 정부의 5·24조치 이후 중국과 북한지역으로 연결된 두만강 다리마다 화물차량의 통행이 부쩍 늘어났다는 조선족 무역상의 말대로 북·중무역이 더욱 활발하게 진행되고 있는 것을 피부로 느낄 수 있었다.

이명박 정부의 5·24조치(남북교류협력과 관련된 인적·물적 교류의 잠정적인 중단)가 내려진 뒤 북한의 김정일은 2010년 5월부터 세 차례나 중국을 방문하여 양국간의 경협을 더욱 강화했고, 2012년 나진선봉지역, 황금평, 위화도를 중국과 공동 개발하기 위한 경협위원회를 발족시키며 북·중 경협과 우호증진에 더욱 박차를 가하고 있다.

중국정부도 동부연안에 비하여 낙후된 동북 3성(요녕성, 길림성, 흑룡강성)의 경제 발전을 추진해야 하는 과제를 안고 있었다. 북한과의 경제교류협력을 통해 상호 의존성을 활용해야 할 필요가 있으므로 북·중 간 경협을 공고히 하고, 동북지방 경제발전을 추진하기로 했던 것이다. 5·24조치로 남북 간 경협과 교류가 사실상 중단된 상황에서 북한의 중국 의존도는 더욱 높아질 수밖에 없다. 남북한 교류중단이 장기화되는 상황이 계속 될수록 북한은 중국정부와 더 강력한 경협 및 교류협력에 매달릴 수밖에 없을 것이다.

금강산 사태, 천안함 사건, 연평도 포격 이후 남북한 간의 관계가 급속하게 냉각되었고, 개성공단을 제외한 남북교류가 거의 멈춰버린 남북의 대치상황과는 천양지차의 모습을 보이는 곳이 북·중 국경지역이었다.

훈춘 국경 전망대

남북긴장이 점점 고조되고 남북관계가 악화일로를 걷고 있는 가운데서도 두만강, 압록강 지역은 비교적 평온한 모습이었다. 군사적 긴장이나 무역중단사태 같은 변화도 보이지 않았고, 오히려 북·중교역이 더욱 활발하게 이뤄지고 있었던 것이다. 북·중 국경지역 답사를 하는 동안 남북분단, 민족분열과 갈등이 더욱 안타

훈춘방천(북·중·러
3국경지대)

깝게 느껴졌고, 북·중간의 상호협력과 평화교류 관계가 부러우면서 한편으로는
걱정스럽게 느껴졌다.

 한민족의 피를 나눈 동족이 살고 있는 북한땅을 보기 위해 남의 나라, 남의 땅
으로 수천리 길을 돌아올 수밖에 없는 현실이 남북분단, 동족대립을 더욱 가슴
저리게 했다.

훈춘시 두만강 철교
(북한 함경북도와
러시아 연결)

 훈춘시내에서 일본영사관 자리와
만세거리를 돌아본 뒤에 방천(防川)으
로 향했다. 그곳에서는 두만강이 동
해로 흘러가는 모습을 볼 수 있을 뿐
아니라, 러시아와 북한의 국경도 볼
수 있다.

 훈춘을 떠난 지 1시간 만에 방천에
도착하여 전망대로 올라가 러시아,
북한과 국경이 맞닿은 곳을 돌아보고

안중근 의사가 대한의군을 이끌고 국내진격작전을 전개할 때 머물렀던 집을 찾아갔다.

그런데 이게 어찌 된 일인가. 안중근 의사가 살던 집이 금방이라도 무너져 버릴 것만 같은 모습이었다. 지난번에 찾아왔을 때는 초가지붕도 새로 잇고, 내부도 깨끗하게 관리가 되고 있었는데 지붕은 빗물에 패인 자국이 그대로 나 있고, 문짝은 금방이라도 떨어져 나갈 것만 같은 모습이었다. 얼마 전까지만 해도 한국인들이 삼국 국경을 보러 많이 찾아오곤 했는데 최근에 관광객들이 줄어들면서 이곳도 거의 찾아오지 않았으니 그럴 수밖에 없을 것이다. 중국인들은 돈벌이가 되지 않는 일에는 거의 관심이 없기 때문이다.

두만강변을 달리는 택시 안에서 차창으로 스쳐가는 낯익은 풍경들을 바라보면서 나도 모르게 눈시울이 뜨거워졌다. 무언가 아쉽고 서운한 마음에서 젖어오는 회한들이 밀물처럼 밀려왔다.

아직도 못다 한 일이 있어서가 아니다. 아직도 찾아가지 못했던 유적들이 있어서 그런 것만은 결코 아니었다.

이제 이곳을 떠나면 언제 다시 이곳을 찾아올 수 있을 것인가.

두만강변 국경도시 도문(圖們)에서 두만강변을 걸으며 그동안 바쁘게만 돌아다니느라 못다 했던 생각의 줄기들을 끌어올리며 참으로 오랜 시간을 그곳에 머물러야 했다.

내일은 백두산 천지를 보러갈 생각이다.

좌 ● 도문시 두만강
국경나루
우 ● 두만강 북한마을

　　민족의 영산, 백두산에 올라가 그동안 가슴에 품었던 생각들을, 염원들을 간
절한 마음으로 빌어보고 싶었다.
　　언제가 될지 모르지만, 그 언젠가 다시 백두산을 오를 때는 멀고 먼 길 돌아
오르는 길이 아니라, 서울에서 기차를 타고 휴전선을 기쁜 마음으로 사뿐히 밟
고 지나서 개성 만월대를 돌아본 후에 다시 기차를 타고 평양을 거쳐 묘향산에

들러보면 얼마나 기쁘겠는가. 그리고 가로수 시원하게 뻗어 있는 길을 달려가 천지연 맑은 물에 발을 담그고, 개마고원 넓은 세상 바라보면서 천지에 오르고 싶다.

지난 십여 년 동안 홀로 배낭을 메고 만주벌을 돌아다니며 많은 생각을 했다. 그리고 그 생각들을 다듬어가며 깊이를 더해왔지만, 이제 내 가슴에 남아 있는 소망은 오로지 하나뿐이다.

나는 통일된 조국의 대지(大地)를 밟으며 한민족의 성산, 백두산에 오르고 싶다. 남북분단 70년, 대립과 갈등을 봄눈처럼 녹여줄 그날을 기다리는 간절함으로 내일의 백두산행을 준비하련다.

백두산 천지

[참고문헌]

한국독립운동사 / **국사편찬위원회**

한국독립운동지혈사 / **박은식**

한국독립사 **김승학**

한국독립운동사 연구 / **장세윤**

무장독립운동비사 / **채근식**

한민족독립운동사 연 / **박영석**

아직도 내귀엔 서간도 바람소리가 / **허은**

서간도 시종기 / **이은숙**

동북항일운동유적답사기 / **강룡권**

홍범도 장군 / **강룡권**

한국독립운동사 자료집 / **정신문화연구원**

조선혁명군정부 연구 / **장세윤**

경신참변 연구 / **김춘선**

봉오동 전투와 청산리 전투 / **박창욱**

중국 조선족사연구 / **연변대학출판사**

북간도 조선인거류민회 연구 / **김태국**

한국독립운동사 연구 / **신용하**

독립군사 / **윤병석**

독립군 전투사 / **독립운동사연구회**

조선족 백년사 / **연변인민출판사**

잊혀진 간도와 연해주 연구 / **이윤기**

20세기 한국사 / **김삼웅**

독립운동가 공훈록 / **독립기념관**

장암동 학살사건 / **현대사사료**

간도동포 참상 / **독립신문**

북로아군실전기 / **김훈**

우등불 / **이범석**

안중근 생애와 업적 / **안중근 연구소**

한국여성작가연구 나혜석 / **서동수**

화가 나혜석 / **윤범모**

홍범도 일지 / **홍범도**

발로 쓴 청산리 전투 / **김춘선**

이홍광 장군 / **김운룡**

조선혁명군 총사령관 양세봉 / **조문기**

혈연의 강들 / **류연산**

약산 김원봉 평전 / **김삼웅**

북간도항일유적 / **김철수**

항일독립운동유적 연구 / **김태국**